中国放浪記

一川冬青　著
Tosei Ichikawa

前書き

　私はダイキン工業に入社してもう20年余り経ちました。最初は中国生まれの私が中国プロジェクトの推進者として採用されました。10年ほど前に日本国籍を取得しましたが、会社に入社した当時は中国人社員として、中国の合弁パートナーとの交渉や中国現地法人の許認可、さらには現地工場の立ち上げなどに携わりました。その過程で他のスタッフと一緒に地元の人々と密接に関わることが多くありました。これらの経験から多くの印象深いエピソードが生まれ、自分の心に深く刻まれています。または、これらのエピソードを振り返った時には、深い思考にふけることもよくありました。

　長い間、これらの体験をいくつかの章にまとめ、一冊の本として出版し、中国にご興味がある読者の皆様に共有したいという願望が私の心の中で大きな負担となっていましたが、今は一粒書房さんのお陰様でようやく形にすることができましたので、非常に晴れやかな気分になりました。

　この本には「中国放浪記」というタイトルを付けました。このタイトルは少々自己陶酔的に感じられるかもしれませんが、困難なプロジェクト推進作業の現場実録や、私自身や周囲で起こった変わった事象、駐在員たちの様々な現地生活様相、地元名所を巡る観光の散文など、一つのジャンルには収まらない内容が書かれています。また、読者の皆様には現地生活の臨場感を味わっていただくため、「駐在篇」では文学的な表現も使用させていただきました。

ある友達から「なぜ十数年前のことを書いているのですか？」という質問を受けました。時の流れが速く行く中で、人間性と人間的欲望というテーマはいつでもどこでも存在するものであります。そのような欲望たるものにどう向き合うか、またはそれによるリスクを回避する方法を真剣に考える必要があるかと思います。

この本に収録された内容は十数年前のものですが、現在でも私たちの周りには心を揺さぶられるような人々や出来事が存在していることは間違いありません。特に中国へ行く準備をしている方や既に中国に滞在している日本人の皆様にとっては、有益な参考になることを期待しています。それこそがこの本を出版する主な目的であります。

なお、この本には中国的な考え方が取り入れられており、一部でぎこちない表現や不自然な言葉遣いがあるかもしれませんが、その点についてはご容赦いただけますようお願い申し上げます。

また、文中に出てくる人名の大部分は偽名であり、誰かを特定するものではありません。文中にあるいくつかの中国特有の概念、例えば「マミ」（ＫＴＶのママさん）、「小姐」または「ＫＴＶ嬢」（キャバクラ嬢）、「WeChat」（中国全土でよく使われるLINEみたいなＳＮＳアプリ）、「ＫＴＶ」（客付添いのキャバクラ嬢がいる中国式カラオケ）などは、一部の日本の友達にとっては、なかなか馴染みがないかもしれませんが、実際に経験を積み重ねながら次第に理解していただけるかと思います。

著者より

目次

〈前奏編〉

序章

「スーパーでは現金は使えません。隔離ホテルでも現金は使えないんですよ。「ウェチャットペイを使え」と言われました。どうすればいいですか？」

中国出張中の山田君から助けの電話が掛かって来た。

中国の情報産業の急速な発展は予想外であり、外国人にも困惑を与えた。特に、「WeChat」（微信）というほぼ必須のＳＮＳは、主に中華圏で人気があり、まだ外国人にはあまり浸透していない。特に、微信決済を利用するためには、中国の銀行口座（またはクレジットカード口座）を持つことが重要な前提条件だ。短期出張の外国人は中国の銀行口座を開設することができず、支払いができなくなる可能性がある。

山田君のキャッシュレス決済を解決する道は二つ考えられる。一つは、「アリペイ」（支付宝）と呼ばれるアプリをインストールし、自分の日本クレジットカードを紐付けて、支払額（最大1万元／月）を申請すれば良いが、すべての申請者に適用されるわけではないのが欠点だ。もう一つの方法は、山田さんが持っているWeChatIDに日本のクレジットカード（認証機能）を紐付けて、友達の私が付与した「親族カード」を受けて、他の中国のユーザーと同じWeChat ペイができるようになるので、非常に便利だ。ただし、親族カードの限度額が３０００元／月に制限されているため、多額の支払いには使えないという欠点がある。山田君は二つの支払方法を同時に設けて、とりあえずキャッシュレスの支払苦境を脱した。

ここ数年、私はこのようなことで結構手を焼かされていたが、駐在員たちの経験の蓄積や中国語レベルの明らかな向上により、事例の数は確かに減少してきている。今日の山田君からの電話一本は、私の過去20年間の勤務経歴や中国駐在時代のさまざまな思い出を呼び起こしてきた。私は、長い間の息苦しい衝動とそれらの思い出を友人たちに共有したいという強い思いに駆られて筆を執った。

一、日本への渡航

90年代半ばのある日、私は、既に10年以上も国内の官営貿易会社に浸っていた環境を離れ、仕事を辞めて、友人の紹介で日本に渡り、製菓中心の食品会社に入社した。こうして人生の後半において、日本の職場への道を選ぶことにした。

この会社はコスト削減のため、他の日本の企業の手法に倣い、研修の名目で研修生を募集し、人手不足の職場を補充した。同時に、日本国内の従業員よりも低い給与で、日本語ができる従業員を幾人か営業部に採用した。確かに、毎日数百人もの主婦たちを相手に、同じ言葉、同じ笑顔、同じ作業を繰り返すこの仕事は、日本の若い世代には魅力的ではないかもしれない。しかし、私たちの安価な労働力はこの人手不足を埋めるのにちょうど適しており、中国内での給与水準よりもずっと高いということで、労使双方はともに満足しているようだ。

現場作業や生産ラインの「焼き菓子」実習を経て、お菓子作りの過程を大体理解できた。会社はまた、幾人かの特別募集者に対して厳しい接客訓練を行った後、営業部に配属した。営業部では、各加盟店の要望に応じた販促活動や、人手不足をサポートする役割を果たしている。これらの加盟店は大阪および神戸周辺に広がっており、どの店舗も駅の近くに位置している。

会社は本社の近くに宿舎を提供してくれている。私たちは前日に業務命令を受けて、翌日の早朝から電車に乗って四方八方に向かい、加盟店からの依頼に応じて業務支援を行うことが一般的だ。業務支援とは、お店の注文や仕入れ、販売、接客、記帳などの手伝いをすることだが、場所や顧客が異なるだけで、日々の業務内容はほぼ同じであるため、そのうちに飽き飽きしている感じも出てきた。

幸いなことに、一部の店主は私たちのような異国の「支援」営業マンに親切だった。彼らは時折私たちを昼食や夕食に招待したり、世間話をしたりしてくれた。また、私たちの食事の改善だけでなく、祝祭日にはいくらかチップも渡してくれた。このような関係は、私たちの生活と仕事のストレスを緩和するとともに、これらの菓子屋の経営者との友情も深まり、後には友達にまで発展し、一緒に中国へ遊びに行くこともあった。

洪宝さんは大学の同級生の中で秀才として有名だし、人柄も純朴で温厚な方だ。彼は中国の会社から日本の事務所に派遣された。国の飯を食っているため、私たちのような「アルバイト」とは違って、時間がたっぷりあり、日本社会のあちこちを歩き回ったりして、見識が広い方だ。

一度会った時に、かなりお酒が入り、自分の現状を話してみると、洪宝さんは、「日中交流がこれほど頻繁に行われているのに、なぜあなたの経験と堪能な日本語でジョブホッピングを考えないのか？」とアドバイスしてくれた。

その話を聞いて、私はすぐに心の扉が開けたような気がした。

その通りだ、今は会社に定着し、収入もまずまずもらっているから、お金を稼ぐという点では満足しているが、そこそこキャリアを持っている中国人の一人として、このままではちょっと悔しいし、もっと自分が活躍できるところがあるかもしれないと、私は転職に挑戦してみることにした。

二、転職の試み

大阪人材バンクを通じて、転職先の会社を探し始めた。ある流通業の会社から面接の連絡が届いた。格安の商品販売の会社なので中国からの輸入担当を募集するということだったが、案外スムーズに面接を通り、入社することができた。しかし、入社してからその極端なお世辞やごまかしの社風にはなじむことができず、約束した条件も満たしてもらえなかったなどで、四か月経たずに労使関係が崩壊した。今から考えると、当初はもう少し自分勝手にならず、謙虚に身を構えながら、結果が出るまで我慢していればよかったのだ。

会社を辞めた際、ビザ更新までまだ半年以上あったため、ビザのことはまったく気にしていなかった。この間、いくつかの企業の面接を受けたが、卒業シーズンに差し掛かったことや、中国人の就職活動が非常に盛んだったことから、競争が激化したのか、結局思う通りに進展しない状況になってしまった。

こうして、直ぐさま在留資格の更新期限にあと一ヶ月の時間帯にやって来た。この間アルバイトをして家庭生活を維持するのに問題はなかったが、妻と子供はどうするか？このまま日本を離れるのか？そんな気持ちに焦りを感じて寝込み、丸２日間ダラダラと過ごしてしまった。新しく引っ越してきた家の天井を見つめながら、まだ日本の生活に慣れていない妻と子供に対して本当に悔しい思いをして、我慢に苦しんでいた。

「しっかりしろ」と心の中で自分に叫びながら、人材会社に通ったりして面接の機会を探し続けた。私の執念が神様を感動させたのかもしれなかったのか、この時、僅かなチャンスが私にやって来た。日本には中国語で発行されている新聞が幾つかあるが、偶然その新聞広告を目にした。

「弊社は中国に工場を建設する予定です。日本語が堪能で、中国の外国投資政策を理解し、即戦力のある人材を急募しています。興味のある方は、弊社の海外人事部にご連絡ください」

これはまさに夢にまで見た仕事ではないだろうか？私は待ちきれずに広告に掲載された電話番号に電話した。相手は私に基本的な情報を尋ねた後、中国語に切り替えて自己紹介し、海外人事の李と名乗った。そして、履歴書を送って通知を待つようにと指示してくれた。

数日後、李さんから電話で意見を求められた。まず、募集部門の川島課長に会ってもらって、お話を伺ってもよろしいかとのことだった。

日付が決まった後、図書館に行って会社四季報を調べて見た。すると、会社が東証一部に上場している有力な空調機械と化学製品のメーカーであることが分かった。

川島課長は、分厚い黒縁の眼鏡をかけた40前後の男性で、なかなか学者っぽく見える。彼の気さくな話し方から、私の心の中では今まで会った居丈高な面接官たちとは一線を画していた。彼はいくつかの履歴書の内容を確認した後、現在進行中のプロジェクトについて紹介してくれた。中国の化学工業業界の有力な会社と合弁し、蘇州所轄の常熟市に1億ドル以上を投資して化学工業の新材料を生産する合弁企業を建設する予定だ。中国政府の規定によると、このような投資額の場合、国家計画委員会に申請し、認可を受けなければならないということだ。

「土地問題はどのように解決するのですか？」

私はまず質問した。土地コストが投資額の大きな部分を占めるため、長江沿いに化学工業企業を建設する際には、水利部、長江委員会、環境保護部など一連の関門が関わることになる。どの部門であろうと、化学工業プロジェクトを阻止することは多いようだ。

「あなたは大事な質問をしましたね」

川島課長は褒めるような目で私を見て言った。

「私たちの日本の会社は環境保護対策に多額の投資を行っており、環境保護の措置に対する評判が高まっています。これらの環境保護対策は中国側に報告されています。中国国家化学工業部および省、市も私たちのプロジェクトを非常に支持しています。常熟市との協力会社も建設用地を確保したので心配は要りません」

川島課長はこのように話を続けたが、またいくつかのプロジェクトの立地、交通、インフラなどの状況を紹介した後、「私たちのチームに参加し、この『国家級』の投資プロジェクトを一緒に推進していただけることを期待しています」と話してくれた。

川島課長との会話は実務的なものであり、感情的な要素はあまり感じられず、むしろこのような上司と一緒に仕事ができれば嬉しいと、心の中には漠然とした期待が次第に湧き上がってきた。こうして興奮と不安の中でまた数日が過ぎたが、やっと李さんからの電話があった。会社に行って正式な面接を受けるようにとの連絡だった。

川島課長との会話経験があったため、私は心を落ち着かせ、再び大阪梅田にある本社22階の会議室に足を運んだ。

会議室の向い側に四人が一列に並んで正座しており、スーツはきちんと着込んでいる。

左から座っているのは李さんと川島課長だと、前回会ったことがある二人だが、私が入ってくるのを見て、少し身を起こして挨拶に応じてくれた。

一番右の人は私と同じ年ぐらいのようだが、頭のてっぺんにわずかな白髪が見え、金縁の眼鏡の後ろで丸い目をしている。右から二番目の人は基本的に白髪で、真面目な顔をしているが、赤地に小花柄のバーバリーのネクタイが目を引き、他とは異なる雰囲気を醸し出している。

「こちらは大港部長です。中国プロジェクトの責任者です」と李さんが立ち上がり、白髪の男性を指差して紹介した。

大港部長は微かに頷いた。まさかこの日、大港部長と初めて会ったのは、彼自らの指導の下で、さまざまな困難と曲折を共に経験して来たプロジェクトの歩みの始まりだったとは思いもよらなかった。

「こちらは高華さんです。プロジェクトチームのメンバーです」

李さんは金縁の眼鏡男を指さして紹介した。

「ニーハウ」

高華は中国語で挨拶した。

ああ、ここにもう中国人がいるね…私は途端に訳も分からず不安な気持ちになった。

大港部長の声は少し掠れていたが（彼が家族の喘息持ちであることは後で分かった）、とても親切に聞こえた。彼は私の経歴とプロジェクトの所在地の常熟に興味があるかどうかを簡単に聞いてくれた。最後にプロジェクトへの参加についての私の考えを確認した。予想していた意地悪な質問がなかったので、考えていた言葉が役に立たなかったのは案外だった。

高華は全過程において聞くだけで発言しなかった。

「直ぐ出張してもらっていいですか?」

もう終わりだと思っていた矢先、川島課長の一言にびっくりした。

なぜ、そんなことを聞くのか？まだ入社の話をしていない時に、この質問に少し困惑したが、私には考える暇がなかった。

「大丈夫です。私はいつでもご希望に応じて出張を手配できます」と私は躊躇せずに即座に答えた。

「8月17日に常熟で環境保護大綱の討論会があります。人手が足りないので、協力していただきたいと思いますが」と川島課長はさらに説明を加えた。

「面接の結果については書面でお知らせします」と川島課長はもう一言付け加えた。

面接が終わり、私は不安な気持ちで帰りの電車に乗り込んだ。

「川島課長と大港部長は面接の結果に比較的に満足しており、人事に報告した後、採用通知を出しますのでもう少しお待ちください」

家に着いた後、李さんから電話がかかってきて、面接の結果が伝えられた。

または、今すぐ夏休み（毎年8月中旬）に入るため、9月1日に正式に入社していただきたいが、それでいいか、また、常熟で開催される環境保護大綱の審査は8月17日で、時間が迫っているため、一時的にアルバイトとして参加していただけるかなど、李さんから説明が加えられた。

この二つの所謂意見聴取については、当然ながら私には何の選択の余地もなかった。こうして、在留期間までまだ1ヶ月も足りない緊張な時に、私はついに心に押し付けられた重い石を下ろしてしまった。

8月16日に、会社若手の大原さんと関西空港の搭乗ゲートで待ち合わせて、非公式にハードなプロジェクト推進作業をスタートさせたことで、異例の入社パターンを作った。

私が知っている当時の常熟市は百万人規模の中国県レベルの市で、蘇州市の管轄下に置かれている。市内には方塔街という商店街が一本しかなく、各店舗やサービス施設がこの街の両側に立ち並んでいる。方塔街と交わる虞山北路は、標高200メートル余りの虞山に沿って北に延びている。孔子の七十二弟子の一人である言子の墓も、虞山の麓にあり、この小さな町に少し文化的な雰囲気を醸し出している。

常熟市の地勢は平坦で、水域が広く広がっており、江南地域の有名な「魚米の郷」と称されている。また、「上海ガニ」として知られるカニも、常熟の境内にある沙家浜という湖で養殖されている。常熟市の産業はまだ発展途上だが、アパレル業は比較的に発達している。方塔街からすこし離れている衣料繊維市は、江南地域（長江南部）の衣料品流通センターとなっており、多くの大小の衣料品企業と個人起業家が、この小さな町を活気に満ちたものにさせている。

このような豊かで快適な「県都」の生活は、間もなく億ドル単位の外国投資プロジェクトを迎え、その静けさが打ち破られ、近代製造業の企業誘致のペースが加速することになるだろう。そして私も、この江南の小さな町と不思議な縁を結ぼうとしているところだった。

常熟の環境大綱審査会は順調に進んだ。私はまだ正式入社ではないので、主たる通訳を担当していなかったが、全行程に渡ってきちんと取ったメモを川島課長に渡し、そのままコピーされてプロジェクトメンバーに配られたことから、私の仕事の能力を認めてくれたのだ。

1998年9月1日、私は正式に会社の人事に出頭し、化学事業部中国プロジェクト推進室の一員になった。スリリングな綱渡りを終えたこの日は、私の人生の記憶に深く刻まれ、運命を変えるターニングポイントとなった。

〈仕事編〉

一、主力としての成長

中国相手との合弁事業調整案（分割案）の事業提案書が1億ドル以下に抑えられたため、国家計画委員会の権限内で承認された。

中国プロジェクト推進の責任者である西村常務は非常に喜んでおり、直ぐに大港部長に国家計画委員会担当の李副主任との面会を手配するよう命じた。面と向かって投資プロジェクトの支援に対する謝意を示す一方、その主な目的は、この面会を通じて、所謂「人脈」を固めることで、今後のF／S（事業計画書）の承認申請や中国側との合弁契約最終交渉で有利な立場を取るようにする狙いだ。

大港部長はこの厄介な任務を私に任せた。

過去と現在の経験からみて、この任務の遂行がかなり難しいことはよく分かっている。西村常務が求めているのは閣僚級の人物であり、手続きが煩雑なのは言うまでもなく、西村常務の地位を以てしても国の役人の目には入り難い。

さらに考えないといけないのは、我々は苦労してようやく中国側合弁パートナーを動員して承認当局実務者とのコミュニケーションのルートを構築したということだ。これはプロジェクト提案書の承認に大きな役割を果たした。この機会にこういった実務者を訪ねて親睦を深め、今後の難関攻略に繋げたいと思っているが、目線を中国承認当局の上層部に向けている西村常務は一向にそれに気を配っていなかった。

心得ていた大港部長も、西村常務には言い出せず、丸投げしてきた。

身分関係が違うため、李副主任を訪問するのはだめに決まっている。しかし、今すぐ大港部長にこの結論を下すと、また思い込みだと怒られる可能性があるかもしれない。それもそのはず、私たちが知っている中国の常識的なものは、厳格な彼らの目にはすべて新しいものと映っているため、一般的にはまず調査と証拠収集をしてから結論を出すべきものだ。日中間のこのような感受性の違いは多くの面に現れて、職場だけでなく、日本の日常生活にも私は深い感銘を受けた。

いずれにしても、まず北京に飛んでからにしよう。私にはこれしか選択肢がない。

北京事務所に着いて、まずパソコンを立ち上げた。大港部長からの数通の電子メールが待ち受けていた。西村常務はまた、李副主任の面会に参加する中国側メンバーは誰なのか、どこにどんなお土産を用意するかなどと尋ねていた。大港部長は私に早く状況を把握して報告して欲しいと言っているが、こうなってくると彼もどっちつかずだ。

いろいろ考えてみたが、やはり「客観的」に事実関係を報告すれば、自分自身も、そして大港部長もこの【面会】の苦境から解放されるだろう。

このような報告をするためには、まず中国側合弁パートナーと計画委員会役人たち両方の態度をこまめに確認しなければならない。

私は合弁パートナー側の包さんに電話して、西村常務が李主任に会いたいので、そちらに手配して欲しいと伝えた。

「え?寝言を言ったの?省長も会えないのに、常務は会いたいのか?」

包さんはまたいつもの説教的な口調で、皮肉を言った。

「まず陳総裁に聞いてみてもらえない?だめになるとは言わないで、あなた次第ですよ」

私はタイミングを見計らいながら包さんにお世辞を言うつもりだった。包さんは威張り勝ちの人間で、特に耳に逆らう言葉は聞けない。

「悪口を言うのですか?明らかに会えないんです…もういい、早く帰って大港部長に伝えてください」

包さんは今回いつになく、自分の意見を固執した。

陳総裁はもともと役人の出身だったので、このようなことを熟知している筈だ。包さんは彼の愛弟子のような部下として、そのやり方や感度を身に着けている。この様子では、合弁パートナーにはこの道は通らない。私はすぐに大港部長に状況を報告し、計画委員会の役人に直接連絡することを提案した。

「これは陳総裁の意見だと理解してもいいですか?」

大港部長はまた質問した。

「そうです」

包さんの態度がすべてを物語っており、私は躊躇せずにはっきりと答えた。

大港部長は私にすぐに林処長に直接連絡し、包さんに声をかけないようにと念を押した。同時に、西村常務は既に何度も催促しているため、早く結果を出すようにと言い加えた。

時間は既に午後8時を過ぎていた。私はしばらく考えた後、びくびくして林処長の家に電話をかけた。プロジェクトの提案書が承認されたことを伝えて、「大港部長たちはとても喜んでおり、感謝しています」また、「西村常務は北京に来て李主任に直接お礼を言いたい」と付け加えた。林処長は「分かった、ありがとう、でも、李主任は最近忙しくて会えないかもしれない」とそれとなく私に言った。

私は直ちに国際電話をかけ、林処長の態度を大港部長に伝えた。

日本時間はもう夜10時だが、大港部長はまだ会社にいた。

「誰にも会わないと済まないなあ、常務には話せないかも……。もう一度張司長を試してみてください」

大港部長から新たに指示された。

電話の中で大港部長からイライラした声が伝わってきた。張司長も文革回復後初の統一大学受験合格の大学生であり（注）、賢くて人柄もよく、計画委員会幹部の中で抜きん出ている人物だ。彼は東京の中国大使館在職中に私たちと付き合ったことがあり、帰国後も大港部長と一緒に食事をしたりして、合弁事業に対していつもポジティブな態度を取ってくれている。

こうなった以上、思い切って再度トライしてみるしかない。

翌日、私は張司長に電話で事情を説明し、西村常務が訪問したいという願望を伝えた。しかし、李副主任については一切触れなかった。なぜなら、そのような望みは非現実的であると分かっていたからだ。

張司長は快く応じてくれた。彼は西村常務が来る場合には、再度時間を決める必要があり、外事司

（外国事務局）を通じて手続きをするように言ってくれた。

私はやっとほっとしたが、また心配になり始めた。会社の慣例では、西村常務のような幹部の移動には、事前に厳密な計画が必要だ。出発時間、到着時間、チェックイン時間、面会に行く時間、関係者の人数、面会場所、談話の要綱など、詳細な訪問案を作成しなければならない。しかし、張司長の口調は大まかだったため、実際には細かなプログラムを実行するのが難しくなる。さらに恐ろしいことに、日本の大部隊が北京に大々的に飛んできている状況で、突然面会予定に何か異変が起きれば、私たちは非常に困難な状況に追い込まれてしまう。一方、相手は政府の高官であるため、日本の会社としてはいつ、どこで会うなど指定できるはずがないといった過酷な現実に向き合わなければならないことを認識していた。

善は急げ、私は即断して日を決めることにした。

面会の予定を大港部長に電子メールで伝えた後、私は直ぐに日本に飛んで帰った。

会社に出勤してから下記正式な書簡を書き、社印を押して計画委員会外事司に送った。

「中華人民共和国

国家計画委員会

外事司アジア・アフリカ課

『貴委員会張司長への表敬訪問申請に関する書簡』

弊社は、エアコン、精密機器、ハイエンド化学製品の製造を手掛ける日本の大手企業です。長年、弊社はグローバル戦略の一環として、中国での合弁事業に力を入れており、相次いで多くの合弁や独資企業を設立してきました。

弊社と中化建総公司との合弁事業提案書は、貴委員会の承認を受けました。これは中国政府の外資プロジェクトに対する多大な奨励と支持を表明してくれていると認識しております。引き続き、日中協力事業に微力を尽くすために、このプロジェクトの建設を急いでおります。

誠に勝手ながら、弊社の西村一郎常務取締役は、8月24日から8月26日までの期間中に中国を訪問することを計画しております。ご多忙中であることを承知しておりますが、中国訪問の際、貴委張司長にお会いし、プロジェクトの進捗状況を確認し、貴国の外資誘致政策についてお伺いしたいと考えております。上記の時間帯でお会いすることは可能でしょうか？早めのご返信をいただければ幸いです。

記

訪問予定者：
日本△△工業株式会社

常務取締役　　　　　　　　　　　西村一郎
中国プロジェクト推進室長　　　大港則也
中国プロジェクト推進室課長　　川島　修
中国プロジェクト推進室職員　　高華
中国プロジェクト推進室職員　　李濱

以上よろしくお願いいたします。

日本△△工業株式会社（印）

連絡先：北京朝陽区豊連広場プラザ２３０５室
電話：０１０―６５８８―１３００／０１／０２（修女史）」

…………

西村常務の中国訪問は順調なものだった。張司長はもちろん、副司長も同席したことで、十分な協力姿勢を見せてくれた。これは西村常務のプライドを考慮した措置である一方、彼の顔も立てたことを示していた。専務昇格競争の中で有利な足場を固めたことも、大港部長との話しから感じ取れた。

大港部長はほっと胸をなでおろした様子だった。私は彼の中で自分の存在感も少し増したかのように思えた。

注：中国では１９６６年から１９７７年までの期間に文化大革命が起こり、大学受験が停止された。１９７７年から受験が再開されたが、10年間にわたって受験を待ち続けていた若者たちが一斉に受験するという現象が起きた。１９７７年の受験者数は５７０万人に対して合格者は27万人であり、１９７８年には６１０万人の受験者に対して合格者は40万人、１９７９年には４６８万人の受験者に対して合格者は28万人という厳しい偏差値と入学率の時期であったと言われている。入学できた人たちは社会的に非常にエリート的な存在とされている。

二、「万里の長城」の冒険

西村常務を見送った後、大港部長と私たちは引き続き北京に滞在した。翌日、合弁パートナーの王総工程師（技師長）や包さんと少し話した後、宿泊先の京広センターに戻った。その時、大港部長が突然私に言った。

「日曜日に帰りましょう。明日は司馬台長城を見に行きましょうか?車を手配してもらえますか?」

大港部長の長い間抑えられていた遊び心が復活したのだ。

大港部長は中国の歴史や文化に非常に興味があり、独特の好奇心も持っている。中国プロジェクトの推進過程で多くのことを学んだ。司馬台長城がスリルと自然の魅力を持っているとどこで聞いたのかはさっぱり分からないが、この時点で一目見ようと思い始めたようだ。

夏の暑さはまだその余勢を振るっており、昼夜を問わず、働く会社の職場に人々が自分を閉じこめている。いつもは車の往来が激しい北京の街は、この土曜日に突然静まり返って、知らず知らずのうちに私たちの緊張した気持ちを妙に和らげてくれた。

私と大港部長、高華の3人は、トップライトを外されたサンタナタクシーに乗って、東直門を出て密雲の方向に向った。

約2時間後、サンタナは私たちを険しい山の麓の小さな町に連れてきた。ここでは、多くの農民のような人々がプラスチック製の小屋の中で大声を叫んでいた。小屋の前の「カウンター」には、さまざまな飲み物、食品、飾り物が置かれていた。また、湯気の立つお茶の卵やトウモロコシなどが魅惑的な香りを放っている。

小さな町のすぐ傍には、リボンのような細い道が山沿いをくねくねと上っていた。遠くの切り立った尾根の上には、鳥の冠のような形をした長城が建っていた。それは、古くなって城壁が破損したことによるものと思われるが、想像上の雄大な司馬台長城とは程遠い感じがした。

高華は久しぶりにトウモロコシを見て、飢餓のヒョウが獲物を見つけたかのように、すぐに二本買って、齧り始めた。

大港部長はカメラを取り出して、「カシャ…カシャ…」と写真を撮り始めた。

「お～い、兄貴、行くか？」

山道の入り口を探して切符を買おうと考えていたら、河北省なまりの男の声が耳に響いた。

「もちろん、何しに来たと思っているんだい？」

私は少し面倒くさそうに答えて、振り返った。

頭にタオルを巻き、足に布靴を履き、青銅色の顔色をした農民風の人が私の傍に立っていた。彼は手に巻いた縄で背の高い馬を引いている。

「兄貴、この山は登りにくいわ！乗馬しない？往復で20元だよ」

私は不思議そうに思っていたところ、農民は再び口を開いた。

普段は走る動物としてしか知られていない馬だが、競馬場や草原を自由自在に駆け回っているイメージが強い。馬に乗って山に登るなんて、私にとっては初耳の話だった。私は大港部長ら二人の意見を聞いた後、馬の背に飛び乗り、農民と彼の仲間が私たちの臨時の馬頭役となった。

鞍は比較的快適に作られており、馬の背に乗ると「ドドド」という蹄の音とともに、知らず知らずのうちに心地よさが広がっていく。大港部長が一番前に進み、高華がその間に挟まれ、私は後ろから支える形になった。

高華はどこかで濡れたタオルを手に入れ、暑さをしのぐために頭にかけ、片手で手綱を握り、もう片手にトウモロコシを持ちながら、悠々と美味しい大好物を楽しんでいた。

馬の頭が高く上がると、私の体も思わず前かがみになり、バランスを取るようにしながら、山に登り始めたのだ。

馬が石段に沿って跳ねたり、交差したりすると、私の体は前後に揺れた。私は馬に揺すり落とされないように、無意識のうちに力を入れて手綱をしっかりと握った。

登れば登るほど山道が急になる。私は山道が山壁沿いに切り開かれて出来ていることに気付いた。右側は切り立った崖で、左側は何も遮るものはない。山道は二人分の幅しかない。山の中腹まで登った時、思わず左を横目で見ると、震えが全身にこみ上げて来て、さっきまでの熱い汗が一挙に冷や汗に変わって来た。

山道の左側には刀で切ったような崖があり、その下にダムがある。山を見下ろすと真っ暗で、その深さは計り知れずに恐ろしく感じさせられる。特に、馬に乗っていると全く身が立たず、馬脚に掛ってしまう。一度馬の足を滑らせたら、その結果は想像もつかないだろう…、とこれ以上は考えられない。まさに馬に乗るのは易しい、下りるのは難しい状態となった。

先を見ると、高華は依然として頭をもたげ、手にトウモロコシを持って、平気な顔をしていた。恐れることはなかった模様。彼の注意力がトウモロコシに集中しているのではないかと私は推測していた。

前の大港部長は私と同じように、カエルのように馬の背にくっついていた。くれぐれもこんな荒野で事故が起こらないように、と私は彼のことを心配して、妙に祈っていた。

乗馬の時間は20分間だったにもかかわらず、数世紀に渡ったように感じた。途中で人が山を下ることもあり、私達騎乗員はわきに寄って道を譲らざるを得なかった。金髪碧眼で長身の欧米人も多く、冒険心のある海外旅行者にはこの未開発の司馬台長城は、ぴったりの景観なのだ。

ありがたいことに、ついに「山頂」、司馬台長城の足もとまで危険なく到着した。

馬に乗って下山するのがどうしても嫌になった。大港部長もびくびくしながら苦笑いしている。高華はどちらとも言えない表情をしている。農民たちは少し遠慮したが、最終的に彼らは私達の態度がとても毅然としているのを見て、理解してくれたように笑って馬を引いて元の道に引き返した。さっきの私達の狼狽ぶりも多少の心理的負担を感じさせたのかもしれない。

精神的には大分恐ろしかったが、体力はあまり消耗しなかったので、急いでスタート地点の敵楼（烽火台）に登った。ここから横向きに見ると、もう一つの峰があり、これを力いっぱい登れば、高所から見下ろそうと思ったら、また次の高い敵楼が目の前にやって来る。登れば登るほど、城壁はますます狭くなったり、坂道はますます急になったりして、ほとんど這わなければ進むことができないほどだった。

苦労の末に辿り着いた難所の敵楼は、今思えば「望京楼」であったらしい。ここは要所で、ここに立つと周りの山々が一望できるのだ。

ここから望むと、司馬台の長城はビッグドラゴンのように険しい山々の間に横たわっており、その壮大さと美しさは限りなく際立っていた。万里の長城の上には、大きさも形もさまざまな敵楼が、それぞれの要所にちょうどよく建てられており、威風堂々とした姿勢を保ち、冷厳かつまっすぐに立ち、人々を魅了していた。私はこの古代中国の壮大な工事の雄大な姿に深く心を揺さぶられ、一瞬で深い畏敬の念に襲われてしまった。

目線を戻すと、先の登山中に見えたダムが真珠のように光っていた。このような険しい場所に、どのようにしてこのような雄大な長城が築かれたのだねぇ～。今この瞬間、私の心の中にはただ感嘆の念しかなかった。

敵楼に登る時は目が前を見ていたので、両側に気を取られなかったが、要所を降りた時、両側は断崖絶壁で底が見えず、油断するといつでも粉骨砕身の危険がある。山の上には涼しい風が吹いていたが、最初の敵楼まで降りてくると、もう汗だくだった。

馬に乗ってきたこの山道をゆっくりと歩いて下山すると、気持ちがだいぶ落ち着いた。さっきまで厳しい表情をしていた大港部長も明るくなり、険しい山道を下りた後も興味が尽きていないようで、また山の向こうに向いて「古北口ロープウェイ」と書かれた看板がある場所に来た。

ロープの落差は数十メートル、長さは約２００メートル程度で、あまり太くないロープが空中を流れ、ハンガーフック大きさのフックが、傘兵装の人たちを空中に吊り下げ、滑り落ちる様子は刺激的に見える。

大港部長はすこしも恐れる様子もなくロープウェイ乗り場へ歩いて行った。「危ないよ…！危ないよ…！」と私は焦りながら彼に注意した。

大港部長はにっこりと笑って、係員に「装備」を縛るように合図した。その係員は彼を軽く押すと、すぐに大港部長の姿は私の視界の中で次第に小さくなり、突き当たりに向かって滑り落ちていった。高華に続いて、私は最後に乗り場に上がった。

頭上の細いフックを見ながら、60キロ余りの人を積載することができるかどうかと私は疑った。スタッフの「気をつけて」という声に合わせて、私は体が浮いたような気がした。耳元では風の音だけが聞こえる。下の絨毯のような木々が少しずつはっきりとしてきて、最後に自分の両側をかすめていく。数分の間に反対側の踊り場に着き、本当にスリル満点の運動だった。

司馬台の長城に行って、「長城に至らずもの好漢にあらず」の意味を実感した。人生もそうではないだろうか？

三、試用期間の通過

ようやく五ヶ月という長い試用期間をバタバタした中で乗り切ることができた。99年が過ぎた後、ある日、川島課長が数枚の紙を持ってきて、会社が私の成績次第で正式採用を決めたと伝えてきた。正式採用の手続きとして、面談を求められた。面談のベースとして、この用紙に記入して渡すように言われた。これは「会社生活について」のアンケートであることがわかった。「形式を問わず、自分の気持ちを自由に記入してください」との注釈がついていた。

確かにこの期間で入社し、働き、今後の職場の雰囲気作りのためにも、会社や上司、そして自分自身を評価する必要があるし、処遇のことも考えられるだろう。そう思いながら、私は丁寧に書き込んだ。

一、現在の仕事について

現在従事している仕事の内容（箇条書き）：
a．業務文書の日中両文の翻訳。
b．各種場合の日中両言語の通訳。
c．各種議事録、出張報告、各種業務レターの作成。
d．中国側当事者との交渉。
e．中国側訪問団の受入れ。
f．プロジェクトの進捗状況の確認及び関連手続き。
g．外部電話応答（オフィスにいる場合）。
h．プロジェクト推進のため、上司の命令による中国出張。
i．様々なプロジェクトに関する交渉に参加。
j．化学、法務知識を勉強。

二、現在の仕事に対する考え方と感想

仕事を遂行する上で、知識、経験、言語能力に十分な自信を持っている。しかし、世の中には完璧な人間がいないため、常に自分の知識を更新し、他人の長所を取り入れて自分の短所を補いながら、前進する必要があることを痛感している。常熟プロジェクトについて言えば、相当な経験と知識が必要であるだけでなく、集団の作戦能力を発揮しなければならない。このグループの一員として、常に皆さんと高度な協調を保ちながら、プロジェクトを進めたいと思っている。

より大きな責任を担い、より重い任務に挑戦し、良い成績を目指すことが私の追求である。学ぶべきことはたくさんあるが、もっと努力して会社で長く働き続けたい。

三、会社生活について

どのようなアイデアまたは改善の提案があるか？

「聞くは一時の恥、聞かないは一生の恥」ということで、自分が理解していないことや仕事の仕方について、遠慮せずに質問するべきだ。他人の経験を参考にし、最適かつ効率的な働き方を見つけ出すことを考えるべきだ。また、化学知識や合弁プロジェクトに関する資料の学習と理解を強化することが重要だ。さらに、パソコンの画面が小さくて目が疲れやすいため、少し大きいパソコンに交換したい。

四、職場の雰囲気

みんなは「ワーカホリック」であると言っても過言ではない。みんなが自分の仕事に情熱を注いでいることに感銘を受けた。絶対に明るくて、何の不協和音も雑音もない職場なので、ここで働きたい。

五、先輩と上司

要求は厳しいが、部下のアドバイスを取り入れて評価してくれる上司の下で働けることは光栄だ。仕事以外のことにも手を差し伸べてくれる協力的な姿勢には感謝している。まさに「率先垂範」で部下を引っ張っている姿勢は、私たちにとって良いリーダーシップの模範だ。

六、友人と同僚

分からないことは教えてあげる、困った時は助けてあげる、間違っていることは正してあげる…、そんな人と付き合いたいと心から思っている。私の周りにはそんな人がたくさんいるのだ。

七、会社に対する考え方

確かに、企業はグローバル戦略を積極的に進めている一流企業だ。従業員たちは進めようとした事業を推進する能力を持ち、これまでの会社と比べて、自分に合っていると感じている。知識や経験、そして能力を活かすことができる職場なのだ。

八、何か問題があるか、受け入れ難い点があるか

役職資格には若干の食い違いがあるようだ。それは金銭意識の問題ではなく、むしろ人に対する評価の問題だと考えているが、自分に影響を与えないように自信を持ち、より良い評価を得るために努力してきた。

九、現在の心境や趣味など

ａ．心境。このような一流の会社に入社することができてとても嬉しく思う。採用してくれてあ

りがとうございます。自分の成長は会社の発展とともにあり、皆さんの努力によって、私達は必ずや早く常熟プロジェクト成功の喜びを分かち合うことができると確信している。私はこのプロジェクトのために全力を尽くして行きたい。

b．抱負ややりたいこと。碁の対局。余暇を利用して英語を勉強したい（あまりにも怠っていた）。日本国内外を旅行する。必要に応じて中国弁護士の資格を取得したい。

c．どんな悩みがあるかなど。子どもの教育の問題が私を悩ませて来た。日本でずっと教育を受けさせるか、それとも帰国させるか。今のところ、やはり中途半端ではなく、引き続き日本で勉強したほうが得策だと考えている。

十、フリーの部分

入社するということ、自分が何かをする時が来たということだと思った。

最初は、会社の常熟合弁事業は簡単だと思っていたが、事業が進むにつれて、様々な原因による復雑さと困難さに直面することをつくづく実感していた。

まず、化学工業のプロジェクトと装置の特殊性を認識しなければならず、一定の化学工業の専門知識、環境保護の知識、設備装置の知識を持っていなければならないのだ。

次に、中国の新しい変化、特に昨年の政府部門の簡素化と人員削減による人事の大幅な変動状況を把握することが重要だ。

再度合弁パートナー社内の人員整理状況を把握し、各部門との関係を緊密に調整し、合弁交渉の過程において発生した関連問題を迅速に対応する一方、（人事、財務、技術、法務など）合弁パートナーに対する再評価を行うべきだ。

十一、自分の今後の仕事のイメージとしては？

自分が会社の中国事業の中でもっと大きな役割を果たすために、もっと多くの知識を勉強しなければならない。

いかに最大限に合弁パートナーのモチベーションを引き出し、政府の各関係部門を積極的に調整してもらえるかは極めて重要だ。この点を担当者だけでなく、合弁パートナーや責任者にも認識させ、積極的な協力を求める必要がある。

合弁パートナーと常熟地元の化学会社との関係を明らかにする必要があり、それが将来の合弁企業の運営につながる。合弁パートナーはいくつかの合弁会社を所有しているが、基本的には貿易業を行う会社であり、工場の運営には得意ではない。そのため、合弁会社の人員配置には十分な配慮が必要だ。

合弁パートナーの所属関係が変わる（化工部所轄企業から中央企業に変わる）ため、その内部の人員状況を随時把握する必要もある。要するに、合弁している以上、合弁パートナーを研究することで、どんな事態が起こっても臨機応変に対応し、いつでもプロジェクトの主導権を握ることができるのだ。

このアンケートを提出してから間もなく、私は川島課長と面談した。面談の中で、アンケートの詳細について説明したが、その結果、私の試用期間は終了となった。

なお、このアンケート内容が効いたかどうかは確証がなかったが、次のような変化が今後の一年間にあった。

・ノートパソコンは小型から新世代のモデルに変わった。
・職級は今のDからCに上げられ、給与もそれに応じてアップした。
・川島課長から大港部長の下で合弁交渉を行うことになった。

四、パーティーでのトラブル

２０００年12月24日、私は年に一度のクリスマスパーティーに林と梁の家族一同を招待することになった。会社のプロジェクト推進チームに参加して以来、このような接待は避けられないものとなっている。接待の相手は主に政府関係者が多いが、接触が多くなり、交際の範囲も次第に家族まで広がっていくこともある。相手はむしろこのような付き合いではもっと気楽で、もっと親しい雰囲気が作れると考えているかもしれない。特にこのような場で通訳の必要がなくなることや、プロジェクトや審査などの複雑な話題を避けられることから、あちこちで冗談を言い合ったり、本当に思っていることを堂々と話し合ったりすることができるようになった。会社からお金を出してもらえるなら、みんなを喜ばせること以外に考えられないだろうね…。

昨晩、客を招いたため、ただでさえ酒をたくさん飲んでいるのに、午前中からぼうっとしているが、それでも中原君のせがみに耐えられず、彼と合弁契約書の日中文校正をさせられた。

中原さんは法務担当ですが、今回の合弁交渉は中国ビジネスが初めての東大出身者にはかなり苦労を掛けられたようだ。

昨晩の四川料理をあまり食べなかったのかもしれず、あるいは、食後の足裏マッサージが効いたのかもしれなかったが、普段はいつも感情が高ぶっている彼は満面の笑みを浮かべて、愛想よく私に開始を合図した…。

いつの間にか夕方5時になっていた。

「キャー!直ぐに着替えないといけない」と私の心の中で叫んだ。私は直ぐに今日のクリスマスパーティーを思い出した。この「不可抗力」に対して、中原さんはどうしようもなかった。契約書は6条までしか校正されていなかったのだが…。

そのパーティーは私の泊まっている京広センターで開かれる。今夜は美人もいるから、絶対に品を落としてはいけないね。私はわざわざ鮮やかなネクタイを選び、これは多くの人の目を奪うのに十分だと気合いを入れて部屋のドアを出た。

私たちの手配を担当している彼女にも会えるかもしれない。彼女の淡々とした表情、物が言える黒い瞳がずっと私を見つめている。彼女は、間違いなく男を誘惑するような魅力的な存在だと思いながら、その日の出来事を思い出していた。

それは先週の木曜日、朝8時10分頃だった。

面白いテレビ番組に夢中になって、夜が遅くなってしまったが、私はぐっすりと眠れた。

「チュ…チュ…チュ…」と、通常よりも電話のベルがうるさく鳴っていたが、やむを得ず私は電話を取った。

「もしもし…」

「私です」と澄んだ声が電話の向こうから聞こえてきた。

「私はロビーであなたを待っています」

その声は一層心地よく耳に響いた。

急いで歯を磨き、顔を洗い、着替えて階段を下りると、エレベーターの前に黒いスカートとジャケットを着た女性が立っていた。

「あなたが李さんですよね?」

「ああ、そうです。あなたは王雁さんですか?お名前はくれぐれも聞いたことがあります」

「お会いできてうれしいです。李さん」

王雁は愛想よく言った。

「あっちへ行きましょう」

王雁は言い続けながら、その細い指をロビーのバーカウンターに指した。

席に着いてから、私たちはさりげなく互いに目を合わせた。私は一瞬彼女を見た。合体した上着が彼女のよく育った体にまとわりつき、スカートが美しい曲線を引き立てている。彼女は首の前に精巧なネックレスを下げていて、その誘惑的な目で私を見つめて、「私と付き合いたいの？」と囁いているように思わせていた。

「朝早くお邪魔してすみません！パーティーのことを聞きたいのですが」

王雁はお詫びの顔をして言った。

「はい、どうぞ」

「もっと早く言ってくれれば良かったのですが、正面の席はもうありません」

王雁はそう言って、座席のレイアウト図を取り出した。

私たちも大口のお客様なので、席がないわけにはいかないと思って、少し怒りそうになった。

「ここは少し離れていますが、まだ空いています」

王雁は言いながら、手に持っている図を指した。

私は注意深くその図を見た。確かに正面の横に、まだ予約マークのついていない座席がいくつかある。

「ここでも結構です。そうしましょう」

私は言った。

「では、まず28番か29番のテーブルを確保しましょう。大人は788元×7人、子供は半額で1人です。その際、フロントで一括清算していただきます…あ、当日は5時半に入場してください」

王雁は言い終えたが、まだ立ち上がる気配はなかった。

朝食もまだ食べていない、荷物もまだ片付けていない、もう直ぐ同僚たちが降りてくるだろうが、私は少し気が気ではなかった。

「じゃあ、朝ご飯を食べに行きますから」

私は言いながら席を立った。

「あなたは私達の常連です。私はあなたを知っています」

彼女は意味深長に言葉を漏らした。

「あ、そうですか…、いつかお茶でもお付き合いしましょうか」

私はいささかおどろおどろしく答えた。

「じゃあ、失礼します！お会いできて嬉しいです」

彼女はきちんとした挨拶をした。

クリスマスパーティーの話がまとまり、重荷を下ろして気持ちが楽になった。今日は仕事の能率を十分に発揮したと私は妙に興奮して、用意した和菓子を渡すのも忘れてしまった。

いずれにしても、有意義な朝を過ごすことができたのだ…。

17時20分にロビーに着いた。同僚の高華はもうそこにいた。

17時半を過ぎたが、今日招待予定の林、梁両家の姿はまだ見えていない。

「ちょっと電話してくる」と私は高華と話しながら、部屋に戻って手帳から林の電話を探し出した。

「今、渋滞しているから、少し遅れるかもしれない」と林の声が携帯電話からとぎれとぎれに伝わってきた。

やっとほっとした。普段はなかなか来てくれないお客さんでもあり、もし来なかったら、私の重大な責任になる。

6時を過ぎたばかりの頃、林さんと梁さんの家族が揃った。私は彼らを会場に連れて行った。3階に行くと、元の中華料理店は消えていて、入り口に「クリスマス会場」という看板が掛っていた。ホテルの人は既に巧みに中華レストランを改造した。

しかし、私はすぐにここが入り口に過ぎないことに気付いた。メイン会場に入るには長いトンネルを抜けなければならなかった。

誰かの案内もなく、会場は静まり返っていた。私たち8人は立ち尽くして途方に暮れていた。早くお客さんを呼び入れて、座る場所がないと困るので、私は焦って思わず声を上げた。

「ここで何をしているんですか?」

白い作業服を着た人が声を聞いて出てきて尋ねた。

「17時半に入場すると言っていたのに、どうしたんですか?」

「19時からなんですよ。他の場所でお待ちください。仕方ありません」

相手の態度は冷たいものだった。

私たちの一行はまた1階に降りて、バーに座ってもらった。晴れ着を着た子どもたちが聖歌を披露していたのだが、私には雑音のように聞こえた。何かを予感させられるような気がした。19時になり、私たちが再び上に上がった時には、メイン会場の前はもう混乱していた。入り口は人でいっぱいだった。これほど高い値段でクリスマスイブを過ごす家族連れがこんなに多いのかなぁ…、社会の発展の速さは予想もできない。もちろん中には公金を使ってもてなす人も少なくない。

私は切符を手に持ち、力いっぱい人の群れを引き離して門の前に来て、今度はよく分かった。もともと二人のお姫様の格好をした女性がそこに立っていて、一人一人の切符番号に応じて座席を割り当てていた。

「私は28番です。ちゃんと見てください」と私は切符を見せながら指示した。

姫様は素早く切符の裏に何かを書いた。

「43番になったよ」

高華は返された切符を見て私に注意した。

さっそく座席図を出して見ると、確か43番テーブルが一番隅のテーブルなのだ！一瞬血が頭に上ってきた。

こんな大事なお客さんを隅に置いて何て言うことだ！私は再び入り口に戻った。

「あなたが書いた席は私の予約と違いますよ」

私は不満を姫様に伝えて、訂正させようとした。

「私は対照表に従って書きました」

その姫様はあわてて一枚の紙を出して見せてくれた。

切符番号の横に43番と書いてある。

「席を取り戻せ！」

私は怒鳴った。

「今はもうだめですから、中に入って座ってください」

姫様は勧誘するような口調で言った。

「王雁は知っているはずだ。この席は間違っているよ」

私は声を荒げたが、依然として音調を上げていた。

「じゃあ、王雁を探しに行きなさい。私には仕方がありません」

姫様はまったく無表情だった。

「王雁はどこだ？」

私は尋ねた。

「ホール内にいます」

高華が林、梁両家に経緯を説明したとはいえ、私はまだ面目が立たず、謝る勇気もなかった。

座席は図よりも悪く、ドアの後ろにあり、舞台が見えなかった。さらに許せないのは、机の傍に既に3人も座っていて、椅子が一つ足りなかったことだ。

「一体どうしたんだ！」

私は、鶴の姿をした案内係に大声で叫んだ。

私の声がホールの上空に響き渡り、会場中の人々は愕然としていた。

「座席が違うし、椅子も足りない。早く取り替えてくれ！」

「私は案内係ですので、席替えは宴会の担当者にお願いします」と、鶴の姿の子が無実の顔で答えた。

「パーティー担当は誰か？王雁か？」

「そこです。王雁さんはそこにいるじゃありませんか？」

鶴の姿の女性が指さす方向を見ると、入り口には赤いスカートを着ていた30代の女性が立っていた。

明らかに彼女は王雁ではなく、王雁はおそらく既に逃げてしまったのだろうと思った。

「会場の席はどうやって決めた？」

私は赤いスカートの女性の前に行って聞いた。

「これは全部マネージャーが決めましたよ」と赤いスカートはきちんと私に対応しているが、他人事のような顔をしていた。

「何があったんだ？マネージャーを呼んでこい！」

私はますますイライラしてきた。

「マネージャーは入り口にいます」

赤いスカート女性の目は地面を見て、声は絹糸のように細かった。

玄関にはさっきまでの騒ぎはなかった。背の低い黒い背広の男が何人かの客と何か話している。客たちも怒っているようだった。一緒に来た人がバラバラに分けられていたからだ。はぁ、損をしたのは私たちだけじゃないなぁ、と苦笑するしかなかった。

「私たちの席はどうして変わったの?直ぐに調整してきてください!」

私は極力冷静さを保ちながら、マネージャーに言った。

「お客様がもう座っていますから、調整はできません」

マネージャーは広東語を交えた標準語で答えた。

遠くから音楽の音が流れてきた。パーティーが始まったようだった。

「これ以上改めてくれないなら、メディアにさらすぞ!」と私は希望の薄さを感じ、脇へ退いて席に戻った。大切なお客様がちらりといる状況は望ましくないと思っていた。

43番のテーブルには7人しか座っていなかった。林さん、梁さん一家、そして高華さんだけだった。

「あの三人はどこにいるのですか?」と私は尋ねた。

「席が変わったんだ」と高華さんが答えた。

「彼らは謝りに来たのですよ」と林さんの夫は机越しに手を振った。

テーブルの上に金箔で包装されたワインが2本置かれているのが見えた。こいつら、このワインで事情を鎮めたいのか?私は心の中でののしりながら、まだ今日の客に謝っていないことを思い出した。

「申し訳ありませんが、今日は予想しなかったのです」と私はお詫びをした。

「これが中国の実情です。あなた方は長い間外にいるので、理解していないかもしれません」と梁の夫は私を慰めた。

「さあ、メリークリスマス、乾杯！」と私が勧めた。

「乾杯！」

皆は応えた。

「これでいいですか？」

後ろから急にぎこちない標準語が響いた。

振り向くと、赤いスカートと短身のマネージャーが後ろに立ってにこにこしていたのが分かった。

「何だよ！これで俺たちの口を塞ぐ気か？これは消費者詐欺だと知っているのか？」

私はまだ怒りが収まらない。

「そうです、そうです」

マネージャーは、首をガラガラのように振りながら言った。この時は相手に何を言われようと反論しない構えなのだ。

この夜、林の家族は抽選で一台の自転車を当て、少しの楽しみを得たようだが、どちらの家族も不満を漏らさず、喜んでいる表情をしていた。

「李さん、お電話です」

翌日、北京の事務所に到着すると、容姿端麗の修さんが私を呼んでいる声が聞こえた。

「誰だろう?」と私は既に心の中でわかっていた。

「王雁です」

「彼女に私が不在だと伝えてください」

「ほほほ、親切にしてくださいよ!兄貴」と普段よく付き合っている陳君が向こうに座っている私に受話器を押し込んできた。

「あら、申し訳ありません!面と向かって謝りたいのですが、飛行機は何時ですか?」

「ここまできた以上、もう取り返しのつかないこと、分かりますか?」

「そんなこと言わないで、私もつらいですよ」

「それで結構です」

「チャンスをください…、私は本当に泣きたいです」

「もういい!私はこれ以上何も言いたくない」

「あなたの言う通りにします、私はあなたに踊りもしてあげます…」

「カチッ!」と私は電話を切った。同時にこの縁も断ち切った。

この世界はますます複雑になっていく。私はまた新しい人生の悟りを得た感じがした。

私はもう京広センターには泊まらないし、同僚たちも泊まらないのかもしれないが、ほかのところに泊まったらどうなるか…と戸惑っている。

五、四川料理への拘り

京広センターの営業担当者を軽信したため、もう少しで楽しいクリスマスパーティーが崩れそうになったが、一年近くの付き合いを経て築き上げた良好な関係は順調に維持され、林家と梁家は私に感謝の気持ちを抱いてくれたので、少し満足感を感じた。

政府の許認可手続きを円滑に進めることは、プロジェクトの進捗を加速する上で重要だ。これまでに、大港部長は中国政府機関の手続きや承認プロセスにおける「人」の役割を少しも理解していなかった。彼としては、中国政府が企業誘致に熱心であるため、我が社の投資はさまざまな方面から熱烈に歓迎される筈だと、特にプロジェクトの承認などに対して甘く考えていたからだ。

中国側の合弁パートナーからの言い逃れにより、作業が長引き、大港部長は許認可の過程について見当がつかなくなった。受け身になった大港部長は、タイミングよく作戦を変えて、状況に詳しい私を前面に出して、会社と政府承認担当者の間で直接の対話を可能にし、正確な情報を得るようにしてきた。これにより、中国側の合弁パートナーとの交渉中にトラブルの発生リスクをある程度回避することができた。私自身も政府の役人との交流を通じて、気兼ねのない集まりが続くことができた結果、次第に友情が深まり、親しい友達にまで発展してきたのだ。

このような政府関係者との良好な付き合いのおかげで、大港部長はついに難関を乗り越え、合弁契約交渉の実務に関心を移すことができた。

合弁契約の日中版ドラフトは、当社が中原君を通じて現地のある投資コンサルティング会社に高額で依頼して作成し、報酬を支払ったものだ。このコンサルティング会社は、当然ながら不安を解消するために、会社に有利な条項ばかりを盛り込んできたが、その結果、この契約書は合弁成功を促すものなのか、それとも合弁成功を妨げるものなのかが疑問視されたため、中国側はこのような契約文書を拒否する態度を示した。

「これは不平等な条約だ。もう交渉できない」と中国側の合弁パートナーは主張した。

当社の契約書ドラフトを作成することは、会社の上層部の決定によるものであり、コンサルティング会社に契約書内容を依頼することも会社の方針だ。中国側がこんな契約を否定したとは言え、大港部長には契約を撤回する権限はない。彼は契約に高額の費用がかかっていたことに不満を抱いていたが、会社としての立場を守らなければならない。

プロジェクト承認の肝心な段階で、重要な契約交渉が難航し、大港部長は焦りを募らせている。これまで辛いものを食べなかった大港部長は、普段とは異なり、四川料理店を訪れるようになり、そのたびに私たちのメンバーも連れられて行った。こうして私は四川料理についてより深く理解することができた。

四川料理店の中で、最終的に「金山城重慶火鍋城」という中福プラザ内の店に絞ることになった。ほとんどの日、仕事が終わった後、私たちはここに来て、体全体を包み込むような麻辣な味を楽しんでいた。

日本人には理解できないかもしれないが、四川の人々でさえ、なぜ首都の人が四川料理にこんなにこだわるのかも理解できない。この「金山城重慶火鍋城」は大人気なため、常に満席で、予約しないと入れない状況だった。

中福プラザのロビーに入ると、正面には2台のエスカレーターがある。左側のエスカレーターは下りで、右側のエスカレーターは上りだ。右側のエスカレーターの両端には、赤いチャイナドレスを着て美しい曲線を引き立てた笑顔の女の子が二人立っている。彼女たちは手にノートを持ち、お客さんを呼び寄せていた。ホールの前の空いている場所にはいくつかのテーブルが置かれており、客たちはのんびりとスイカの種を噛みながら、空席を待っている様子が目に映る。エスカレーターの後ろには焼き肉店があるようだが、こちらは「金山城重慶火鍋城」の賑やかさとは対照的で、静かな雰囲気が漂っている。

私は川妹子（四川の女の子の愛称）のところに順番を登録して、適当な場所で番を待っていた。これは、このところほぼ変わらないパターンになっている。

約30分から1時間の間に、早く来たお客様の中には、お腹がいっぱいになって席を譲る人が出てきた。このように、ようやく私たちは一日の疲れを癒し、食事の楽しみを味わい始めることが出来た。

同行者の中で、大港部長は重い喘息を患っていたが、いきなり四川料理に魅せられたのは不思議だった。中原君は中国に来たばかりだったが、中国の料理についてまだ何も知らない中で、四川料理のことを褒めながらも、持参したタオルで一生懸命汗を拭っていた。北京事務所の川口君は苦しそうな顔をして、生ビールを大口で飲んで辛味を薄めようとした。北京で働いている周君はれっきとした湖南省出身なので、四川料理はもちろん問題にならない。私は北方出身なので四川料理にも慣れているが、数日間の連続作戦にはもはや耐えられなくなってきた。

メニューを見ると、各料理の横には赤唐辛子が1本から3本まで表示されていて、当然ながら3本は一番の辛さを示している。注文の際には、それぞれの人が2本や3本と注文する様子が賑やかに繰り広げられていた。辛い料理に冷たい生ビールを添えて飲むと、本当に気分爽快になり、一日の悩みもこの一瞬間消えていくのだ。

昼間、張り詰めた表情をしていた大港部長は、この瞬間に珍しく太陽の光に照らされたかのように明るくなり、喘息の患者とは思えないほど料理を堪能していた。私はこの辛い四川料理が彼に合っているのかと不思議な気持ちになった。

注文ごとに定番の料理が2つある。「麻婆豆腐」と「辣子鶏丁」（唐辛子鶏の唐揚げ）だ。麻婆豆腐は、日本の中華料理店で改造された麻婆豆腐の味付けとは異なり、確かな辛さがあり、赤い色の中に透き通る白い具材が入っており、油で濃く味付けされていないため、飽きることなく毎回絶賛されている。この料理を他の中華料理店で注文するたびに、みんながこの料理を基準にその店の料理に星をつけて評価するようになったのだ。

辣子鶏丁はさらに食欲をそそる。その山積みのような赤唐辛子の中には、たいした量ではないが、鶏肉の唐揚げが埋まっており、みんなが赤い唐辛子を箸でかき回しながら、苦労しながらも唐辛子の中の鶏肉を探し出し、口に運ぶのは、なかなかの楽しみだった。

また、回鍋肉（豚肉を揚げてから野菜と炒める）巻き饅頭や魚香肉糸（魚の香ばしい肉の千切り）などみんなの好きな料理もあったが、大港部長はとにかく喜んでいた。

長い間このような脂っこい食べ物を食べておらず、体に抵抗が生じて来たので、乳酸錠を買って胃腸をケアーすることにした。外に出ると、川口君はいつも泣き顔でこっそりと自分の腹と大港部長を指さして、どうしようもなさそうな様子だった。

「消化に悪いけど、辛いものを食べるとストレスを発散できるから、そうしないと我慢できないよ」

後に大港部長との雑談の中で、彼は私にその秘密を打ち明けてくれた。大港部長は日本側の交渉の総代表として、相手側の圧力を受けるだけでなく、社内からのさまざまな非難にもさらされており、その緊張感は推して知るべきものだった。

彼は、四川料理で自分の神経を刺激し、ストレスを解消することができたのではないかと自負したが、結局、それを実現するためには頻繁にトイレに行くことが大変だったようだ。

六、独資会社の設立

会社は誠意を尽くしてきたが、投資額と投資比率に関しては合意に至らなかったため、２００１年の新年を迎える際、中国側はついに合弁交渉から撤退した。我が社との合弁事業は日本側がプロジェクトの損失費として一定額を賠償する代わりに、独資に切り替えることで正式に破局を宣言した。もちろん、この過程の中で私たちは単独で国家計画委員会を含む各方面とコミュニケーションを取ったりして、会社の独資判断においても重要な役割を果たした。

これまで構築してきた重要な人脈を活かし、中国側の合弁撤退が政府の許認可ルートにネガティブな影響を与えないようにした。逆に、以前の心配も余計なものになった。常熟市政府は専任者を指名し、私たちの独資許認可の手続きに協力してくれた。種々の努力とこれまで築いてきた国家計画委員会との良好な関係もあり、独資報告書はすぐに承認された。常熟市計画委員会の楊主任はわざわざ私に付き添って北京に行き、「外商投資奨励プロジェクト確認書」を入手してくれた。

これは単なる一枚の紙ではなく、私たちの独資許認可申請作業に終止符を打ったことを意味する。これにより、会社が輸入する億単位の機械設備が免税待遇を受けることができ、巨額の投資を実行する外資会社にとって大きなメリットとなる。しかし、実際に税関での免税手続きにはまた多くの問題が発生したが、これは後の話だった。

プロジェクトが承認された後、すぐに経済貿易部に報告し、さらに「外商投資企業認可証書」も迅速に取得できたため、効率が明らかに向上したと感じた。

「中国政府はやはり投資を歓迎するんですね。ただ、多くの部分がまだはっきりしていないようです」投資プロジェクトに長い間苦労してきた大港部長は感慨深く思いを巡らせた。

国家工商総局の企業名称の認可を受けた後、直ちに現地の工商局で営業許可証を取得した。そして、2001年4月8日、ついに「△△会社フッ素化工（中国）有限公司」を設立した。この時点で常熟事務所は主に市政府関係者との連携を通じて、許認可を推進する作業から独資会社の運営メカニズムの確立、人員の募集、工事建設の前期準備などに取り組むようになった。

会社の設立日の決め方についてはまたちょっとしたエピソードがあった。

当初、大港部長なども設立日のことを気にしていなかった。しかし、地元には「興福寺」というお寺もあり、蘇州から少し離れたところには有名な「寒山寺」もある。常熟周辺は元々仏教の伝統と慣習に拘っている地域なのだ。

興福寺は常熟虞山北路に位置し、1500年以上の歴史がある古いお寺だ。天災や人災のため、寺は何度も被害を受けたが、歴代の修繕を経て、現在は江南地方の名刹の姿を取り戻した。この寺は1983年に中国全国仏教重点寺院に、1995年4月19日に江蘇省級文化財に指定された。宗教上の特別な祭日には多くの信者たちが集まり、にぎやかな雰囲気に包まれ、江南エリアに大きな影響力を及ぼしている。地元の企業経営者たちも、よく開業前にお寺へ縁起の良い日を尋ねに駆け付けると言われている。

大港部長らは決して占いなどを信じていないが、「郷に入っては郷に従え」ということで、興福寺で吉日を拝んで縁起を求める考えに至った。大港部長たちは名乗り出ることができないため、この役務が私にのしかかってきた。

仏教信者ではないため、普段から興福寺を通りかかることはあるが、中に入ったことはない。法師にむやみにお目にかかるのは適切ではないと思い、常熟市政府の秘書である周さんを訪ね、公式ルートを通じて話し合いのアポイントメントを取り付けてもらった。その結果、私は「慧雲」と呼ばれる法師と対面し、話を伺うことができた。

意外なことに、慧雲法師は、私が想像していたもみあげを白髪に、威厳のある顔をして、仏光が照りつける本堂の中に正座している長老ではなく、30歳を過ぎたばかりの明るい性格で、気さくな談笑をする若者だった。さらに驚いたことに、彼が私を連れて行ってくれたのは彼の住んでいた居所だった。面積は10平米にも満たず、寝具ワンセットとベッド一つであるこの住居環境はなかなかお粗末のものだとは言っても過言ではない。

しかし、私の目を引いたのは、ベッドの傍に置かれた彼の四角い机だけだった。机の上にはパソコンが開かれており、パソコンの画面上にはQQ（WeChatと兄弟関係にあるSNS）がオンラインになっていたが、時折、「ちっちっ!ちっ!」というチャットの音が聞こえる。机の上には名刺が散乱していたことから、この法師はやはり社交の達人だと分かった。

席に着いた後、挨拶もなく、私は単刀直入に来た目的を伝えた。周さんが事前に情報をインプットしてくれたようで、慧雲法師もまずはお寺を代表して、会社の地元会社の設立を歓迎し、祝意を表した後、昔の仏典のような本を取り出して、ページを開き、幾つかの日付を呟きながら説明してくれたが、私自身は仏教について何の研究もしていないし、言われた内容では大港部長たちに自信をもって説明することはできない。私の困惑した表情を見て、慧雲法師はその「仏典」を後ろにめくると、いきなり興奮して口の中で「ありました！」と言葉を漏らした。

慧雲法師が私に見せてくれたページを見ると、観音菩薩に関する記述で、観音菩薩の仏像も描かれていた。観音様の優しいまなざしを見ていると、思わず体中に暖かさがこみ上げてきて、いささか焦っていた気持ちも和らいでいた。

「4月8日は観音様のお誕生日なので、時間も都合もいいから、この日にしましょうか？とても縁起が良いです」と慧雲法師は言った。

慧雲法師が選んだこの日は、あらゆる面で理想的な日であり、私は躊躇わずに満足しているとし、「上司に報告してから決定したい」と言った。

慧雲法師にお礼を言ってから、私はすぐに大港部長らに良い日を見つけたと報告した。その結果、常熟会社の営業許可証には「2001年4月8日」と設立日が明記された。

それ以来、私は慧云法師に再び会うことはなかったし、彼のQQの友達入りも忘れていたが、仏学への関心は次第に高まり、心の中で慧云法師の仏学の更なるご成就と興福寺のますますのご盛栄を祈っていた。

4月の常熟市は既に春先でありながら、この南方の小さな町の大通りを歩いていると、まだ涼しい風に吹かれて、冷たい湿気が身にしみるような感じがする。プロジェクトが緊迫した段階で、ここでほぼ一冬を過ごした私は、この南方の気候にはなかなか慣れることができない。

大港部長が事務所に陣取り、プロジェクトメンバーを指揮して具体的な作業に取り組んでいるため、喘息はかなり良くなっているようだ。この間、王市長、王主任らを表敬訪問し、会社が正式に設立されたことを報告し、市政府の支援に感謝の意を表した。もちろん、会社より前に市の指導者たちは既に関係部門から報告を受けたはずだった。

独資会社の登記手続きの任務がまた私の頭上に被ってきた。印章、財政局登録、税務登録、外国為替登録などの用紙が山積みにされていて頭がぼうとしているが、何とかうまくクリアした。そこで工事建設と施工の各種手続きに少なからぬトラブルがあった。

「建設用地の申請」を行う際に「土地使用証」の問題が生じた。大港部長などが土地の問題を認識していたにもかかわらず、中国側合弁パートナーと締結したあの不適切な「土地譲渡合意書」の中で、「中国側が譲渡した土地は完全でかつ瑕疵のないものである」と明記されている。しかし、この長江沿いの不毛地帯の土地は国務院長江委員会の審査を受けておらず、その土地の使用はまだ省レベルの計画に組み入れられていないため、常熟市政府はもちろん自主的に「土地使用証」を発行することはできない。

土地使用証がないと、新しく設立した独資会社は深刻な事態になり、空中の楼閣になってしまう。

しかし、大港部長は慌てなかった。彼はプロジェクトの洗礼を受けたプロフェッショナルとして、非常に冷静な様子だった。まず彼は市政府による企業誘致の緊急性を理解していた。次に、中国側との「土地譲渡合意書」において、「長江管理委員会の承認を得る」という支払いの制約条件を設け、会社のリスクを最小限に抑えたため、市政府こそが最も急いで課題を解決すべき側だと認識していた。

長江委員会や省水利庁などに対して、常熟市政府全体で協力し、働きかけると同時にさまざまな折衷案も次々と出してきた。その結果、土地使用証を取得していないまま、「建設用地許可書」、「建設プロジェクト計画許可証」を取得した。そして、「着工許可証」を申請する時、気象局の避雷申請、シロアリ防除申請、集中汚水排出計画などの手続きがあったが、すべて料金を払うことで済んだのだ。装置の設計は、日本の技術保護の問題があるため、会社は1，000万ドルを支払って日本のある専門設計会社に依頼したが、工場とオフィスプラザの設計と施工は現地の中国の建設業者に委ねると政府から指示された。

保険会社もこの大手顧客を狙って、さまざまな関係を通じて私を訪ねてきたり、ロビー活動を行ったりした。一時には様々な人や会社が次々とやってきて、時間に余裕がなかった。その時、私は初めて外国人投資プロジェクトが都市にもたらすのは雇用や税収面での大きなメリットだけでなく、実際には建築材料、建設企業、保険業、金融業などの関連業界にも巨大なビジネスチャンスがあることを実感した。

一方で、独資企業の採用作業は、本社から人事主管が直接参与した状況下で全面的に展開した。40

人の求人に対して約１３００人の応募者があったとは予想もしていなかった。これらの人を採用した後、まず市の学校で日本語と専門知識を勉強させ、半年後に日本の会社に送って研修させるとの予定を終えて初めて配属することにした。

市場についても、全国的に詳細な調査を行ったが、我が社製品の需要は引き続き高く、急ピッチで建設を進める国内同業他社の低価格帯製品、所謂ボリュームゾーン製品と競合する可能性も分析していた。建設工事の進捗は一連の作業に直接影響を及ぼすため、プロジェクトはまた新たな試練に直面していた。

この時、独資会社には重要な影響を与えた二つの出来事があった。一つは、大港部長が日本本社より独資会社の総経理（社長）に任命されたことだ。もう1つは、本社が9月に適切なタイミングで定礎式を行うことを決定したことだ。

「会社から私が総経理に任命されたと連絡がありました。私は皆さんの協力を必要としていますので、皆さんの意見を聞かせてください」と、大港総経理は私をケーブル工場内に設置されている仮設の常熟事務所の総経理室に呼んだ。

「ははは、それはすごいですね…私はもちろん、総経理の下で力を尽くし続けたいと思っていますよ」

「そうですね、あなたたちの力は欠かせませんね…。しかし、ひとつ問題があります」と、大港部長は言葉を濁した後、「今この会社に入社するなら、現地採用しかないんです」と話を続けて、「もちろん、待遇は普通よりも高いですけど…」と言葉を付け加えた。

現地採用は、自分の雇用関係が日本の会社から中国の会社に移ることを意味する。たとえ待遇が高くても、年に一度の日本ビザの更新は認められず、自分は正真正銘の「海外帰国者」になる。これは私には絶対に受け入れられないことだ。

「私は本社従業員ですから、日本の社員と同じように派遣の形でここに赴任すべきですが、なぜ現地採用をしないといけないのでしょうか？」

「あなたはまだ永住ビザではないので、会社からこの現地会社に出向させたら、将来日本の入管局で面倒なことになりますね…、以前その例がありました」

日本は非移民国家なので、日本に居住する外国人はすべて合法的な在留資格を持っていなければ、日本で暮らしたり働いたりすることはできない。就労ビザを取得した場合でも、年に一度、外国人在留管轄の日本入国管理局の各地支局で更新手続きを済ませる必要がある。もし仕事を失った場合や、入管が提供した資料をもとに、あなたが日本に住む必要がないと認定した場合、ビザは終了し、本人は「国外退去」と扱われることになる。このような理由から、多くの「ブラック戸籍」(不法滞在)も生じている。

「両方ともうまく行く方法はありませんか」

私は大港総経理に打診した。

「いいえ、人事によると、うちの西安の会社の田さんはあなたと状況が似ていて、今困っているそうです。本社に転勤しても、改めて入国手続きをしないといけないみたいです」

「あなたが今すぐにポジションに就くことが、あなたの将来の発展のためになると思いますが」と、大港総経理はまた念を押した。

「永住許可が出るまでは、本社に残ることにさせていただきたいと思います」

私は仕方ない選択をした。そうなると席を奪われることは分かっていたのだが。

大港総経理は私の選択を全く理解していない。なぜ在日中国人はあんなに日本のビザに拘るのかと首を傾げた。彼の考えでは、私は出世の余地を無くして無名の従業員になるべきではない。しかし、彼は私の背後には家庭があり、日本での穏やかな生活を維持するためには、これもやむを得ない選択だとは思っていなかっただろう。これも多くの在日中国人にとって無二の選択肢だと信じている。

このようにして、私は独資会社には名分も籍もない日本本社からの駐在「支援者」となった。

七、定礎式の騒動

大港総経理は9月の定礎式の準備に協力するようにと私に指示した。

本社からの支援者だって、やはり指揮命令系統は従来通りだ。

本社経営企画室（社長室）に確認したところ、社長の参加可能日は9月12日となっている。大港総経理は王市長に面会し、9月12日に会社建設の定礎式を行う計画を伝えた。そして、省長、蘇州市委員会書記、市長を招待して、会社の知名度を拡大したいと希望していると言った。

王市長は市が全面的に支持するとした上で、省と市の幹部も当日別の会議がなければ必ず参加すると態度を表明してくれた。

独資会社は間もなく定礎式準備チームを立ち上げた。大港総経理がチーム長になり、日本本社から派遣された一部の人員と現地の従業員は仕事の内容に応じて幾つかのチームに分けられた。

会務チームはイベントと会社との連絡を取り、式典の詳細を起案する責任を負う。

受付チームは国内外のお客様の受付手配を担当する。

宴会チームは当日の宴会席の並び方、メニューの決め方を担当する。

先導チームは当日、社長車列（上海）が高速出口に到着した後の誘導と現地公安局のパトカー先導手配を担当する。

渉外チームは市政府関係者との連携を担当する。

私は基本的に高華と渉外チームのメンバーとして、政府関係者や重要な招待客などの手配と連絡を担当している。

本社側は、どの省や市の幹部が定礎式に出席できるかを絶えず問い合わせ、リストを早急に提供するよう求めた。大港総経理はさらに、社長らが大々的に駆け付けても、レベルの高い地元幹部が招かれないと、気まずい思いをさせるだけでなく、仕事の能力も問われることを恐れていた。

市政府側は、省の幹部が半年前に日程を確定することは不可能であることを何度も説明してくれた。

しかし、大港総経理はいらいらし、私たちに直接省に行って問い合わせて欲しいと指示した。

「市を飛び越えて仕事をすることは避けるべきです。それは今後の関係に影響を与えるだけでなく、定礎式の準備、今後の企業経営にもマイナスの影響を及ぼす可能性があります」と私は熱心に大港総経理に説明した。もちろん、私は実際に省の関係者と連絡を取っていないので、「半年先のスケジュールはわかりません」という市政府のような言い方をしなかった。

私が焦がれる中、市の周秘書から電話がかかってきた。市政府は独資会社の所在地を「省級ハイテク工業園区」に指定し、申請するつもりだ。9月12日には「ハイテク工業園区」の除幕式を同時に行い、その際に重要な来客に定礎式にも参加していただくことにしている。宴会の費用は市と独資会社が折半で負担する考えであるという内容を大港総経理に伝えたいとのことだった。

「周秘書に私たちは定礎式を単独で行い、宴会も私たちが負担すると伝えてください」

私がこの良いニュースを大港総経理に報告すると、彼は眉をひそめて私にこう言った。

「なぜそうします?」

私は不思議に思った。

「定礎式で社長にどこに立っていただくのですか?宴会の席はどう配置するのですか?元々私たちが主役の定礎式だったはずですよ」

大港総経理の口調からは、このような「組み合わせ定礎式」に対するいらだちが滲み出ていた。

私は再び周秘書に電話をかけて、大港総経理がこの計画に反対すると伝えた。

「それじゃ、省長は呼びにくいですね…、なぜ彼らがある企業の基礎式にわざわざ出席するのでしょうか？これも私たちが苦心して考えた一石二鳥の良い方法ですよ」と周秘書は率直に意見を表明した。私は国内の役人たちが独自の知恵を持っていることに感心せずにはいられない。この方法によって、独資会社の要求を満たすだけでなく、地方の知名度も高めることができる。上級幹部と接触する機会を作り出し、政治的な業績を際立たせるという手法は確かに効果的だ。

大港部長は開発区の王主任に会って、趣旨を説明した。

王主任は市共産党委員会の常務委員であり、彼の意見も市政府を代表している。周氏のように直接的ではなく、語感を和らげながら、「ハイテク工業団地」設立の重要性を主張し、ぜひ社長を目立つ位置に立たせると約束した。

市政府の態度を変えることができないと見て、大港総経理はやむなく離席した。

市政府はすぐに公文書の形で市政府の各部門に配布し、「ハイテク工業園区」の除幕式の準備を整えるよう求め、市長を指揮官とし、各局のトップが参加する準備チームを発足させた。独資会社と市が並行して準備態勢を整えたことで、私たちの負担はある程度軽減され、市との調整もスムーズに進んでいた。

あっという間に9月11日が到来した。その夜、準備作業を最後にチェックしていた大港総経理はようやく気を楽にして、高華と私、それに本社の何人かを市内のあるレストランに連れて行って食事を一緒にした。席中突然、高華の携帯電話が鳴った。彼の日本人の妻からだった。私たちが冗談を言っている最中に、高華の顔色が変わった。

「な…に？トレードプラザが爆破された？アメリカか？」

高華が状況を説明した後、大港総経理は非常に緊張した表情を浮かべていた。

その直後、大港総経理の携帯電話も鳴った。日本の本社からだった。事態は深刻で、会社は緊急対策を取っており、海外出張はすべて中止していると告げられた。明日の定礎式が予定通りに行われているかどうか、直ちに確認しろと言われ、テロと中国の関係を疑うような気がした。

電話は日本からひっきりなしにかかってきた。もうすぐ真夜中になる時間だ。大港総経理は重い表情を浮かべ、すぐに王市長に会いたいと頼んだ。

電話を周秘書に掛けたが、彼はためらうことなく、直ちに王市長に連絡した。

王市長は自宅からホテルに設けられた市の臨時事務局に急いで向かい、そこで待っていた大港総経理に会った。

大港総経理は状況を説明し、除幕式と定礎式に変更はないか、省と市の幹部は予定通り出席するかどうかを言い回しながら尋ねた。

「このようなことは私たちの予定に影響はしませんし、また、現時点で変更の通知も受けていません。省と市の幹部が予定通り出席すると信じています。日本の会社の皆様に安心していただけるようお伝えください」

王市長は即座に態度を明確にした。

大港総経理は緊張した表情を少し和らげ、「深夜に突然王市長に迷惑を掛けたことをお詫びします」と言って席を立った。

それから、大港総経理は私たちに夜間でも電話の電源を切らずにいつでも連絡を取り合え、または変化があれば直ちに報告してもらえるようにと指示した。

私は、大港総経理は一晩中きっと不安の中で過ごしただろうと推測していた。

9月12日、天気は少し曇っていたが、幸いにも雨は降っていない。

除幕式は先に行われた。会場では太鼓の音が響き、雰囲気は明るく、みんなの表情はリラックスしていて、まるで何事も起こらなかったかのようだった。省・市のトップに続いて、社長も祝辞を述べた。そして、テープカット、除幕、爆竹などの順に進行した。

その後、大部隊は独資会社の工事現場に移動し、挨拶の言葉を述べた後、壇上に立った社長、西村常務および省・市の幹部たちは、通例のようにリボンを切った。そして、この困難な道のりを乗り越え、ついに今日までたどり着いた独資プロジェクトの正式なスタートに向けて、日中の幹部たちは赤いリボンに結ばれたシャベルを手にして、原初の土を掘り、基礎石を埋めた。

翌日、蘇州市と常熟市の新聞には、注目すべき見出しと写真が掲載され、除幕式と定礎式の盛況も以下のように報じられた。

「12日、国際化学工業分野の新たな『シリコンバレー』である江蘇ハイテク化学工業パークが常熟にオープンした。江蘇省の王副省長、常熟市の陳副市長、楊副市長、汪副市長、そして国家計画委員会、経済貿易委員会、外経貿易部、環境保護総局などの部門の幹部が除幕式に出席した。現在、同工業団地の総投資額は34億ドルに達し、契約ベースの外資利用額は31.6億ドルに上る。式典に基礎を築いた日本△△会社（中国）有限公司の第一期投資額は9860万ドルであり、当該園区進出の最大のプロジェクトとなる。

前記の工業園は、常熟市の西北部に位置し、長江沿岸に広がっている。計画面積は5.04平方キロメートルであり、第一期の開発面積は2.97平方キロメートルである。この工業園では、特にフッ素化学工業を中心としたファインケミカル、機能性高分子材料、生物化学工業、医薬化学工業などの発展を重点的に推進し、国内のフッ素化学工業の生産と開発基地となるだけでなく、生物化学工業と医薬化学工業のハイテク園地を構築する予定である。この工業団地は、1年以上の開発・建設を経て、既に規模が拡大してきている。園区のインフラは、国際専門化学工業団地の基準に基づいて整備され、機能的なセットアップが完了している。常熟市はまた、1億元を投じて、排水、汚染管理、固体廃棄物埋立地、有害固体物質の焼却センター、公用変電所、消防署などのインフラ工事と補助施設を整備することを決定し、現在は計画設計段階に入っている」

「9.11事件」の翌日に行われた独資会社の定礎式は、いつまでも私たちの記憶に新しいものとなっている。

八、後ろからの矢

社長は堂々と中国にいらっしゃる以上、ただの定礎式だけに参加するのではなく、ほかのプログラムを手配してあげないと大港部長は安心できない。そこで彼は、ついでに社長を北京に案内し、許認可機関の高官を訪問していただくことを企画した。政府高官の影響力を活用することで現地での会社の地位を向上させ、会社を運営する圧力を軽減したい、または、この機会に社長の近くで自分の許認可業務の成果をPRし、更に一歩前進の道を開こうと考えているなど、まさに一石二鳥の皮算用だ。

もちろん、この訪問手配の難易度は非常に高いものであるに違いない。私としては、大港部長に倣って訪問の実現でプラスになることは望ましいが、実際の作業に費やされるエネルギーにはあまり値しない感じだ。しかし、大港部長が私を前線に押し上げてくれたからには、思い切って突進するしかない。

プロジェクトは国家計画委員会（後に国家発展改革委員会に変身）によって承認され、訪問する役人は当然のように主任クラス（大臣クラス）に絞られた。国家計画委員会は政府の他の部門と異なり、政府の経済管理を実施する中枢部門であり、「小国務院」と呼ばれ、大プロジェクトの許認可、国家資金の調達、各種国家政策の制定などを統括する、かなり大きな権限を持っている官庁だ。

計画委員会主任は副総理クラスである可能性もあれば、部長クラス（大臣クラス）である可能性もある。その副主任の中にも部長クラスが数人いる場合もある。有名な多国籍企業の経営者は、やっと主任や副主任の訪問を申し入れることができるが、当時の私たちの会社のような（まだ現在の規模と影響力に達していない）企業は、門前払いされてしまう確率が高い。

任務を受けてからは、定礎式の準備に参加したり、社長の北京訪問を手配したりするなど、二人三脚で動かなければならなかった。常熟側の関係者と協調を取りながら、定礎式の各部分を整備する一方、どうすれば国家計画委員会の対外窓口に繋がるかを練り、まず口利きをしてみた。

林処長を見つけて、事情を説明した。彼女は私にこの仕事を引き受けないよう強く勧めてくれた。あなたの会社はまだ一定の規模に達していないため、司長レベル（局長相当）を訪問するなら、わりと自信があるが、主任までは絶対にだめだ…ということを言われて、林処長のところで行き詰まってしまった。事業部長が一足先に訪問した司長を社長が再び訪問することは、決して考えられないことだし、合理的でもない。

私は悩んでいて、しばらく答えが出なかった。今まで、主任の秘書とは接触したことがないし、このクラスの幹部訪問の手順も全く知らなかった。期日が近づくにつれて、ますます不安になってきた。大港部長は私に催促はしなかったが、期待の視線が明らかに感じられ、それが私に大きなプレッシャーを与えている。

気が揉めに揉まれたところで、「中国ではできないことはない、ただ正しいコネを見つけていないだけだ」と、ふと包さんの言葉を思い出した。今、私はどこに行ってそのコネを見つけているのだろうか？国家計画委員会の林処長たちに否定されたこともあるが、まだ希望があるのだろうか…。

再び名刺ホルダーを取り出して必死に探した。ようやく張司長に会った時、馬さんを見つけた。その時、私が日本から持ってきた化粧品を彼女に渡した縁があった。彼女は外事司（外国事務局）の幹部なので、まずは彼女の考え方を探ってみるのもいいかもしれない。私は彼女を心強い味方としたく、すぐに北京に飛んで根回しを続けるつもりだ。

このころの北京は暑さのピークを過ぎたばかりで、夏と秋が交わり、朝晩はまだ肌寒い感じだ。大通りの両側には既に落葉が見え、スモッグの灰色に染まった空はまるで頭に被せられた大きな鍋のようで、胸が締め付けられて息が詰まりそうになっている。

翌日の朝早く、私は事務所に来て、美人の修さんとおちゃめな木村さんに会えて、緊張した気持ちが少し和らいだ。修さんが入れてくれたコーヒーを一口飲んで、気を落ち着かせ、馬さんに電話をかけて、名前を名乗ってから、社長が主任を訪ねたいと申し出た。

私の印象では、馬さんは身長１７０㎝ぐらいのモデルの体つきをしていて、お洒落でおっとりしている明るい性格の女性なのだ。電話の向こうから彼女の熱意が伝わってきたが、次の言葉がまた私をドキドキさせた。

「主任を訪問することは私には全くタッチできない！まず日本処（課）の伏処長（課長相当）のところを通らないといけない」

伏処長とは一体何者なのか、今までプロジェクトの承認申請などは林処長を通して行っていたし、事業部長が司長を表敬訪問するのも日本課を経由していなかったので、私は全く知らなかった。

「では、伏処長を紹介していただけませんか？」と私は探りを入れるように尋ねた。「うーん……」と馬さんは暫く考え込んでいたようで、「私は彼とあまりよく知らないから、やはりあなたが直接彼に連絡してください」と、少し躊躇ったように言い加えた。

馬さんの口調が急にやや重苦しいものになったことに私は疑問を感じた。同じ外事司の連中とは親しくないわけがないのに、なぜそのような様子なのかが気になった。しかし、私は続けて質問することができなかった。

馬さんは私を気の毒に思ってくれたのか、伏処長の携帯電話番号を教えてくれた。彼女は自分から番号を教えたことを言わないように注意を促した。

伏処長の携帯電話番号を手に入れ、私は少し希望を感じた。最終的には担当者を見つけ出し、事を進めることができるからだ。

早速電話をかけてみると、向こうから男性の濁った声が聞こえてきた。

「あなたは誰？何の用だ？」

私は簡単に自分を紹介してから我が社長が主任に会いたいという要望を伝えた。

「私は電話で喋る時間がない、計画委員会に来てくれる？」

伏処長はそう言って、即座に電話を切った。彼はこれまでの役所の人々とは異なると感じ、胸が詰まってくるようで不吉な予感が頭をよぎった。

昼食は軽く済ませ、すぐにタクシーで北京の西城区にある国家計画委員会のある三里河へ急いだ。

事務所のある朝陽区から国家計画委員会所在の西城区までは、ちょうど北京の東から西までの長安街を走り貫いていて、車の窓からは絶えず車が行き交い、騒々しい光景が広がっていたが、私の心も沸き立っているお湯のように煮え立って止まらなかった。

国家計画委員会に着いてから、登録を済ませて応接室に通され、伏処長との面会を待っていた。約1時間後、スーツ姿の男性が応接室に入ってきた。私はその男性を素早く見た。身長は約170cmで、体格は程よく、意固地な国字の顔をしており、目は小さくても狡さが滲み出ているようだった。

「△△会社の李さんは誰ですか?」

男性は入ってくると、目線を上に向けながら、威張ったような声で尋ねた。

これがあの伏処長であることは間違いない。私は慌てて立ち上がって丁寧に挨拶してあげた。すると、応接室のテーブルの向かい側に座るように指示された。

伏処長は上から下まで私を見つめ、最後には私が持っていた紙袋の上に視線を落とした。それは私が日本から持ってきた菓子で、もともと事務所の修さんにあげるつもりだったが、私が一時的に流用したのだ。日本では長年、人付き合いのお菓子を贈答品としてよく使われてきた。高価なものよりも相手に尊重を示すことが重要だし、また相手も気軽に受け取ってくれることで、社交の場ではよく見られる風習になっている。

私は素早く立ち上がって、紙のお土産袋を手に取り、伏処長の前に行って渡した。伏処長は手をついて、「クッキーか」と呟きながら、紙袋を机の上に放り投げた。

私は会社案内や訪問申請などの資料を取り出し、伏処長の前に丁寧に置き、目的を説明し、今度の訪問手配を懇願した。

「あなたの会社は、主任に会う資格なんてない」

思いもよらないことに、伏処長は資料を全く見ずに、私の前にそれを突きつけ、毅然とした態度で言った。

伏処長の一言は、まるで雷のように私の頭上で「ドーン」と爆音を立てた。

抱いていた僅かな希望は、あっという間に消え去ってしまった。

「私の会社には、どのようなことをすればいいのでしょうか？私たちはできる限りの努力を払い、お客様の要求に応えますので、チャンスを与えていただけませんか？」

私は声を潜めて最後の踏ん張りを試みた。

伏処長は私の話に全く取り合わず、お菓子も持たずに背を向けて席を立った。ただ威張った後ろ姿だけを残してくれた。この人はなぜこんなに無作法なのか？同僚たちからも避けられているのもうなずけるわ。自信のない私が、伏処長の生意気な態度に触れて、胸の奥に火が燃え上がり、かえって闘志を湧き立たせ、頭の中にインスピレーションが湧いてきた。

プロジェクトを申請する際、かつて副司長を務めた実弟の紹介で国家計画委員会出身の谷さんと知り合った。彼は当時、国務院の傘下にある中央企業で部門長を務めていた。谷さんは河北省出身で、大学入試の再開後、北京大学に合格した。卒業後、国家計画委員会に配属されたが、のちに国務院傘下の中央企業に転職した。

谷さんは、絶対に彼らの世代の中で抜きん出ている人であり、頭の回転が速いだけでなく、抜け目がなく、交際も広く、義侠心に富んでいる人物でもある。

計画が暗礁に乗り上げそうになった時、私は大港部長を連れて、ご多忙中の谷さんに相談したことがあった。それ以来、仕事に関わることについては、迷惑を掛けないように彼のところに行くのを控えてきたが、今の状況は川の流れに逆らって舟を漕ぎつけて進めるようで、後退を許せないのだ。

この思いに駆られて、思い切って谷さんに電話をかけてみた。私は一連の事情を説明し、谷さんにどうしたらいいかと意見を求めた。

谷さんは伏処長の態度にかっとなり、「こいつはけしからんや！彼には構わず、私から外事司の徐司長に直接電話して聞いてみよう」ときっぱりと言った。

その後は言うまでもなく、谷さんの協力を得て、私は無事に徐司長と連絡を取ることができた。徐司長はくだらないことは一切言わず、ただ私に資料を用意して送ってくれるよう依頼し、当日都合の良い主任が社長と面会できるよう手配すると簡潔明瞭なお言葉をいただいた。

事態は一転して、順調に進んでいたので、私は直ぐに朗報を大港部長に報告した。もちろん、その経緯までは詳しく説明しなかったが、大港部長は当然ながら喜んでいた。意外にも、彼らは既に絶望していたので、柳暗花明の状況に驚き、急いで社長の上京手配に取り掛かった。

表敬訪問の日程が迫ってきた。私も徐司長から連絡を受けた。当日は、工業を主管する蔣副主任

（後に工業情報化部大臣に就任）と面会する予定で、時間通りにお越しいただきたいとのことだった。

当日、計画委員会に到着して、私は社長一行の案内役として前に立った。社長と、ずっと社長の通訳を務め、日本のＮＨＫテレビの中国番組の司会者も務めた美人の宋さん、大港部長、社長室の瀬戸課長が続いて国家計画委員会の応接間に入った。

応接間の入り口で、私はまず伏処長に会ったのだ。彼は泣きよりもみっともない笑いをなんとか出してバツの悪そうな顔をして、「あなたは本当によくやりましたね…、司長まで動かせるのかな」と羨ましそうな、そして恨みそうな言い方を漏らした。

伏処長の謙虚な表情を見たのは意外なことだった。どちらにしても今回の出来事で私の実力を認めてもらえて、今後の付き合いにプラスになったのかもしれないと思った。

面会は和やかで友好的な雰囲気の中で行われた。蔣副主任は我が社の中国への投資を高く評価してくださったほか、社長と中日の経済関係や今後の期待について話し合った。

面会は順調に終了した瞬間、大港部長の顔にも微笑みが零れたことが分かった。国家計画委員会側の通訳を担当するのは伏処長で、こちらの通訳を担当するのは宋さんだった。ところが、まさかのこの二人の顔を繋いでいるうちに、私は突然の不運に見舞われてしまったのだ。

国家計画委員会の行事を終えて、私たちは泊まっていた中国大飯店に戻った。大港部長との心得を交わした後、間もなく伏処長から電話がかかってきた。彼は電話の中で、彼と宋さんは上海外国語大の同窓であり、卒業後ずっと連絡が途絶えたが、今日このような場所で会えたのは、あなたのおかげだと言った。語気に感謝のニュアンスが含まれているように聞こえたが、それから彼は宋さんの宿泊先のホテルと日程を教えてくれるかと頼んでいた。彼はまた、せっかくのチャンスですから、どうしても同窓に会いたいということを付け加えた。

私は少し躊躇ったが、彼らは昔の同窓だから、そんな正式な場ではきっと昔話ができなかっただろう、彼を手伝うのも何の苦労もなく、これで一層友達関係ができるのではないかと勝手に思って、宋さんも私と同じホテルに泊まっていて、明日上海へ出発する予定であることを彼に伝えた。

伏処長とのやり取りを終えた後、私たち随行員はホテルの2階にある「灘万」という日本料理店に急いで向かった。大港部長のご馳走に舌鼓を打ち、大変満足した後、部屋に戻りベッドに入った。

翌朝、まだ起きないうちに電話のベルがけたたましく鳴り出した。電話機を取ると、大港部長の激しく怒った声が伝わってきた。

「社長が怒っているんだ！おや、これはやり損なったぞ」

私にはまったく訳が分からず、とりあえず大港部長にレストランで会う約束をした。

慌ててレストランに降りて大港部長を見つけると、彼は手に持っていた紙を私に振って、「見てみろよ、災いを招いたぞ！」と噛んだ声で言った。

この紙は伊藤課長が書いた状況報告のメモなのだ。

「国家計画委員会の幹部から、同窓生の宋さんを通じて、『△△会社の従業員である某さんが不正な手段で国家計画委員会のトップと社長との面会を手配したことにより、悪い影響を及ぼしました。今後同じような過ちを犯さないように願います』との話しがありました」との内容だった。

大港部長は厳しい表情を浮かべていたが、私たちは全て外事司の正当な手続きを経て手配を行い、不正な手段は一切取っていなかった。この報復は明らかに伏処長の私への恨みから来たものだ。私の説明を聞いて、少し気持ちが和らいだと同時に、必ず真実を社長に伝えるからストレスがたまらないようにと慰めてくれた。

この時、私は初めてこの陰湿な人物に騙されていたことが分かった。彼が社長への伝言を頼んだ醜態や、真相を知らずに利用されているかわいそうな宋さんに思いを馳せた。こんなに彼に振り回されては、私の会社生活には大きな影響を与えなかったかと思ったが、社長に期待していた評価を得るどころか、大港部長にも不甲斐ない結果をもたらしてしまった。これは、私の会社でのキャリアにおける最も悔しい経験だった。

その後数年間、私はもう伏処長と関わることはなく、彼の消息も聞こえてこなかった。彼の人柄からでは、どんな人生になるのかが容易に想像できるものだろう。

九、政治的な話を回避

かつてプロジェクト推進の重要な段階において、日中関係は「政冷経熱」であるという話題が盛んになった。

一部の人々は、政治的対立は両国間の経済貿易交流に少しも影響を与えておらず、むしろ年々増加傾向にあると楽観視しているが、一部の人々は「政冷」の長期化が「経冷」に発展し、両国間の経済貿易関係の停滞、ひいては後退を招くのではないかと懸念し始めている。

「冷」でも、「熱」でも、政治は熱烈な中国の招商者と拡大が急がれる日本の投資家たちの関心事ではなさそうだ。わが社も例外ではなく、企業の建設工事、人材採用、市場前期マーケティングなどの運営活動を推し進めていた。

この時、中国国内の多くの都市には、常熟を含むさまざまな開発区が急速に現れていたため、土地と経費のコスト高騰、市場の飽和といった問題に悩んでいる日本の投資家たちに魅力的な機会が生まれた。投資誘致局の官僚たちは、これらの投資家の注目を引きつけ、新たな投資ブームを起こすために必死に取り組んでいる。

また、私たちのようなプロジェクトの推進者たちは、プロジェクトの成功のために陸海空の交通路を中心に、疲れ果てるほどの努力を積み重ねてきた。

投資する以上、視察、商談、宴会の三部作は避けられない。視察が順調に進み、商談がまとまれば、お互いの負担は軽減され、宴席の雰囲気はリラックスしたものになる。普段のような堂々とした講演は控えめになり、その代わりに、さまざまな話題が出される。アーチェリーやゴルフなどのスポーツ、女性の話題、子供のこと、または三国志や占い、星座分析など、個々の好みに応じて自由に話が広がる。参加者は自分が本当の酒豪であるかのように、思い切って飲むことができる。この時点で、お互いの国境がないような気がしてならない。

こんな時、誰もが頭から「靖国神社」の冷水を浴びさせて、雰囲気を殺風景にするなんて思えない。日本の投資家は、投資の決定をする際にさまざまな心配事を抱えている。混乱した状況の中で、彼らは自分なりの考え方を持ち、自身の目的や行動すべきことを理解する能力を示している。これは、投資家の政治環境に対する洞察力のあること、または、彼らが政治に対して関心を持っていることを意味している。実際に、彼らは日本国内の一般の人々よりも政治的な環境についてより深い感触を得られている。

私の観察では、会社内でも小泉氏の靖国神社参拝に関心を示さない人々が存在しているということだ。彼らは、この行動が単に右翼の支持を取り付けるための政治的な策略であると考えているかもしれないが、普段は時事問題に関心を持ち、政治的に敏感な人であり、会社内で比較的高い地位についている。

なお、上記はあくまで一般的な観察なのであり、個々の投資家の意見や行動は異なる場合もある。

一方、会社の若手従業員の多くは、ご参拝をしても何の不都合もなく、驚くべきことではない態度を取っているが、一部の人は基本的に無関心で、自分の目の前の世界だけを動かしている。

悪しき政治情勢も、会社の意思決定者たちに中国庶民の対日観に興味を持たせていた。なぜなら、その中には我が社の労働者や幹部、さらには将来的に高級管理職になる可能性のある人々も含まれているからだ。日本を恨む気持ちの強い人たちを企業のために重用しないことは容易に想像できるだろうが、その人々の中には優れた人材がいることもあり得るのだ。一方では苦心して人材を引き抜き、一方では大いに疑念を抱きながら採用する、これも多くの日系企業が直面している共通の困惑なのだ。

そんな中、投資プロジェクト推進責任者である大港部長が私たちを南京大虐殺記念館に案内してくれた。入館前に彼は部下たちに私語を慎み、むやみな議論をしないように求めた。入館後、一人一人表情が厳しく、足取りがゆっくりしていた。日本では見られない光景に、大港部長らは強く心を打たれて、日本人がなぜここで憎しみの的になっているのか、靖国神社が中国人の神経を刺激するのはなぜなのかが、ある程度は分かっていたのだ。

大港部長の腐心は賢明だった。聞くよりも見る方が良い。実際に足を運ぶことで、私たちは中国投資の場外リスクをより認識し、周囲の人々とより慎重に付き合うようになり、決して敏感な政治的境界を越えないようになった。これはある意味で、私たちのような第一線に立つプロジェクトの実行者が中国で起業する際の厳しい政治環境と心理的な重圧を現わしていた。

しかし、投資してくるすべての日系企業とその従業員たちは一枚岩ではなく、彼らの言動も画一的でもない。さまざまな政治的投資リスクが交じり合っている今、いつか「経冷」が忍び寄ってくるのであろう。

当時の私たちプロジェクト推進室のメンバーたちは、こうして大港部長に率いられて、リスクを冒しながら練磨し続けてきた。

十、会計士の日本発見

グループ会社会議の機会に、現地会社の経理の黄さんを連れて、慌ただしく大阪へ行ってきた。黄さんは海外に行ったことがなく、海外、特に日本に対する印象もテレビやインターネットなどのメディアの情報に依存していた。しかし、彼女はわずか数日で多くの比較や「新たな発見」を感じることになった。これらの新たな発見は、私たちが普段見落としていた社会生活のいくつかの側面であり、身近なのに知らないことばかりだった。

(ア) 日本の家の窓にはなぜ鉄柵がないのか?

関西空港を出発してハルカの特急電車に乗っていると、黄さんは窓の外をまばたきもせずにじっと見つめていた。その時、突然黄さんが私に上記のような質問をした。しばらく私は答えに困っていたが、国情が異なるために、窓に鉄格子がついていると家が鳥かごのようになるのではないか、または治安の問題も少ないかもしれないという自分の分析を述べた。黄さんは私の話しを聞いて何か考えに耽っていた。

＊注：中国では、防犯の観点からほとんどの住宅に（特に一階）鉄柵が装着してある。

（イ）日本の家は密集している。

空港から市街地までの電車の両側には、風を通さないほどのさまざまなマンションが建ち並んでおり、中国北方地方出身の黄さんは息苦しさを感じた。実は日本は土地を私有する国なので、土地は黄金のような価値があり、所有者のいない空き地はまったく存在しないと黄さんに説明した。それでも日本にはたくさんの公園や緑地があるが、これらは全て国が所有しているものだ。

（ウ）日本のタクシーは清潔で明るいのに、なぜ運転手たちはすべて年配者なのか？

梅田（大阪駅）で電車を降り、新阪急ホテルへ歩いて行く途中、黄さんはどのタクシーでもピカピカ光っていて、運転手たちは年配なのにしっかりと制服を着用していることに気づいた。私の解釈では、車が清潔でないと全体の環境に合わないため、乗客が嫌がって利用しない可能性がある。また、タクシーの待遇はあまり良くないため、ほとんどの運転手は定年退職者であり、年配者が多いのかもしれない。さらに、日本では運転年齢が重視され、年を取るほど安全運転ができると考えられている。日本の自動車保険料でも、35歳を境に割引率の差が設けられていることからもわかる。

（エ）日本のエスカレーターにはなぜ歩く人、立つ人両方あるのか？

黄さんが泊まったホテルは本社から遠くなかった。私は彼女を会社の会議室へ連れて行った時、何度もエスカレーターに乗った。その中で黄さんは、人々は皆右に立って左に歩き、急がない人は必ず右側に立っていることに気付いた。しかし、急ぐ人々は左側で上り下りしており、みんながお互いに邪魔をせず整然としていることにも気付いた。

(オ) 日本人の歩き方はどうしてこんなに速いのか?

朝の通勤時間になると、どうしても人々は行き来して電車や信号を急ぐが、緩やかに歩く人は一人もいない。みんなが何かを奪い取っているように見え、私の後ろについてきた黄さんも息を切らしたり、大きなため息をついたりしていた。なぜこんなに速く歩いているのか疑問に思った。しかし、数日の訓練を経て、黄さんは帰国の時にはこのようなリズムにほぼ慣れていた。

(カ) 日本人は財布をなくすことを恐れないの?

会議が終わり、ちょっと時間ができたので黄さんを連れて買い物に行った。すると、彼女は奇妙な現象に気付いた。多くの日本人の尻ポケットには大きな財布がぶら下がっており、中身の半分が露出しているものもあり、その膨らみは目を引くものだった。ひょっとしてそれが落ちてくるのではないかと心配になってしまうが、私自身もちょっと手を出したくなるほどの気持ちになった。しかし、黄さんはまだ理解していない様子だった。私は普段それに気を付けていなかったが、黄さんの言葉で少し警戒心を持つようになった。私たちも気を付けなければならないね。

(キ) 日本の紙幣はすべて新しいもの?

日本の化粧品や食品などを黄さんは一杯買って、大きなバッグに詰めた(人に贈るそうだ)。お金をたくさん使っていたが、黄さんは手にした紙幣がすべて平らで真新しいことを発見した。どうやら銀行の紙幣管理はしっかりしているようで、とても衛生的だね、と黄さんは冗談半分に言った。

(ク) 日本はこんなにホコリが少ないのか?

数日後、黄さんはまた、この典型的な島国では、行ったところ殆どちりひとつも落ちていないことに気付いた。そして、ある清掃員が脚立を使って、人目に付かない隅々まで丁寧に拭いているのを目撃した。その清掃員が脚立を掛けて人の気づかない死角を拭いているのも彼女の目に捕まった。職業の素養は確かに高いね、と黄さんは深い感銘を受けた。

(ケ) 日本のホテルチェックアウト時、部屋を点検しないのか?

日本での仕事が終わったら、チェックアウトして空港へ向かうことになる。黄さんは早めに降りて、鍵をフロントに返却した。すると、ホテルのスタッフが請求書を作成し、お金を受け取ってから会計を終了した。黄さんはまた驚いた。まだ部屋の点検をしていないのではないか?中国国内のホテルでは、少なくとも客が宿泊した部屋の点検をフロア係に伝えることが一般的だ。これにより、物が壊れたり盗まれたりした場合にすぐに対処できる。また、お客様(特に海外からの観光客)が何かを忘れていないかをチェックする必要もあるのに、後からどのように遺失アイテムを返すかは問題だね、と黄さんは再び頭を混乱させてしまった。

黄さんは、日本への短い出張期間では、日本社会のあらゆる側面を完全に理解することはできなかったし、日本社会の暗い側面に触れる機会もなかった。しかし、黄さん自身の限られた視野を通じて、中国と日本の社会環境を無意識的に比較し、社会の発展水準のバランスが取れていないことを感じることができたようだ。

十一、企業文化

日系企業といえば、堅苦しい、厳しい、上下関係がはっきりしていて、人情味がないというイメージが強いと思われがちだ。しかし、長い間働いていると、個々の日系企業が独自の企業文化を持っていることが分かる。特に東証一部上場の企業では、自社の企業刊行物を発行し、企業経営理念を宣伝し、最近の経営状況や優れた人材・出来事を紹介することがほとんどだ。

また、イベントや協賛事業にも積極的に参加することで、企業の結束力や知名度を高めていくことが重要だ。日本企業のこのような活発な社会関与は、厳格な経営管理と組み合わせることで、企業の発展に対して計り知れない役割を果たすことができる。

最近、日本企業が海外に進出する際には、不可避的にその国の文化や風土民情との衝突が起こる。そのため、現地の人々との良好な関係構築が重要であり、日系企業の上層部はその課題に対して真摯に取り組む必要がある。

私たちの会社は、先週土曜日に開催されたイベントを通じて、上層部の考え方がよく表れていることを示していた。

私たちの会社は大阪に位置するサテライトシティに、電気と化学を含む総合工場を構えている。工場の周辺は住宅地であり、工場の影響は明らかだが、当社では毎年、近隣の住民や従業員、そしてその家族を対象にした「盆踊り」と呼ばれるイベントを開催する。

このイベントは、地域の人々との交流を深め、相互理解を促進するためのものだ。参加者は、日本の伝統的な夏祭りの雰囲気を楽しみながら、お互いにコミュニケーションを取り合い、親睦を深める機会を作る。

このようなイベントを通じて、会社は地域社会との絆や尊重し合う関係を築いていく。また、地元の住民や従業員の声を聞き入れ、環境への配慮や社会貢献活動にも積極的に取り組んでいる。

これにより、会社は地域社会から好感を得るだけでなく、従業員のモチベーション向上や企業の成長にもつなげることができる。また、今後も日系企業としての責任を果たし、地域社会との良好な関係を維持、発展させるために努力を重ねていくのだ。

イベントでは、社名の入った羽織を一人一枚配って、手を取り合って舞台の拍子に合わせて日本の伝統舞踊を踊り、会社が無料で提供する飲食物などを食べたり、四方に設けられたさまざまな出店で買い物を楽しんだりするのだ。

参加者は一万人を超えており、その光景はまさに賑わいだった。費用はかかるが、このようなイベントが企業と近隣住民との繋がりを深め、企業の経営環境を整えるのに役立っていることは言うまでもない。

日本での経験があり、会社は前後してアメリカ、ヨーロッパなどの支社でも同様のイベントを開催した。反響が良かったため、中国でのイベント計画を立ち上げて、まずは経済が発達し、人口が密集している上海を開催の地に決めた。

今度私たちが参加したこのイベントは、これまでに2回開催されており、名称も地元に馴染みのある「納涼祭」と呼ばれている。参加者は自由に入場できるが、無料で飲食やガウンを受け取ることは、招待状を持っている人に限られていた。これは中国の特徴と結びついているのかもしれない。

敷地は二つのサッカー場ほどの広さで、芝生の上には三階建てのライト舞台が設置されていた。副社長の挨拶によると、当日の参加者は8000人に達していたとの盛況だった。日本の本社からは幹部や一部の部門代表が、また全国各地の取引先や関連会社の代表も含まれており、非常に賑やかな雰囲気だった。

納涼祭は午後18時から21時まで開催され、曲芸や獅子舞、京劇など、中国らしい演目が披露された。主催者たちは融和を図るために十分な努力を払ったが、苦労もしたようだ。

イベントの費用はざっと概算してみたが、少なくとも7、80万元はかかる見込みなのだ。効果はともかく、少なくとも企業としては、自分たちの価値観を伝えることができたと言えるだろう。

十二、出張の出来事

1、バスの窃盗事件（2006年4月）

「私は高血圧…、私を殴るなよ！」

一人の男が悲鳴を上げている。

「お前こそ殴るのだ！」

もう一人の男の厳しい声に伴いながら、「パチ！パチ！」と平手打ちが何度か鳴り響いた。

突然の騒ぎに私は車窓の外に流れる鎮海の町風景から目を車の中に戻した。

私から2メートルほど離れた場所で、黒いスーツ姿の男性が私に背を向けて車の床に跪き、後ろを向いた両手にぴかぴかの手錠が掛けられている。男性が精悍な男二人の間に挟まれ、体をくねらせているが、二人の男は、死に物狂いで藻掻いた男性をしっかりと押さえていた。

「私は……、何もしてないよ！」

手錠をかけられた男はまだ藻掻いている。

「お前はまだ強情を張っているのか！」

その中の一人は手錠をかけられた男に力強く蹴った。

手錠をかけられた男は「あっ」と声を上げ、それ以上は何もしなかった。

「いくら盗まれたの？」

近くにいた男は、20歳くらいの白い服を着ている女の子に聞いた。

この男はやっぱり警察だったのだ。私はハッとした。

「10元だ」と白い服の女の子は小声で答えた。

「10元も盗んで、本当に値しないよ」と言った人もいたし、乗客の中にはため息をつく人もいた。

「私の携帯を手に持っているからね、さもないと盗まれたの…」と私の隣に来たばかりの大学生らしき女性の顔にまだ驚いた表情が残っている。

「泥棒は一人とは限らないだろう…」と私はぽつりと言い出したが、すぐに後悔した。

車のスピードが落ちてきたので、ドライバーは何かが起こったことに気付いた。

「車を止めましょうか？」と、前からドライバーの声が聞こえてきた。

「前の駅で降ろしてください」と警察はまだ乗客に影響を与えたくないようだった。

あっという間に車内は落ち着きを取り戻した。私服の警察官が2人いるので、乗客たちには特に取り乱された様子はなかった。

数分後に車が止まった。二人の警察官が泥棒を抑えながら、白い服の女性を連れて車から降りた。

私は鎮海のお客様を訪問する途中、541番バスの中で、この「警察が泥棒を捕まえよ」という生々しいシーンを目撃したのだ。これも私が寧波の会社にいる間に唯一のバスで出張した体験だった。

「泥棒狩りの英雄たちは本当に腕前が優れているなあ」と密かに感嘆した。

泥棒はどこにでもいているため、公共の場所には危険も潜んでいると私はまた少し緊張を感じている。

バスがいつの間にか終着駅の鎮海鎮に着いた。

2、迷惑な長距離バス（2006年5月）

私は以前、主に飛行機か会社の車で出張していた。寧波に着いてからは、出張の大部分が江蘇省、浙江省、上海一帯に集中しているため、自動車が中心になってきた。

寧波から杭州、上海へ行くのにバスも便利であり、十数分間隔で一本の便が走っている。切符を買うために列に並ぶ必要もほとんどないが、私はあまりバスに乗る機会がなかった。

今回の出張で初めてバスに乗った。

最初は寧波から杭州に行く。大体2時間かかったが、到着後も仕事は順調だった。翌日の取引先のアポイントメントも取った。当日の最後の取引先との業務は午後3時頃に終わり、3時半のバスに乗って上海に行ってから何かしようと思っていた。

当日の午前中には、公衆衛生センターの工事現場を回った。なぜこのセンターが杭州の端にある黎明村という村に置かれているのか分からなかった。感染症を忌み嫌っているのかもしれないね。いずれにしても、プロジェクトの話はまずまずだったので、「農村に入り込む」という程度の困難はどうやら克服できそうだ。

午後は網通社に足を運んだ。

基礎建設を担当する2人のマネージジャーは私たちのこの難燃性クラスのCMPデータケーブルに比較的興味を持ってくれていた。これは私たちの意欲を高めてきて、この製品の歴史、市場、応用などを熱心に話し合った。話している人は口に泡を飛ばし、聞いている人は呆然としている間に、とっくに時間を忘れてしまった。

急がねばならないことに気づいた時、時計の針は4時半を指していた。私はすぐに立ち止まって、お詫びの言葉を述べた後、タクシーを捕まえに出かけた。この時の大通りは相変わらず車の流れが激しく、タクシーが次々と通って行って、しかも空車が多い。私は安心して交差点に立って手を振った。

私の前でタクシーの空車が止まらず、一台ずつ通り過ぎてしまったことは想像もしなかった。少し疑問に思って、交差点の赤信号が点滅しているタイミングで、私を無視したタクシーの前に走っていた。まっすぐに車のドアを引こうとしたのだが、どんなに引いてもドアが開かない。運転手に理論をしようとしたとき、青信号が点灯して、その運転手はアクセルを踏んで、私を後に置いて去っていった。もしかしてこの通りでは乗客を乗せることはできないのかなぁ…?と私は疑問に思いながら、吹きつける寒い風に向かって、この交差点を曲がり、車を停める努力を続けた。

「苦労の報いだったからか、やっと一台のタクシーが私の前に止まった。運転手は車の窓を下げて、どこへ行くのかと尋ねると、私は丁寧にバスターミナルへ行くと答えた。風に吹かれて青白くなった鼻と、腫れそうな顔の醜態は、運転手の同情を引いたのか、それとも彼の予想した行き先と一致したためなのか分からないが、とにかく私を車に乗せてくれた。その時、私は奇妙な感謝の気持ちが心に湧いてきた。そうでなければ、私はまだどのくらいの時間、寒風の中に立っていることになるのだろうか。

運転手と話しているうちにやっと分かったのだが、この時間はちょうど彼らの交替勤務の時間だ。以前通勤ラッシュの時間に勤務を交代するなんて、既に市民の非難を引き起こしたため、それを早めて四時半頃に変更したが、私はどうにかしてこの窮地にぶつかり、こんなことになってしまった。

遅れて長距離バスの停留所に到着したが、あいにく先の便が発車したばかりであり、次の発車は6時過ぎになる。時計を見ると、まだ1時間近くあるが、仕方がないので、近くのコーヒーショップに入って、新聞一枚とコーヒー一杯で時間を過ごした。

辛うじてバスに乗れて、二列目に座った。明かりがついていないので、新聞が読めない。目を閉じて気を休めようとした。

あ、あ、…後ろで誰かが話しているのが聞こえた。男性の声があやふやで、電話をしているようだった。その声は頭の後ろに響いてとてもうるさかったのだが、電話をすることはよくあることだよねと自分で慰めている。

しかし、その高くて濁ったアヒルのような声は少しも情けなく切れず、断続的に自分の妻や恋人と話しているように耳に入る。どちらにせよ相手は女性であるに間違いない。目を閉じて休憩している私は嫌な気分にさせられた。そのアヒルの声には方言が混じっていて（四川省の方言?）、相手のツッコミや笑い声が聞こえ、頭の上でズキンズキンと私の聴覚神経を刺激してしまう。何度か注意しようと思ったのだが、どうにか抑えた。彼はわざわざ私を嫌がらせようとしているわけではないのだ。バスの空調の設定が高くないようで、車内は暖かくない。もしかしたら、ガソリン代を節約したいのかもしれないね。

残念なことに、車内の空気も濁っていた。タバコの臭いや劣悪な化粧品の香りが漂っており、どこからか不快な靴の臭いが広がってきて、さらに濃くなって行った。その結果、私の鼻が詰まり、嗅覚が損なわれてしまった。

「おいおい、それはいいぞ、切るわ…」と後ろのアヒルの声がやっと止まり、聴覚障害が緩和されたような気がしてきた。しかし、この喜びはそれほど長く続かなかった。やがて、後ろから「ビービー」とダイヤルの音が鳴り、また会話が始まった。ただし、今度は相手が変わっただけだった。お前は疲れてないか？と本当に彼に聞いてみたかった。

うんざりしていると、口臭を感じる甘味が漂ってきた。嗅いでみると、それはガムの匂いだった。私はいつもこの物を噛むので、その匂いが分かる。しかし、今日はバスの中で私はどうしてもあの良い香りと結び付けることができず、かえって胃酸が湧いてくるほどだった。誰が噛んでいるのか？「噛むなよ！」と私は心の中で叫んでいた。味の伝わる方を振り向いたら、隣の席の少女が傍若無人に噛んでいたのが分かった。この時のガムが人に危害を及ぼすとは、夢にも思わなかった。

後ろでアヒルの鳴き声を出す人がまだ電話を続けており、しばらくは止まりそうになかったため、私はほとんど絶望していた。いろいろな味のある車内の空気は私の神経を麻痺させてしまった…。私にできることは、前の電子時計を見ながら到着時間を数えることしかなかった…。

江蘇省と浙江省一帯の高速道路は非常に発達している。これらの道路を走る高速バスは上海、杭州、蘇州、寧波などの急速に成長している都市間を行き来し、その混雑ぶりはほとんど鉄道に取って代わり、人々に大きな利便性をもたらしている。しかし、最近、バスに乗ることがあり、この都市の交通の発達の裏にいくつかの小さな遺憾が隠されていることに気付いた。

バスの本数が多いため、いくつかの切符売り場の窓口が同時に開いている。私が一番よく行く寧波南駅や上海南駅では、切符を買うのにあまり時間がかからない。ほとんどの場合、一番早く発車するバスの切符を買うことができる。ただし、うっかりすると、明らかに態度を改善し、微笑を浮かべているチケット販売員から、乗車券とは別に3元の保険料の支払いを言われる。乗客に保険を付けること自体は悪いことではないが、氏名や受益者がない保険が、具体的にどのような役割を果たしているのか私にはいつも理解できない。それでも、多くの乗客は黙ってそれを受け入れている。

改革開放は自動車産業の発展を促した。これは大型バスにも明らかに現れている。さまざまな完全に閉鎖された豪華客車は、冬は暖かく、夏は涼しく、確かに快適さをもたらし、旅の疲れも大いに癒してくれたが、経済性を追求し過ぎたのか、殆どのバスの座席スペースは狭く設計されているため、少し体格の大きい人は一度座ると身動きが取れず、非常に困っているようだ。足を伸ばせず、発車の直前に逃げる男を見たことがある。バス製造の人が座席をデザインする時、なぜもっと人情味のある席を考えないのかが不思議なことだ。

上海の地下鉄（軌道交通）は既にほぼ全市をカバーし、非常に便利になった。地下の施設も急速に国際レベルに進化し、大都市の様相を呈し始めた。しかし、最近、一号線の体育館駅漕渓路の出口の外に閉鎖の鉄柵が乱立していることに気付き、困惑した。通りすがりの乗客は平然と鉄柵の間をまたいでいたが、奇妙なことにそれには慣れているようだった。都市の管理者たちはこの状況にどのように対処しているのだろうか。

中国の経済建設は注目すべき成果を上げており、多くの人がその成果を目にすることができる。しかし、先進国に比べていくつかの細部やソフトウェアの一部には遅れが見られることは否めない。都市交通の一部からでもその遅れが顕著に覗かれている。

3、上海での体験（2006年12月）

最近、頻繁に上海へ出張するようになった。一人での滞在が多いため、都市のあらゆる角を歩き回る機会が増え、この街の細部に興味を持つようになった。

まず、地下鉄についてだ。上海地下鉄は発展が遅れていないようで、各路線の距離は長く、基本的に上海市街の主要な部分を網羅している。しかし、各ホームの照明は海外と比べると暗く、「地下経済」の発展があまり進んでいない印象を受けた。日本の大阪のように光り輝く地下街が形成されていないのは、寂しさと単調さを感じさせる。

地下鉄車両の通路にはステンレスパイプの支柱が設置されており、見た目は少し乱れているが、持ちやすく、ピーク時でも人々を安定させることができる。これは国民の独特なアイデアを表しているのかもしれない。

ただ、地下鉄の車内にはなぜ網棚がないのが不思議だ。通勤する人々は大きな荷物に押し潰されることになり、快適とは言えない。

私が車内に足を踏み入れた瞬間、まだしっかりと立っていないのに急に車両が動き出し、もう少しで転んでしまいそうになった。上海の地下鉄運転士たちは、最初からこのクイックスタートの訓練を受けていたのか？もう少し人情味を込めてゆっくり発進してほしいと言いたい。

上海の地下鉄には、切符の自動販売システムも設置されていると思っているが、残念ながら現在は人の手で切符を販売しているため、効率が悪い。ラッシュ時には、みんな定期券を使用している可能性もある。そうでなければ、通勤前に長い列ができるのは辛いね。

ア、警察

同僚と同済大学の入り口で会う約束をした。30分も早く着いたので、入り口で待っていた。目を上げて見ると、同済大学の門楼は頑丈な鉄筋コンクリート造りで、形はなかなか立派なものだ。門楼の傍には、ブランドを知らない乗用車が停まっていた。乗用車の傍には、「ポリス」のシャツを着た交通警察官と運転手らしき人が、久しぶりに会った友人らしく、楽しそうに話していた。

しばらくして、運転手は両手を広げ、頭を振り、車の方に歩き、車のドアを開けて、交通警察官に何か言った。交通警察官は動かず、その場に立っていたが、運転手はまた戻ってきて、タバコを出して交通警察官に手渡した。交通警察官はそれを受け取らずに何かを書いていた。運転手は勝手にタバコを吸い始めた。二人は会話を再開したが、間もなく運転手は交通警察官から紙をもらって車を運転して行ってしまった。

交通警察官はまた交差点に来て、手振りを交えて通行車両を誘導した。

「三輪車が来ると、私の手前一メートルのところで交通警察官に遮られた。三輪車に乗っている人はペンキだらけの作業服を着ていて、まるで内装作業員のようだった。交通警察官を見て、自分が近くで働いていると慌てて弁解して、なぜ止められたかが分からなかった。交通警察官は焦らず怒ることもなく、熱心にこの道は三輪車に乗ってはいけないと交通規則を説明した。三輪車に乗る人は急いで仕事に行きたく、警察との対抗は無理なことであると承知した表情をして、弁解もせずに交通警察官に50元のお金を出した。交通警察官はまた30元を返したので罰金は20元だったに違いない。

周りをよく見てみたが、三輪車通行禁止の標識は見当たらなかった。上海では一体どんな交通規制があるのだろう?しかし、交通警察官は平気に罰金を課しており、罰せられた人も正直に罰金を渡したのが印象的だった。

イ、老人

同済大学の入り口に立ち続けて、同僚を待っていた。突然、青い帽子を被り、青い中山服を着た老人が私の前に現れた。老人はてきぱきと一箱のタバコを出して、その中から一本を取り出し、私に渡してきた。上海の人々がいつこんなにもおもてなしの心を持つようになったのか、私は疑念と警戒心を抱き始め、その申し出を断ることにした。

老人は何度か勧めてきたが、私の態度が固くなっているため、やめざるを得なかった。しかし、老人は去ることなく、私の前を歩き回った後、突然一枚の紙を取り出し、そこに書かれた電話番号を指さし、彼の代わりに電話をかけてほしいと頼んできた。さっきのタバコの提供はこれが目的だったのか、と私はやっと気づいた。彼の行動や意図が怪しいので、私は会社の電話を使っているから私用できないという理由をつけて再び断ることにした。周りに公衆電話がないか探したり、交通警察官に聞いたりするよう注意を払いながら、老人はとうとう無言で去っていった。

もし老人が最初から理由を説明したり助けを求めたりしていたら、私の同情心が揺さぶられ、彼に電話を貸してあげるかもしれなかった。しかし、老人の最初の行動には不快な感じがして、彼から距離を置いた態度を取ったのだ。彼が詐欺師ではないことを願いたい。

ウ、ホテル

移動の便利さを考えて、中山西路にある三湘大厦に宿泊を予約した。

この三湘大厦は以前泊まったことがある三つ星のホテルだ。部屋は綺麗で、エアコンもよく効いている。一番重要なのは24時間無料でインターネットが利用できることだ。みんなは知っていることだが、上海の星付きホテルは全然ネットに接続できない場合や、ネット料金を支払わなければならない場合があり、とても煩わしい。

部屋に入って引き出しをくまなく探したが、配線は見つからなかった。フロントに言って、ウェイターが持ってきてくれた。すぐにパソコンを立ち上げたが、何もホームページが開けない。差し込みとパソコンの両方を確認したが、問題はなさそうだ。しかし、パソコンの右下に通常接続後のアイコンが表示されていない。もしかして配線の問題だったのかと思い、再度ウェイターに配線を持ってきてもらった。これを接続したらすぐにネットに接続できた。ふふふ、ネットが接続できなかった原因は配線の問題だった。

夜に外出し、応酬が終わったのは既に11時を過ぎていた。エレベーターから降りて、自分の部屋に入った時、隣の部屋から「うん！あっ！」という女の子の叫び声が段々と近づいてくるのが聞こえた。しばらくすると、その声は急に高まったり下がったりしながら、リズムよく廊下に響き渡っていた。明らかに驚きの声ではなく、どこか異様な響き方だった。

心は安堵したが、叫び声に心が乱されていた。彼女がどう叫ぶかは人の自由に決まっているが、ほどほどにして欲しい、同じ階の他の客に影響を与えないようにして欲しい！また、ホテル側も部屋の改装に手を加えたり、防音効果を高めたりして、客のプライバシー保護を適切に考えていただきたい。

4、高速鉄道（新幹線）の違い（2012年5月）

高鉄の区別が分からずに二転三転で痛い目に遭った。早起きして楽に無錫駅に行くつもりだった。タクシーに乗ると、運転手が高鉄駅は東郊外にあると言った。私はサイトの予約でG7123と記載されていたので、運転手の言う通りに、40分かけてその高鉄駅に到着した。

切符販売のカウンターで切符をもらった時、ここは北京⇓上海高鉄の無錫駅であることが分かった。私が乗るのは城際高鉄（短距離高鉄）で、無錫市内にある北広場駅のはずだった。

時間的には、既に元々の予定だった8時25分発の便には間に合わないことが分かったが、それは気にせずにとにかく先に急ぎたいと思い、汗だくになりながらタクシー乗り場を見つけ、北広場駅に向かった。本来なら10数分で到着するはずが、一時間半以上かかってしまった。

タクシーを降りたのは8時23分で、ホームに入ったのは8時26分だった。がっかりした表情でG7123便を見送ったが、代わりに次のG7383便に変更し、虹橋空港に向かった。高速鉄道を降りて、必死に第二ターミナルへ走り、やっとフライトに間に合った時は、両足はもう痺れそうになったのだ。

今度得た教訓をまとめた。

① 事前に乗車場所を調べていなかった。知らない町に行った際には必ず交通事情など把握しないといけない。各都市の建設速度が速いため、公共施設も大分変わってきた。

② 普段勉強が足りないため、高速鉄道について深く理解していなかった。実は「G」の字は「高

鉄」（新幹線）を意味するが、下の四桁は城際高鉄、つまり短距離高速鉄道を指し、時速は約２００㎞程度になる。一方、「Ｇ」の字の下二桁または三桁は省を跨ぐ高速鉄道を指し、時速は３００㎞になる。一部の都市では、これら二つの高速鉄道駅は離れていることもあるのだ。

十三、生活の落とし穴

1、電話詐欺

２００８年のある晩、アパートを出ようとした時、携帯電話が鳴った。番号を見たら分からなかった。

「やれやれ、私が誰なのか当ててみてください」

受話キーを押したら、厚い舌の声が伝わって来た。訛りから聞いて、これはきっと南辺の人で、そこに私はあまりよく知っている友達が居らず、たぶん広東会社の取引先かなあと少し迷った。

「申し訳ありませんが、どうも見当が付かないんです」

私はからかう気もなくきっぱりと答えた。

「私は？⋯⋯？⋯⋯です。お元気ですか」

相手は曖昧な自己紹介をしてくれた。

「お陰様です。どこにいるんですか？」

「金華にいますよ。あなたは明日寧波にいますか? 明日会いましょうか?」

相手から聞かれた。

「はい、寧波です。来たら電話ください」

私はこう答えて、電話を切った。足早に琴橋を渡り、橋の袂にあるカルフール横の韓国料理店に向かった。ここの店長は韓国人だが、生粋の中国語を話している。ここに私の大好きな石焼ビビンバと味噌汁があり、20元で食べられる。なかなか経済的で、時間も節約できる。食事の後に例によって橋の下に行って、コミュニティに設置されているフィットネス器具に乗って軽く体を動かしていた。

アパートに戻ってきたが、さっきの電話のことが頭をよぎっていた。一体誰からの電話だったのだろう? まあ、放っておいても、明日会えば分かるだろうと思い、しばらく気を休めた。

翌朝、会社に着いた直後に、厚舌の電話がかかってきた。

「大丈夫です、お待ちしています」

私は答えながら、机の上の資料を片付け始めた。会議への参加登録や保税区の物流、接待計画、報告書などが山積みになっており、忙しくなっていたところ、再び携帯電話が鳴った。

「私たちは昨日、お酒を飲んでキャバクラで遊んでいたんだけど、警察に捕まりましたよ。今、公安局にいて、保証人を探せと言われましたわ、あなたは公安局に知り合いはいてますか?」という内容だった。

「私はそこに知り合いはいません。どうしますか?」と私は尋ねた。

次々と話が飛び交っている中、「私たちはどうすればいいの？」と私は頭が混乱し、おのずと聞き返した。

「公安局から罰金を言い渡されたんです！財布はホテルに置いてありますから、取りに行けないんですけど…。あなた、助けてもらえますか？」と厚舌からまた電話の向こうで喋っていた。

私はあっけに取られた。なぜ朝の最初にそれを言わなかったのか？もしかして、公安局にいるときは真っ裸なのか、財布は本当に持っていないのか、しかも、誰も持っていないのか…??直ぐにいくつかの疑問符が私の頭に浮かんできた。

また、この「友達」は一体どんな顔付きなのか、私には今までまだ分からない。しかし、本当に知り合いなら、助けてあげないといけないから、暫くは躊躇っていた。

「あなたは公安局にいるので、私があなたを助けようとしても、お金はどうやって送るの？」

「あなたはカードに振り込めばいいんです。私は本当に仕方がありませんよ、助けてください」

この話を聞いて、私はますます疑念を抱いてきた。

「ええ…、カード？あなたは銀行カードを持っています？」

「あら、とにかく助けてください」

「広東の方ですね。得意先の方なら、そこの当社の人間を知っているでしょ？私に電話してもらってください、身元の確認が要りますよ。私には本当に覚えがないので、このままではあなたを助けることができません」

私はふと心機一転で、ある方法を考え出した。

「こんな恥ずかしいこと、どうして人に言えるのか？あなたは助けてくれるのか、しないのか？」

「あなたは何も言わないで、私はただ確認しないといけないだけです」

「何を言っているの？あなたは友達なのか？」

相手の口ぶりが、思わず威嚇的になった。

「それは仕方がないですね。私は覚えていないから、本当にあなたを助けることができませんよ」

「…」

通話が途切れた。たぶん、あの人は私の不義理に腹を立てているのかもしれない。ただの冗談かもしれなかったが、私は、たとえ本当に友達であっても、自分の対応が正しかったと信じている。

2、傲慢な電力会社（2008年8月）

今日は仕事が早く終わったので、いつものように先にアパートに戻った。ドアを開けてスイッチを押したら、明かりが付かない。トイレを押しても、まだ明るくならない。リモコンを触ったが、テレビがぴんとこなかった。停電だと最初に思ったのだ。

ドアを閉めて、下の階に行って、他の部屋に明かりがついているのを見て、不思議に思った。朝出た時はまだ元気だったのに、どうして…。

しばらく考えてから、114をダイヤルし、オペレーターの女性に電力局のサービスホットライン95598に電話するように言われた。

この番号に20分以上掛かって、やっと有人サービスに繋がった。住所を教えてから事情を調べてもらった。料金の支払いが滞って電気が切れたと伝えられた。

許しがたいことだ。一晩をどう過ごすか、電力局は横暴過ぎるではないか？女性と長い間議論したが、何の結論も出なかった。相手の丁寧な態度には感謝するが、問題は解決しない。焦っていた私はつい「110番通報か」と口にした。

女の子は私に、電力局から契約者に対して電気料金の督促状が送られるべきだと言った。その中には期限があるはずであり、復旧の手続きについても説明があるはずだ。また、交通銀行の夜間セルフサービスで料金を支払った後に彼女たちに連絡すれば、送電を手配することができると教えてくれた。

仕方がなく、すぐにタクシーを呼んで、どこでもいいから交通銀行の夜間サービス営業所まで行くよう運転手に指示した。走る時間は数分しかなかったようで、運転手は車を停めた。降りてみると、このサービス営業所はマンションからわずか二つの通りしか離れていないことが分かった。

料金を支払い、また時間をかけて95598番に電話した。やっとオペレーターに繋がった。女の子に早く電気再開の手配をお願いした。女の子は快く承諾してくれたので、私は一安心して、食事に出た。その後、川辺に寄って、しばらくぶらぶらしていた。

時刻は既に9時近くになっていた。もうそろそろだろうと思って、アパートに戻った。そこで一枚の紙の端を見つけた。そこには納付期限が４月28日と定められていたが、ただの紙が挟まっていただけで、気付かずにこんな目にあってしまったのだ。

嬉しそうにスイッチを押すと、反応がなかった。もう２時間近く経過しているのに、電力局の人たちは一体何をしているのだろうか。むしゃくしゃしてまた９５５９８に電話をかけたところ、女の子はとても丁寧な態度で既に手配したことを伝えてくれた。また、電力再開の申し込みが多かったため、もう少し辛抱強く待っていただく必要があると説明があった。

もうしばらくは望みがなさそうだから、寝て待とうとベッドの上に横になると、「バタン」という音がして、一瞬眩暈がした。頭がベッドの鉄管にぶつかったのだ。まったく「青菜に塩」のような状況だった。

一時間ほど経って、ようやく待ちに待った電気が戻ってきた。しかし、私の怒りはなかなか収まらず、後頭部にはまだ鈍痛を感じた。なぜこんな極端な電気切断の方法を取るのだろうか。遅納金を払えばいいのではないだろうか？もっと人道的な方法はないのだろうか？とさまざまな疑問が頭に浮かんできた。

ここ数年、電力局もサービス改善のために多くの努力をしてきたことは否定できないが、やはり電力独占であるだけに、どこかに覇権の痕跡が残っているのは間違いないが、ある意味では手に負えない存在だ。電力改革は「任重くして道遠し」と言えるだろう。

3、インターネットデコイ（2008年1月）

今日は休日なので、朝食を食べた後、いつものようにネットで最新のニュースをチェックすることにした。すると、突然左下隅にひとつの情報が表示された。「ＱＱ六桁の番号を大量にプレゼントしますので、すぐに登録してください」と書かれている。

人々は縁起を願って、自分のＳＮＳなどのＩＤに66や88などの連番を選ぶことが多い。私は本来、年にごく限られた回数しかＱＱを利用しないが、今回は好奇心に駆られて、表示されているウェブページを開いてみることにした。

なるほどなぁ…、六桁の番号が並んでいるのが見えた。７３６６７３という覚えやすい番号をクリックして、パスワードを登録した。ネット上で友達を増やすための番号が、こんなに簡単に手に入るものなのかと、少し自慢気に感じていた。

次の一連の手順で私の気持ちをめちゃくちゃにさせてしまった。

「直ぐに携帯電話で５５２２０１１を入力して１０ｘｘ８２８２まであなたのＱＱ番号をアクティブにしてください、そうしないと5分以内にあなたはこの番号を失うことになる」

パスワードを入力した後、ネットワークプロンプトから以下のような指示が表示された。

私はまだ充電している携帯電話を手に取り、残りわずかなバッテリー残量でメールを送信した。

「システムは既にあなたの身分を確認できました。あなたの番号を安全にするために、『１』を返信して、パスワード保護を申請してください。あなたはＱＱのラッキーＩＤ番号を2元で入手することができます」

すぐに返信が届いてきた。2元はどうでもいい、私はすぐにヒントを押して「1」を返信した。

「株式会社聯合通信暗号解析業務をご利用いただき、ありがとうございます。サービスコード『10xx8282』に関連する情報料は1回あたり200元で、中国移動が代理受領いたします」

今回、10x58166から直接意味不明なメールが届いたが、なぜ10xx8282からではなかったのか、少し疑問に思っていた。それでも、再度送信してみるつもりだった。

「パスワードの安全性を確保し、こちらとタイムリーな連絡が取れるように、以下の番号を選択し、連絡先を決めてください。
1、QQ
2、携帯電話
私は「2」を選んだ。

「数字『1』を返信してください。6桁のQQ番号の元パスワードがランダムパスワードであることが確認されます」

しばらくして、10xx828266から返事が来た。

なぜランダムパスワードになったのだろうか?私は愚かになったようだ。彼らの中には一体どんな秘密が隠されているのか、興味津々で「1」と返信した。

「おめでとうございます!パスワード保護の依頼に成功しました。数字『1』を返信すれば選択された6桁のQQ番号を獲得する機会があります」

10xx828266からまた返事が来た。

結局、私は望んだQQ番号を手に入れることはできないだろうか?多少理解してきて、内心で怒りが湧き上がって、しっかりと「1」ボタンを押して返信した。

「これから三つの問いにすべて正しく答えると、直ちに6桁のQQラッキー番号を獲得するチャンスがあります。まずは第一問です。QQのロゴは次のうちどれですか?」
①ペンギン
②カエル
③パンダ
「嘘をつくのかなあ?人を騙すつもりなのか?」と私はますますおかしな気分になってきた。三つの質問に連続で正解するなんて、そんなゲームはやめよう。私は怒りを抑えきれず、すぐに苦情の言葉を送った。

「尊敬するユーザーさん、あなたが送った指示は間違っています。弊社にお電話ください。お客様サービス電話番号は4xx81099890です。ありがとうございます。通話料は無料です」

今回、10xx828266からの返信は遅かったが、これまでの送受信はすべて有料であったことがやっと分かった。

「電話しろ」と言って、騙し方が変わったのか?ふん、ゲームはここまでにしよう。私は充電器を取り直して、NBAプレーオフの中継を見ることにした。

4、寺院の娘（2006年3月）

天童寺は国内外で知られる「東南仏国」として、1700年以上の歴史を持つと聞いていた。私は寧波に住んでいるが、まだこのお寺について詳しく知らないことが気になっていた。仏教にはあまり詳しくないが、昨夜はぐっすりと眠って、朝起きて急いで寧波東駅まで足を運び、約1時間バスに乗って、寧波東南太白山の麓にある天童寺に着いた。

石で敷き詰められた山道を歩き、第一の山門を通って、遠くからお寺を見た。天童寺の屋根が重なり合った山々の中にかすかに浮かび上がり、古松の木は天に向かって真っすぐに伸びていて、古刹の神秘的で厳かな雰囲気を醸し出していた。

第二の山門を通り過ぎて、約10分歩くと、6つの宝塔がお寺の前にそびえ立っていて、周囲の静寂さを一層感じさせられた。

入場券を買って殿内に入ると、女性が寄ってきて、線香を数本買うように教えられた。殿門をくぐって奥に進むと、目の前には燃えているろうそくが並んでいました。ろうそくの後ろには、人の身長ほどの高さの香炉が置かれていた。

「線香8本、まずは四方を拝んでください」と女性が言った。

線香を焚こうとすると、気持ちの良い声が響いた。振り返って見ると、赤い上着を着た小柄な女性が私の後ろに立っていた。彼女は20代後半から30代前半のように見えたが、明るい顔立ちで、少し突き出たピンク色の唇と整った形の尖った鼻が特徴だった。その上に清らかで黒い瞳で私を見つめていた。まさに江南美人と言える容姿だった。

「ありがとう」と私は急いで彼女の指示に従い、南北東西に向かって合掌して四回拝んだ。美しい女性に教えられて、なんとも心地よい気分になった。

焼香が終わると、私は次の場所に進んだ。頭の中には赤い上着を着た女性の姿が残っており、うっかりと残った線香を取り出して、ここの香炉に差し込もうとした。

「全部差し込んではいけませんよ！ここは十八羅漢です。十八本の線香を拝む必要があります」と彼女が言った。また彼女か？私は振り返らずに、赤い上着の女性の香りを感じていた。まるで夢の中でしか見られないような特別な案内人を仏様の霊から授けられてきたのではないかと思っていた。

「ほほほ！そんなに仏教の研究をされたのですか？よく教えてください」と私はやたらとお世辞を言っているうちに、妙な期待が湧き上がってきた。

「いいですよ、あなたにもよく分からないでしょうね」と赤い上着の女性からＯＫの返事をもらい、私は彼女について大雄宝殿や経蔵室を拝観し、福寿の仏壇に触れ、吉祥柱を貼った。美しい女性が一緒にお線香を焚き、仏様に拝んでいく様子に、本当に気持ちが高揚した。

「他に何か面白いところはありますか？」と私は入り口に戻って、何か物足りなさを感じたため、もっと教えてもらおうとした。

「先生、長い間案内してあげましたから、労務費をもらえませんか？」と赤い上着の女性が私の話を聞かぬ振りをして急に厳しい表情に変えた。

「え？あ…あ、私には何か問題があったのですか？」

しどろもどろに対処していて、心構えがまったくなかった。

「普通は50元ですが、あなた一人なので30元でいいです」

赤い上着を着た女性の美しい顔に黒い雲が浮かんでいた。

「いい…、いい…」と私は凄く身が縮まったような気がして、すぐにお金を渡して気まずさを感じながらお寺から逃げ出した。

帰りの道で、私の頭はだんだんとはっきりしてきた。現代の市場経済では、ただの飯が食えることはない。私の誠意で私に幸運をもたらすことを祈りたい。

いずれにしても、今回の天童寺への旅は本当に私に焼香や拝仏の方法を悟らせ、目を覚まさせてくれて、大いに見識を得ることができる価値があった。

〈駐在篇〉

一、借家トラブル

1、家賃の返金

ここ数日、二つのアパート賃貸解約の件で頭がぼうっとしていた。

大西総経理が寧波に来て2年近くになった。彼が来たばかりの頃、私たちは不動産仲介業者を通じて、所謂寧波最高級の家を探し当てていたが、ようやく甬江の川辺にある金地水園団地が見つかった。

大西総経理はこの30階建ての住宅団地の15階にある、総面積は約160平米ほどの住居を選んだ。川辺に面した大きなリビングには透明なガラス窓が設置されており、甬江を横断する寧波市街を一望でき、室内には本革ソファーや大型プロジェクションテレビなどの設備があり、住居全体の豪華さと立派さを引き立てている。

しかし、大西総経理の住み心地はそう快適ではなかった。彼が入って来てからは、湯沸かし器からお湯が出なかったり、水が詰まったりする以外、湯船があるものの、置物に過ぎず、大西総経理は凄く泣き笑いしていた。奥様が日本からやって来て、シャワーの途中で水が冷たくなり、風邪を引きそうになったこともあったが、大西総経理は、こんな「豪華」な住宅には1年8ヶ月間住んでいた。

そんな時、大西総経理は、同じようにバーに遊びに来ていた他の日本人から、ポートマンホテルのアパートが完成し、宿泊客を募集していることを聞いて、早速ポートマンに駆けつけると、直ぐに物件が気に入って、引っ越しを決めた。

マンションの契約満了は12月15日だ。大西総経理は9月初めに退居しなければならなかったが、ここでトラブルが発生した。

大西総経理の部屋代は三ヶ月に一回払いで、もう9月15日まで支払っていた。大西総経理はマンションの大家さんに知らせた時、ちょうど一ヶ月前の8月15日だった。

大家さんは「どうして住まなくなったのか？」と質問した。あまり大家さんを刺激しないように、私は日本への転勤を命じられたと言っても、大家さんは何も言わなかったが、やはり毎年10万元以上の収入を提供してくれたこの大得意先を失いたくないのではないかと思っていた。

あっという間にポートマンのチェックインが済み、大西総経理は待ちきれず、9月3日に引っ越して行った。引越しの日に大小20個以上の段ボール箱があるので、私は引越し会社に頼んで200元で一気に引っ越すことを提案したが、何を考えたのか知らずに大西総経理は私と運転手の董さんと彼の三人で、会社のビュイック商用車を使って引っ越すことにした。

箱は重くないのに、エレベーターの上がり下りで私達は死ぬほど振り回されてしまった。大西総経理の禿げ頭から汗が零れて、強い日差しに照らされて光り、自分の頑固さの代償を示していたかのように思われた。

私は大家さんに電話して引き渡しの時間を約束するつもりだった。

「彼は契約が満了していないのに出て行った。約束を破ったので、一ヶ月の違約金を払わないといけない」

大家さんの態度が一変してぶっきらぼうになって言った。

「何の違約ですか？私はもう一ヶ月前にお知らせしていたのですが、あなたも反対されなかったですよ」

私は反論口調で言い返した。

「どうせ契約書にこう定められているんだから、契約書通りにやるんだ」

大家さんはまた主張し続けた。大家さんは契約のことを言い出すと、話が続かなくなった。

「では、契約書を調べてから連絡します」

私は返答した。

大西総経理に契約書を見せてくれと聞いたところ、彼は一枚の紙を出してくれた。私が見ると、ただ契約を続けるだけの内容であり、言葉が数行しかなく、一年間継続の文言以外に、その他は元の契約に従うと書いてある。私は大西総経理に元の取り決めを持って来て欲しいと頼んだところ、長いこと探したが、見つからなかった。

大家さんに年末までの支払い内容があるので、契約条項がどのように書かれているかを見ないといけないと伝えた。

「中国に来たら、みんな契約書を紙くずにしているんだよ！役に立たないと思っていた」

ところが、大西総経理はこう言った。

「何かあったら紙くずじゃないよ！大家さんは一ヶ月の罰金を取ると言っているので、契約書がないと反論できないんだ」

「罰金なんて？私、一ヶ月前に知らせたじゃないの？あの1万元の保証金を返してもらったら、鍵を渡すのだ。なんてそんなに面倒なんだろう？」

大西総経理にとって罰金が不思議なものだった。

お金は人の手にあり、つまり主導権を握られているため、戻ってくるのは決して簡単ではないと感じた。しかし、保証金の1万元を失ってはならないため、大西総経理はあきらめずに再度大家さんと交渉することにした。

「1万元の保証金は返すことができますが、一ヶ月の違約金は払わなければなりません」と大家さんはきっぱりと言った。

大家さんはソフトウェア会社を経営しているし、不動産もいくつか所有しているので、そのような金額については気にする必要がないと思っていたが、あれこれ言われてしまうと、交渉がまとまらなかった。

大西総経理はついに契約書を見つけた。よく見てみると、一方が約束を破って違約金を払わないといけないと漠然と規定されているだけで、早期解約が約束を破ったかどうかは具体的に規定されていない。具体的に定められていない以上、これについては二つの道しかない。一つは裁判になって裁判所に出ることだ。もう一つは双方が話し合いで解決することだ。1万元のために勝ち負けの付かない訴訟をするのは明らかに好ましくないため、話し合いを続ける以外になかった。

私は大西総経理に客観的な状況を説明し、「お金は私たちの手元にはありません。そのため私たちは実際には弱い立場にあり、交渉が上手くいかないかもしれません」と心配を伝えた。大西総経理は明確な態度を示さないまま、住宅の移管は延期された。その後、大家さんは私に住居を見せて欲しいと言ってきたが、罰金については余地がなく、住宅のチェックは有耶無耶になってしまい、移管は膠着状態に陥った。

カレンダーはすぐに9月14日にめくられた。

契約が間もなく満了し、このままでは解決できないと思い、大家さんに電話をかけた。

大家さんは深センにいた。

違約金に関しては、契約に明確な約定がないため、私たちは払う義務がなく、約定がない場合は双方が協議して解決するべきだと改めて態度表明した。

「住居引き渡しの件は親戚に頼む。違約金は2000元免除できる。それに、水道と電気の管理費などをきちんと払って欲しい」と大家さんは少し口ぶりを和らげて言った。「それに、明日で期限が切れるから、引き渡さないと、借り続けることになって、家賃を取らないといけないんだ」と大家さんは高圧的態度で付け加えた。

大家さんの意図は明らかで、1万元の保証金を返したくないためだ。もうつきまといたくないので、大西総経理の意見を聞いてから返事すると言って、電話を切った。さんざんなことをしたあげく、大西総経理は1万元の返金を期待しなくなったが、それ以上財布のひもを緩めるのをしたくなかった。

9月15日、大家さんの親戚三人は晩の6時半に部屋の前で待っていた。みな部屋に入って、使っている設備や施設を注意深く点検したが、ドアの鍵が一つ欠けていただけで何の問題も見つからなかった。私は彼らに「住居移管確認書」を書いてもらい、「保証金を返して、違約金を払うことに合意する」と書いておいた便箋を渡した。同時に「1万元の違約金領収書」を書いて欲しいと頼んだ。これがないと大西総経理には言えないからだ。

親戚は直ぐには領収書を書かず、別に分厚いレシートの束を出して来た。数えてみると800元余りあった。私に「払え」と言ってきたが、私はお金を持っていないと断った。

親戚からは仕方なく「借用書を書いてレシートを持って行け」と言われたが、私は相変わらず、費用の内容は分からないとして、断り続けた。

結局、親戚たちは妥協せざるを得ず、費用の明細書を書いて私に渡しただけにした。

住居の引渡しは一時間続いて、ついにその場で終わった。

「中国の仕事はこんなにいい加減とは思わなかった。有利な時は契約書を以て話をして、有利でない時は自分の思う通りにするのだ。罰金1万2000元と言っても最後は9000元で済む、まあ…、よく分からん」

私がその過程を大西総経理に話したところ、大西総経理は困惑した面持ちで私に言った。

中国国内には、まだ理解できないことがたくさんあり、お金儲けだけをする人々がたくさん存在しているのだ。この高速発展の沿岸都市に住んでいても、落とし穴が至る所にあるのではないだろうか。

2、賃貸契約の終了日

田口さんは岡山さんと一緒に寧波の合弁会社に転勤してきた。田口さんは合弁会社の張通訳を通じて、岡山さんとは異なる仲介会社を訪ね、大家さんと賃貸契約を結んで金地水園というアパートに泊まった。

この大家さんは30代で、不動産投資で早くも出世した。部屋の内装もとてもモダンで、各種の設備もすべてブランド品を選んで使用している。家賃は月９０００元と少し安めに設定されているが、保証金はなんと４万元を要求された。田口さんによると、設備投資が高いからだそうだ。

しかし、この４万元が田口さんの退居時の気まずい思いを誘った。

駐在員らの家賃は、各都市の借家基準で会社が負担している。寧波の状況が特殊なので、各人の賃貸契約は個人と大家の交渉によって確定して、最後に大家さんから提供された家賃領収書に基づいて会社の財務で清算することになる。

保証金は会社からの借入金で、借家の期限が切れたら全額会社に返さないといけない。もちろん、会社の同意があれば早めに解約することができ、発生した違約金を会社が負担することもできる。

田口さんはある程度の中国語の基礎を持っている。また、活発な性格の持ち主なので、様々な場所に足を運んでいるため、ＫＴＶで働く女性たちを家に招くこともしばしばあった。

田口さんの奥さんがいよいよ訪れることになった。彼は、岡山さんと同じくポートマンのホテルマンションに入居することに決めた。

田口さんのアパートは12月28日までの契約だが、家賃は9月28日まで支払い済みだった。しかし、田口さんは満期まで待ちきれず、8月の初めに張通訳を通じて大家さんに解約を申し出た。残りの1ヶ月分の家賃を違約金として支払い、保証金を全額返却してもらうことを約束した。

大家さんは田口さんの申し出を受け入れなかった。彼からは、契約が1年間延長され、満了まで住まなければならないという回答があり、田口さんを悩ませていた。

田口さんは引っ越しを急ぎたかったため、このような交渉に時間を費やすことになると思い、直ちに引っ越しを決め、急いでポートマンに移った。

賃貸契約には、契約違反の規定があるため、田口さんの早期退居が契約違反になることは、大家の心の中でよく分かっていたのだ。

張通訳が交渉した結果、大家さんは最終的に家を引き渡すことに同意したが、具体的な引き渡し日についてはなかなか一致できなかった。

田口さんは既にアパートを出ていたが、部屋のもう一本の鍵はKTV嬢の手にあった。そのKTV嬢は、まだ高級な住宅の快適さを味わっているようで、部屋を出て行かなかった。ところが、その状況は既に大家さんに把握されていた。

張通訳は田口さんに日付を確認したが、田口さんも直ぐには正確な退居日が分からなかった。解約及び引き渡しはこうして長引くようになり、大家さんは当然ながら焦ることもなく、悠々と奥さんを連れて海外旅行に行った。

時間はやがて9月中旬になっても、田口さんがまだのんびりしているのを見て、もう解約の事が終わったと思っていたが、張通訳に聞くと、未解決のままで、田口さんが9月分の賃貸料を違約金にしようしていたことがわかった。

その間、張通訳は面倒だと思っているらしく、大家さんと連絡を取り合っていなかった。

こうなった以上、やむを得ず私は会社の名義で大家さんに電話し、下記四点を伝えた。

1）解約のことは、解約の1ヶ月前に、大家さんに電話で知らせた。

2）保証金4万元は約束通り返さなければならない。

3）直ちに期日を決めて引き渡しを行う。そうしないと、期限を過ぎても責任を負わない。

4）双方が解決できない場合、法的手段を辞さない。

大家さんの態度は直ぐに軟化し、いつでも引き渡しができると言った。

張通訳は田口さんから、数日前にあのKTV嬢が出て行ったことを知っていた。そのため引き渡しの日はその翌日にした。

翌日の午後3時、張通訳の手配で私たちは田口さんのアパートに来た。

入り口に来て、まず目に飛び込んできたのは電力局からの罰金の知らせだった。知らせには、既に400元余りの料金が不足しており、X月X日までに納付しないといけない。さもないとXXX規則に従って処理するという内容だった。ドアを開け、壁のスイッチを押してみたが、反応がなかった。

部屋の中はめちゃくちゃになっていた。灰皿に吸い殻で一杯になり、紙屑やコンドームのようなものが散乱していた。窓の傍にカーテンが付いているカーテンラックが斜めに立っていた。テーブルの上やテレビの棚にはほこりが積もっていた。ソファーの上にはタオルのかたまりが残っていた。日本人が住んでいた様子とはまったく違っていた。

一時間も待って大家さんが来て、いろいろと対応の遅れを言い訳していた。

私はあまり彼を相手にする暇がなく、直ぐ本題に入った。

大家さんによると、既に8月を過ぎているので、賃料は9月まで計算しなければならず、契約は12月で、違約金も払わないといけないそうだ。

大家さんの皮算用は予想していた。誰が田口さんにそんな不注意をさせたのだろう?でも、田口さんには最終的な態度を聞いたことはなく、私も早合点したわけではないため、直ぐには口を利かなかった。

田口さんの諸費用に驚いた。

管理費は入居してから全然払っていなかった。電気代はもちろん、水道代、ケーブルテレビ代、インターネット代なども付け加えられ、大家さんはすべて払ってから精算しよう言い張っていた。電気がなかったため、施設の点検もできず、この日の引き渡しは到底できなかった。

この家が寧波にあるが、会社が上海にあるので、大家さんはわざわざ400キロ近くも車で寧波に来ていたのに、引き渡しが終わっていないので、かえって不安になってきた。

私はこの機会に発生した料金を先に払ってくれと大家さんに頼んだ。どうせ彼が保証金を持っているのだから、代わりに払ってもいいはずだ。

翌日の朝早く、張通訳は料金を払ってから私達は行こうと大家さんに念を押した。

午前10時、私達は田口さんのアパートに駆け付けた。大家さんは請求書を一枚出して、およそ9000元余りの料金を払ったと伝えた。田口さんはどれだけ気付かなかったのか分からないが、一年半ほどここに住んで、なんとこんなに料金が掛ってしまったのだろう。

大家さんは特に入念に検査していた。結局彼は問題を山ほど探し出した。

風呂場のバスタブ（暖房灯）が壊れている。

DVDが表示されない。

部屋の鍵がない。

さらに1800元もする西洋食器もなくなった。

すべて田口さんの仕業ではないことは明らかだが、大家さんは田口さんに賠償して欲しいと言って、その金額は2000元にも上った。

電話で田口さんに部屋の状況を確認したが、田口さんは一切否定し、9000元の違約金は譲歩するが、もうこれ以上譲歩できないから断るようにと言い張っていた。

確かに、何の理由もなく9000元の違約金を払わなければならないことを会社に説明しないといけない。また、契約に含まれていない料金も田口さんにとっては非常に不甲斐ないものだった。

大家さんの態度はとても毅然としていて、田口さんももちろん弱音を吐かなかった。

この膠着した様子では、もう何の結果も得られないと考え、私はもうしつこくせず、すぐに腰を上げて階段を下りて出て行こうという振りをした。「大家さんがやりたければ、もう一回やりたまえ」と思った。

大家さんは慌ただしく私の後ろを追って出てきた。彼はきっと無駄足を踏みたくなかったに違いない。

結局、田口さんの設備賠償金は600元に設定し、保証金から差し引くことになった。

住居の引き渡しは違約金9000元＋費用9000元余り＋賠償金600元で、保証金から差し引いて2万1000元余りを返却することで終了した。

違約金が全額返ってこないことにがっかりしたが、部屋を借りている間に起きた一連の「事故」は、田口さんに大きな教訓を与えたのだ。

二、KTVの小姐（KTV嬢）

1、深夜の救助コール

この夜、開発区の友達からここの特産品である上海ガニを食べに誘われた。上海ガニのことになると、陽澄湖で育っている上海ガニなのに、名前の前に「上海」を冠しているだけで、「上海ガニ」と呼べるかとここの人たちはいつも不平を言っている。初冬が近付き、蟹は脂がのって黄色くなっている。

上海ガニの産地論争はしばらく学者たちの検証に任せよう、とにかく今夜は楽しみたい。美味しい料理を食べたり、友達と歓談したり、酒を一杯飲んだりした後、ホテルに戻ってぐっすり眠った。

ふと電話の着信音で目が覚めた。またもや迷惑電話だな？無視して夢を見続けようとしたが、着信音はしつこく鳴り続けていた。今度は携帯電話だった。

「誰？今寝ているのよ！」

私は携帯電話に不満そうに叫びながら電話を切った。

瞬く間にまた電話が掛って来た。

「ああ、お前はどうしたんだ！うるさいじゃないか…」

私は少しいらいらしていた。

「私です、上田です」

相手が日本語を話していたので、急に名前が聞き取れなくなった。急なことがあったに違いない。

直ぐに背を起こして見ると、電話番号が「上田課長」と表示されていた。上田課長は活発な人で、あるクリスマス集会の席上では、彼は飲み過ぎてテーブルの上に立ち、口々に歌い出して、私たちに無理やり追い出されたことがあった。またある時、バーで、お酒で勇気が付き、女性の服を脱ごうとしながら、頭を女性の胸に突き出したこともあった。

もちろん、これも大勢の人が居るからであるが、上田課長は一人の時はお行儀が良いそうで、ここはやはり外国であると分かっているのだ。

「手を貸してください。今はちょっと面倒なことがあるんだ」と電話から不機嫌そうな声が聞こえてきた。

「どうしたの？どこにいるの？」

「ホテルだ。ＫＴＶ嬢が私のところにいるんだ」と上田課長は言った。

私の知る限り、彼は外でみんなと遊ぶ時だけ、場当たり的な芝居をするのが上手で、一度もＫＴＶ嬢をホテルに連れて帰ったことがない。彼に言わせれば、年を取って、元気がないから、ＫＴＶで騒ぐだけでも十分だと思っていた。今日はどうしたのだろうか？

「どうしてＫＴＶ嬢を連れて帰ったの？じゃあ、楽しんでください」

私は冗談を言った。

「いいえ、彼女はもう帰りたくないと言ったけど、私は彼女を残したくないのだ」と彼が答えた。

「じゃ、聞いてみるね、彼女に電話を渡して…」

「兄ちゃん、彼は私を来させたんです、今彼は私を帰らせてくれません」

長いこと待って、電話の向こうからやっと女の子の甘えた声が聞こえてきた。

一人は右、一人は左と言っているが、私にはどうも見当がつかない。

「じゃ、楽しく遊びましょうよ、私は寝ます」

用事もなさそうだから、上田課長にそう言って携帯電話を切った。夢の中で起こされるのは辛かった。

「彼女は大丈夫だと言ったり、今は体がダメだと言ったり……、何を言おうか分からない」

数分後、再び電話が鳴った。上田課長の声から懇願の匂いが伝わってきた。

携帯電話はまたKTV嬢の手に渡された。

「どうしたの？私の友達をからかうな！出台（客と関係する）したくないならホテルで何しているんだ？」

私は彼女を責めた。

「はい…、彼は私に来てくれと言ったんですよ！条件はちゃんと話したのに、彼はまた豹変しようとしています…」

KTV嬢はまるで酷い濡れ衣を着せられたかのように、一種の婉曲な口調で答えた。

この二人は一体何の遊びをしているのだろうか？ただでさえぼんやりしていた頭が、今度はさらにふらふらしていた。

「彼に電話を…、上田課長、あなたは一体どのように話したの？ダメなら止めてもいいし…」

私は携帯電話を持って窓の前に出て、外の灯火を見て気を落ち着けて上田課長に言った。

「彼女は今、あれもこれもだめだったのよ！彼女にお金を渡さない訳でもないけど、彼女はお金を騙し取ろうとしているのよ」

電話の向こうに上田課長のいらいらした口調が聞こえた。

「もうこれ以上彼女に余計なことを話さなくていい。寝よう」と私は上田課長に説得した。「もういいよ！彼女を帰らせて…、遅いから他の人に迷惑をかけるぞ」と私はもう一言付け加えた。「では…」と上田課長も口を止めた。

ベッドに戻り、タバコに火をつけた。このKTV嬢たちは複雑な経歴を持っており、お金好きで、どんな邪道でも思いつくことができる。やはり彼女たちを怒らせない方が良いと考えながら、疲れがこみ上げてきた。

うとうとしているうちに、急な電話のベルが鳴り、また口げんかになったようだ。

「KTV嬢はじっとして行かないよ！どうする？」

電話の中に上田課長の声は少し戸惑っていた。

「彼女はなぜ行かないの？」と私は尋ねた。「どうしても1000元欲しい」と彼は答えた。「何もしてなかったじゃないか？なぜそんなに大金が必要なのかね？」と私は尋ねた。「長い間付き合ってくれたと言ってた」と彼は答えた。

「彼女に電話を…」

このKTV嬢は明らかにお金を強要するつもりだった。こんなぐずぐずしていては何かが起きかねない。

「あなたはどこのKTVの人なのか？ボスは誰？むやみにしゃべるものなら、許さんぞ」私は携帯電話の向こうに向かって怒鳴っていた。

「彼はお金をくれない。さっきKTVでもチップをくれなかったし、行かないよ」と彼女が言った。

「よし！行かないのか。じゃあ…、待ってろ！お前が何者なのか見てみよう」と脅された後、私は上田課長を呼んで、KTV嬢に300元を渡して、行かせてくださいと頼んでから、「それでもダメだったら私が行って解決するから、絶対に恐れることはない」と慰めた。

電話を切ると、考えれば考えるほど不安になり、服を着替えて階段を下り、タクシーを呼んで、上田課長の宿泊するホテルに向かった。

彼の宿泊する406号室に着くと、室内は何の音もしていなかった。不思議に思いながらドアを軽くノックした。

「誰か居ないか？私です！」と呼びかけたが、長いこと待っても返事がなかったので、思わず大声で叫んでしまった。

暫くして、ドアが開き、上田課長はパジャマ姿でドアの奥に立っていたが、まだ戸惑っているようだった。

「また彼女が帰って来たかと思ったら、ドアを開けられなかったよ」と上田課長はきまり悪そうに言った。

「KTV嬢は行ってしまったのですか？」

「電話を置くと、300元をもらって逃げたよ！彼女はまだ君が来るのを恐れているんだ」

こんなことを知らなく、無駄足を踏んで、眠れなかったことを、とても悔やんでいたのだ。

暇乞いをして出ると、外はもう静まりかえっていた。ただ街灯が鬼のように光って、外資の進出によって急速に発展して来たこの小町を見詰めていた。

夜更けた町のあちこちで、同じようなことがどれほど密かに起きているだろうか？改革は経済の発展をもたらしたばかりでなく、第三次産業の振興ももたらしてきたのだが、この時私は全く疲れる気がしなかった。

2、電話での嫌がらせ

「李さん、昨日からこの電話がひっきりなしに掛って来て、何を言っているのか分からないんです」と、朝早く川口さんが恐縮した面持ちで駆けつけ、自分の携帯電話を指さして言った。

日本の企業ではみな、勤務時間中の個人電話を避けるようにしている。私用があっても公衆電話や私用の携帯電話で人を離れた片隅に掛けに行くことが一般的だ。しかし、中国に来てからは、携帯電話を使った業務が主となり、少し柔軟になってきたとはいえ、業務時間に私用の電話を掛けることはやはりだめだ。

川口さんは、よそ者の目には不審に見える電話に出るのが、さすがに不都合であると考えていた。川口さんが私を訪ねて来たのには、二つの目的があった。一つは、自分が意図的に個人電話を掛けたのではないことを明確にすること、もう一つは、私に、一体何が起きているのかを知りたくて、手伝って欲しいことだった。

私は携帯電話を受け取り、通話記録を調べた。夜の8時から朝の9時までの間に、三つの不明な電話番号から100回近く不在着信があり、数回受信があった。

3つの番号の中には、市外局番の番号が2つあり、もう1つは139で始まる携帯電話番号だった。

市外局番の番号に電話をしたが、長い間鳴り続けて、誰も出なかった。携帯電話の場合、電源が切れていた可能性もある。誰がそんなつまらないことをするのだろうか？中国語が分からない川口さんに対する悪戯だろうか？私は、頭の中に大きな疑問符を描いていた。

「なぜ電源を切らないの？」

私は川口さんに聞いた。

「もし家族から電話が来たらどうするの？おまけに業務もあるのに…」

川口さんの口調には仕方がないような気が伺えていた。

電話が掛って来ても出なくてもいいが、どんなことが起こるか知らない。一番怖いのは背後にまだ何か裏が隠されていること…、この点を考えると、私はぞっとした。もしかして川口さんは…？

川口さんに聞いてみようとすると、手にしていた携帯電話が鳴った。１３９番だった。

私は携帯電話を持ち上げて「もしもし」と大声で応答した。

「きさま、日本の畜生め！ばかたれ！待ってろ…！」

携帯電話から濁った男性の声が伝わってきた。

「なんだお前は！一体何がしたいんだ！」

頭のてっぺんにひどくののしられて、私はおのずと怒りが湧いて来たので、携帯電話に叫んだ。

オフィスにいた人々の視線は私達に注がれ、私達に何が起きていたのかとみな顔を見合わせていた。

「待ってろ！きさまはワンヤンに触る気か?!きさまを絶対に許せねえ…！」

相手は口汚く罵り続けて電話を切った。

またKTV嬢からのご迷惑だ。私はすぐに九割くらいを当てた。

「彼は何と言ったの?彼は何と言ったの?」

川口さんも聞き覚えがあったらしく、しきりに私に問い詰めた。

オフィスではそんなことは言えない。私は川口さんを外に呼び出し、電話をかけてきた人が「王YAN」と関係があるかもしれないと伝え、「王YAN」とは一体どういうことなのかと聞いた。

川口さんはやっと悟り、私にすべてを打ち明けてくれた。

その女の子は王艶という名前で、KTV嬢だ。1ヶ月前に川口さんが彼女と付き合い始めた。

川口さんたちは日本から工事を行うために派遣された人で、虞山ホテルに泊まっている。この都市は外国人向けのアパートがまだ完備されておらず、一般的なアパートに住んでも大家さんとの交流、水道や電気の支払い、近隣関係、安全など一連の問題があるので、会社は、宿泊費が高くても管理しやすいホテルを皆に手配したのだ。

ホテルの一階に新しくオープンしたKTV（ナイトクラブ）の名前は「夢情夜総会」といい、ロマンチックな名前だ。このKTVは、数年前にできた「紅磨坊」（ムーラン・ムージュ）や「金碧輝煌」（豪華で輝かしい）などの店と並び、常熟市の高級KTVとなっている。

川口さんたちの宿泊は「夢情夜総会」に一本の強心剤を打ったに違いない。新しく来たオーナーである汪さんは、虞山ホテルと何らかの関係があるかもしれない。彼は50万元の資金を大胆に投入し、

「夢情夜総会」を改装した。流行している新鋭設備を取り入れたり、客に付くＫＴＶ嬢も厳選したりして、一連の作業を経て、この「夢情夜総会」は以前のガラガラした状態から、賑やかに一変し、商売は栄えてきた。もちろん、川口さんたち常駐客の貢献も大きい。汪さんは終日明るい顔で、私たちにいつも熱心に応対してくれる。

川口さんが王艶と出会ったのはここだった。

川口さんの話によると、王艶は来てから一ヶ月も経たないうちに、日本人客ばかりに付き添ってくるようになった。ある時、汪さんは彼女を地元のボスの席に座らせたが、彼女から断然と拒否された。そのため、汪さんに怒鳴られ、追い出そうとまで言われたが、結局は何も起こらなかった。これはＫＴＶ嬢の中ではあまり見られないケースなのだ。

川口さんは王艶の常連だ。川口さんは用事があって行かなかったら、いつも王艶から誘いの電話がかかってくる。その時は、川口さんはチンプンカンプンな中国語でごまかす。

川口さんと王艶の関係が深まる1週間前、川口さんの弛まぬ努力が報われた。

その夜、店は客が多くなかった。川口さんはいつものように個室を予約した。２人はいつもより仲睦まじく戯れあったりして楽しく遊んでいた。その晩、王艶はとても気持ちが良さそうだったので、早く川口さんに勘定してもらってから、携帯電話の電源を切り、自分は客と夜食を食べに行くと周りの人に伝えて、川口さんと一緒にホテルに入った……。以前なら、彼女の携帯電話は常に夜11時や12時に鳴る。その場合、彼女はすぐにお母さんが迎えに来た、との理由で早く帰って休んでくださいと川口さんに催促したのだ。

川口さんの告白で疑念は解けたが、また心配になった。

私が知っている限りでは、そのKTV嬢たちの殆どは単身で出稼ぎに家出をするのだ。一部の人は身の保護を求めてチンピラと一緒にいることになる。チンピラたちはKTV嬢たちのバックアップをする一方、KTV嬢たちをKTVで安定させながら、KTV嬢たちからお金を取って自分の飲み食いや買春を賄う。これらのチンピラたちは「白眼狼」(恩知らずの裏切り者)というあだ名がつけられることもある。

川口さんからの電話は、おそらくそのような人物によるものだろう。直ちに対処しなければならない。王艶たちが協力してサクラを仕掛けた可能性もある。あの「白眼狼」たちはまた何をしでかすのだろうか。そうであれば、王艶はまだ裏に隠れて矢を射て人を傷付ける可能性があるため、一層の危険を感じていた。私の脳には瞬時に一連の仮説が浮かび上がってきた。

「おい!王艶さんか?お久しぶり、元気?私を覚えているの?」

川口さんから王艶たちの電話番号をメモしておき、仕事が終わったらすぐに彼女に電話をかけた。

「お…、元気です。あなたは?」

「忘れたのかね…、私達はその日とても楽しかったよ」

KTV嬢たちはお客さんに接することが多いから、知らない人からの電話を疑わないと思い、私はわざとそう言った。

「ああ…じゃあ、今日遊びに来てください」

やっぱり、KTV嬢たちは少しも商売を見逃したくない。

「あなたは『夢情夜総会』にいるの？」

「はい、何時に来ますか？まず個室を決めませんか？」

「じゃ、後で連絡します」とそう言って、私は電話を切った。王艶は店にいるのだ。

王艶の居場所の確認目的は既に達成したので、私はこれ以上彼女と付き合う気にはなれない。

私はオーナー汪に電話して、川口さんに起こったことを教え、王艶と関係がある人は川口さん以外にまた誰かいるかと聞いた。

汪さんが教えてくれた。王艶は普段あまり客と関係を作らないが、川口さんの他には確かに最近一人のボスが彼女を追いかけている。どうやらチンピラではなさそうだ。

汪さんの紹介を聞いて、私は少し心強くなった。それから公安局の章課長に電話をかけ、事情を説明した。電話の持ち主を調べて、必要に応じて措置を取ってくれないかと聞いた。

章課長はちょっと私を待たせてから、「この携帯電話番号は、客の情報を登録していない。また、その二つの電話は公衆電話だ」と教えてくれた。「ダメなら自分の携帯番号を変えよう。何か異変があれば連絡してください」と章課長は最後にアドバイスしてくれた。

そうだ、これくらいのことは公安局の目には何ともない。まして先方にはまだ何の行動もないようだから、日本人を脅かすつもりだろうと、私は予想していた。

それでも私は不安になり、そのボスに電話をかけてみた。ベルがしばらく鳴り、その人はやっと出た。

「あなたは一体何がしたいんだ？なぜ電話で外国人に嫌がらせをするのか？」

私は彼に責める口調で言った。

「お前は何者だ！お前が知る権利はない！」

相手がとっさに面食らって言った。

「言っておくが、これ以上ふざけたら公安局は許さないぞ」

私は厳しい口調で言った。

「お前は…お前は…お前は…俺の女房に手を出してはいけないんだ」

相手の口ぶりは少し興奮気味だった。

私はこれ以上喋らず、電話を切った。

川口さんは結局、携帯電話の番号を変えた。もちろん王艶との付き合いも止めた、と彼は後に教えてくれた。

時間があれば、王艶とあのボスは一体どんな人なのか見てみたいと私は少し好奇心に包まれている。

3、女の子からの手紙

中村君が突然私に手紙をよこしてきた。「翻訳を手伝ってくれ」と頼まれた。

「今日町へ行ってたくさんの人が青団子を買っているのを見て、ふと去年の今ごろあなたと一緒に青団子を食べていた風景を思い出して、思わずそれを買った。食べながら二人一緒にいたそのシーンを頭に浮かべてきた。

朝はまだベッドで寝たままテレビを見ていた。誰かがドアを開けていた。家政婦が掃除に来たのを知っていて、慌てて起きた。(笑)

『あなたはまだ朝食を食べていないでしょう?これは私たちの家で作ったものです。あなたたちに少し持って来ました。好きかどうか食べてみてください。中村さんはきっと食べたことがないです。良かったら明日また持ってきます』とおばさんは私に袋を渡して笑って言った。

『おばさんはいいですね。ありがとうございます。私は夜中村が帰って来たら彼と一緒に食べます』と私はふふふと言いながらそれを冷蔵庫に入れた。

やっと午後8時半になって授業が終わって急いで家に帰った。入り口に着いたら、窓から夕バコを吸いながらタクシーを降りて来た私を見つめていたあなたの見慣れた姿が目に付いた。私はあなたがまた私が帰宅するのを待ってくれているのを知っている。もしあなたの会社に接待がなければ、あなたはきっと早く家に帰って、窓の前に立って授業が終わってから帰る私を待っているのだろう。早くもあなたと一緒にソファーに横になってテレビを見ながらおしゃべりをしたい。私は急いで階段を上った。

ドアに鍵は掛かっていなかった。部屋に入ると、すぐにドアの前に立っていたあなたは、『どうしてこんなに遅いの?もう30分も経って心配したよ』と言った。

『タクシーを呼ぶのにちょっと時間がかかったんだ。ほほほ、キスしてよ』とあなたは笑いながら言った。私はいつも帰宅が遅くなった時にこのような対話をしていたけれど、その時の気持ちは本当に幸せだった。

私は本を置いてトイレに駆け込み、手を洗った。そして、朝おばさんが持ってきてくれた青団子を思い出して、ほほほと笑った。

『ねえ、これ食べたことある？おばさんがわざわざ持って来てくれたんだ』と、私は台所から出て来て聞いた。

『これって日本にあるの？』君の傍に座って聞き続ける。

『これは何ですか？食べてもいいですか？私は中国でかつて見たことがないんだけど』とあなたは言い、私の手の中にある青々としたものを眺めていた。実はおばさんが作ったのはあまり綺麗ではなかった。

『これは清明節の時に食べるもので、私も食べたことがないんだ。知らないけど、試してみる？』と私が言い、あなたの口に持って行った。あなたは食べるのがとてもうるさい人で、中国のたくさんのものを食べながら、自分は日本から持ってくるものだけを食べるんだ。

あなたは眉を顰めたり頷いたりしながら、味わっているように見えた。私はあなたの表情を見て、それが本当に美味しいのかどうか分からなかった。

『本当に美味しいの？』と私が確かめた。

『美味しくないから、食べないでください、全部ください、ハハハハ』と、あなたは笑いながら私の手に取りに来る。

『あなた信じていいのか、美味しくないのになんて奪い取るの？』嘘をついているのは分かっていたが、そう言い合いながらあなたと一緒に食べ始めた。

『本当に美味しかったよ』とあなたは笑いながら言った。売店のおばさんは四つ持って来てくれたが、直ぐに私達二人で食べてしまった。

その後、外に出て売っているのを見て、私はあなたに買った。家に帰って、一緒に味わう度にあなたは美味しいと言うのだ。でも今は…、あの味には戻れないようだ。

去年の6月にあなたは日本に転勤した。日本に帰る前に私たちは一緒に海南の三亜へ旅行に行った。あなたは「愛の旅行」と名付け、帰ってから日本に帰った。その後私たちは二度と連絡したことがない。私たちはお互いにもう相手の生活を邪魔したくない。一緒にい続けることができない以上、黙って相手の良い生活を祝福しよう。あなたと一緒にいた半年は本当に幸せで楽しかった。それらのシーンも覚えているか？私は心の中に秘蔵しているのだ、本当に」

中村君が私にこの手紙を送って来た時、彼は日本の会社の本部に転勤してから半年の頃だった。もちろん、中村君がこの手紙を読むことができたなら、プライバシーを暴露し、三人目に渡すこともなかっただろう。

このような特定の環境から発生した特定の需要、および私が会社の中で置かれているこのような特殊な立場のために、私は多くの当社や別会社の日本駐在員たちに接触し、彼らの隠れた世界に深く入り込むことができ、彼らの悩みや楽しさを間近で感じながら、異国の地で言葉も通じない「異邦人」たちの悩みを解き明かしてきた。もちろん、当事者の名誉、地位、家族などに関わることもあるが、その中で私は口先だけを厳守せざるを得なかった。そうすれば、皆さんからの信頼感はさらに増してくるのだ。

だが、中村君のこの手紙は私が予想もしなかったものだった。

私の知っている限りでは、駐在員たちの現地での交際相手は、基本的にＫＴＶ嬢が多い。付き合い方は人それぞれだが、圧倒的にお金が特徴で現れる。お金で始めたからには、おのずとお金で終わる。ＫＴＶ嬢たちもそんな法則に慣れているようで、「夫」たちが出ていくと、「妻」たちは瞬く間に別の男性の懐に飛び込むのであり、すこしも躊躇することはない。このような例は珍しいことではない。世間にそうさせられ、生活からも迫られることであまり非難の余地はない。

中村君はその女の子と付き合って僅か半年で、彼女をこんなに悩ませ、手紙さえ寄せてきたことは、私にとっては初めてのケースだった。あまりハンサムな男性でもなく、目立たない中村君は、一体どんな魔法を使って、あの女の子を惹きつけたのだろうか？あの子はどんな人だったのだろうか？好奇心に駆られて、しっかりと自分の記憶を掘り出し、ようやくそのバラバラなシーンを思い出せた。

中村君は多くの日本人と同じように、性格が内向的で、活発なタイプではない。中国に来たばかりのころは、夕食を食べ終わると自分の住まいに引き籠って、インターネットを弄ったり、日本国内から持ってきたDVDを見たりして、あまり外出はしなかった。事情に疎いことや言葉が通じないことなどに余計に気を使ったようだ。

ある時、現地の従業員に連れられて、サウナを見せてもらうことになったが、中村君はもちろん言われるままに従うことにした。地元の友人から彼にKTV嬢を呼んでくれと頼まれたが、それ以上のことは中村君に任せることにした。そのKTV嬢が個室に入って来たが、中村君は怖く感じて、なかなかムードを盛り上げられない。更に上手く話も交わせなかった結果、彼は思い切って500元をテーブルの上に置いて、ぼんやりとKTV嬢を見詰めていた。あのKTV嬢たちは商売を急いでいるので、そうぐずぐずしているのを見て、苛立って彼の服を手荒く剥ぎ取った。こうして、友達がいないほんの数分間で、中村君はさんざんな目に遭わされたのだ。

それ以来、中村君はめったにサウナ（浴場）に行かない。

駐在地の近くに新たにバーがオープンした。ここにはKTVのような喧騒はないし、もちろんあの派手なKTV嬢たちもいない。毎晩ジャズのショーを披露したりもしている。環境もまだ優雅な方で、時間を潰すのに適しているので、地元の外国人が消費に行くのを引き付けている。

中村君にも誘われて何回か一緒に行ったが、いい感じだった。やがて中村君は自分で行くようになり、回数も増えて、物語はここから始まった。

パブには、23、4歳のウェイトレスがいた。その女性は、柳葉っぱのような細い眉と黒い瞳が上手く卵のような丸い顔に付いて、それに色白の肌を持ちながら、物静かな表情を醸し出していた。私たちが初めて行った時、その女性はまだ限られた日本語で私たちに挨拶していたが、だんだんと親しくなってくるうちに、彼女は日本語の教材を買って、私たち（もちろん中村君が狙っていた）に日本語を習い始めたのだ。

その女の子がどのようにして中村君のところに泊まったのか、中村君とどのような条件で合意したのかは知らない。

しばらくして、そのパブに行っても女の子に会わず、あまり気にもしなかったが、中村君と一緒に行く回数がだんだん減ってきたので、中村君にもその女の子のことをあまり聞かなくなった。

ある時、私は町でふと中村君とその女の子が仲良く歩いているのに出くわした。私はその子に、あなたは今どこに行っているのかと尋ねた。その子は中村君を見ながら笑って答えなかったが、私には何とか分かったのだ。

駐在員たちとＫＴＶ嬢たちのしがらみはさまざまだ。時に人を泣かせ笑わせ、ため息をつかせるが、時に腹立たしくてどうしようもなかった。中村君のような穏やかな付き合いは、むしろありがたい方だ。中村君が日本に帰る前に、私に銀行へ同行してもらい、ある金額の人民元を両替したのは変だったが、今思えばそれも中村君の気持ちの告白だったのかもしれない。

手紙の最後は「燕」の字で、きっとその女の子の名前だ。

文は人の如く、この数行の清々しい書体は期待の眼差しと共に私を見つめていた。本当に無邪気な女性だとは思わずにはいられなかったが、「中村君はどうすれば良いのか…」と心の中で密かに心配していた。

4、西湖の冒険記

湖畔のホテルの周りは静寂に包まれていた。疲れ切った私は窓の外に広がる西湖を眺めていた。夜の西湖が目に飛び込んできた。

もし、昼間の西湖が薄いベールに包まれた若い女性のように魅惑的な姿を見せているとすれば、目の前の西湖は、更に一人のイブニングドレスを着用した安らかな熟女のように、あなたに向かって優雅に語りかけている。そして、きらめく湖面に映る月は、湖のほとりを囲む一連の灯りの間に浮かんでおり、まるで一粒の透き通った宝石が金色のネックレスに嵌め込まれているかのようで、無限の感動を与えてくれている。

西湖は確かに美しい。古今の文人墨客はその美しさをたたえ、詩や文章に讃えてきた。西湖の美しさは世界中に知られ、国内外から多くの観光客が訪れている。美しい西湖よ、今日の彼女が汚されたのではないかと私は少し心配になった。さっきの光景が思わず目に浮かんでくる……。

今日は真夏の一日だ。友人の岡田ははるばる西湖の名を慕って杭州に飛んできた。これも私が勧誘した結果だろう。北京、上海だけを知っていて西湖を知らない人はまるで中国に来たことがあるとは言えないほどだ。西湖の風景と美人は最も美しく、中国古代四大美女の一人であるあの「西施」は西湖に生まれたことは知れ渡っている。

岡田さんはとても興味があり、西湖で友達と一緒に遊ぶことをずっと楽しみにしてきたそうだ。西湖の傍に「楼外楼」というレストランを見つけて入ってみたが、もう顧客が一杯だった。チャイナドレスを着た若い女性はにこにこしながら、席を待っている間に、先に注文していただくよう勧めてきた。

「東坡肉、西湖酢魚、龍井エビ、鳴鈴揚げ（薄豆腐皮揚げ）」など、杭州の名物料理を思い出しながら、西湖純菜スープ（野菜スープ）も注文した。席に座ると、岡田さんは素早く料理を取り始め、何度も舌鼓を打って感心していた。どうやら彼はここの食事に慣れているようで、安心した。

外に出てみると、西の空は落日の余光で赤く染まり、花のような雲があちこちに浮かんでいた。しかし、湖のほとりには多くの人が訪れていた。暑い夏、夜の西湖のほとりを歩くのはすがすがしい。

夕闇の湖の景色を眺めながら、岡田は行楽客の群れを見ていた。

「あなたは人を見るのですか、それとも景色を見るのですか？」と私は冗談を言った。

「ほほほ、西施がいるかどうか見てみよう！」

岡田はまだ私の紹介を忘れていない。

二人が世間話をしていると、黄色いサンタナタクシーがゆっくりと私たちの傍に止まった。

「こんばんは！」と日本語の挨拶が耳に響いた！

「こんばんは！」と岡田が答えた。顔に嬉しそうな表情が見える。

この美しい観光地で、運転手がこれほどの素質を持っているとは、彼も思っていなかったのではないだろうか？

「ＫＴＶは楽しいですよ」と運転手は日本語で続けた。

「ＫＴＶ？」

岡田は私を見た。

「近所にとても高級なＫＴＶがあって、値段も高くなく、ＫＴＶ嬢も日本語が話せるよ」と運転手は誠意を込めて私たちに言った。

岡田は興味を示した。さすがに帰るにはまだ早いので、夜の生活に慣れた彼はワクワクしている。友達に楽しんでもらうのが私の使命だ。ましてこんな熱心なドライバーがいるとなれば、ますます気合いが入る。

黄色サンタナは我々を載せて数回転した後、ヨーロッパを模した二階建ての建物の前に止まった。門楼の上の色とりどりのイルミネーションは、幾つかの跳ねる大きな文字「一線天」を取り囲んでいた。

２階の個室に案内された。部屋に入ると、すぐに黒いワンピース姿の女性が両手を上下に振りながら黒い蝶々のように私たちの前に飛んできた。その身振りからここのＫＴＶのママだと分かった。彼女の背後には若いＫＴＶ嬢たちが一列に並んでいた。

「若い子が欲しいでしょう？でも全部欲しがってはいけませんよ。他のお客さんもいますから」と、黒蝶ママはすらりと手を後ろに伸ばして、黒衣黒ズボンで細身のＫＴＶ嬢を前面に引っ張った。

「彼女は日本語がとても上手ですよ」と言って、黒蝶ママは黒ずくめを岡田に押し付けた。

KTV嬢たちの視線はこの時、揃って私の方に向けられた。この機会を利用して、私はまた素早くKTV嬢を見渡したが、どれも厚化粧で、なんとか微かな明かりの下では人に正体を知られたくない環境作りをしていることが分かった。いずれにしても、友人は問題を解決したので、私は安心して、端に立っている白いスーツを着た、比較的素朴なKTV嬢に、席に着くように手当たり次第に呼び掛けた。

「オーディション」が終わり、KTV嬢たちは個室から退出した。黒蝶マミが近寄ってきて、私に密着して座った。ほぼ接触がないに等しい距離だが、彼女の呼吸の起伏が容易に感じられた。

私が何も言わないうちに、黒蝶マミは店員にビールの箱を運び込ませた。「あなたたちに会えて良かったよ、さあ、お兄ちゃんたちに一杯あげよう」と黒蝶マミが二人の女の子に声を掛け、酒を五杯注いで、先にグラスを上げて飲み干した。

岡田さんは普段からもお酒が好きなので、「みんなで乾杯します」と、この時は言うまでもなく、またたく間に黒蝶マミと二杯続けてクラスをクリアした。

「お客さんと一緒にいてね！後でまた来ます」黒蝶マミは命令的に二人のKTV嬢に言いながら、私の首に腕をまげて馴れ初めをして立ち上がった。岡田さんの話は盛り上がっており、もともと私が心配していた言葉の壁もなかった。近くにいるKTV嬢は黙っていて、少しそわそわしているようだ。

「お名前は？」と私は尋ねた。

「私の名前は白潔です」と白さんの表情は少し堅くなっていた。

「ああ、道理で白い服を着るのが好きなんだ！じゃあ、白嬢と呼んであげましょう」

これらのKTV嬢、彼女たちの本名を知っているのは鬼才しかいないんだ。

雰囲気を少し楽にしたいのだろうか、「兄貴、お酒を飲んでね、彼女たちと爽快なひとときを過ごしましょう！」と白嬢は、ヒマワリの種のような顔付きに微笑みを浮かべ、目の前のグラスにそれぞれ酒を注ぎ、グラスを合わせるのを待たずに自分で先に飲んでしまった。

目を向けると、岡田の前には空き瓶が7、8本並んでいた。黒ズボン嬢をはいたKTV嬢が彼の膝の上に乗り、甘えた声でグラスを彼の口に流し込んでいた。

「歌いましょう。日本の歌を探してみてください」と私は黒ズボン嬢に指示を出した。このまま飲み続けると、岡田を担いで帰ることになりそうだ。

黒ズボン嬢はしぶしぶ立ち上がり、彼女たちがよく知っている「北国の春」を含め、十数曲の日本の歌を次々と入れていた。音楽が鳴り出すと、岡田は掠れたように歌い始めた。

「今日はあまり楽しくないようですね。別のお客さんがいるのでは？」と私が白嬢に尋ねると、ねえさんたちはお客さんの手が回らないので、あちこちの個室を回っているのがKTVでよくあることだ。

「違いますよ！ただ……もういい、言わないで、私たちも歌いましょう」と白嬢は言って、またやめて、選曲スクリーンの前に立った。私に意見を求めてコーラス曲をいくつか入力した。

岡田が歌い終えると、黒ズボン嬢は大きな拍手をして、またコップを持った。

［相思風雨中］［萍聚］［無言的結末］［オボの出会い］…、私はできる限りのことをして、白嬢と連

続して何曲も歌い、気分がずっとすっきりした感じがした。歌には感情を調節する機能があるとは思わなかった。

感興のあまり、私たちも乾杯の音頭を取った。すぐに黒ズボン嬢はビールをもう一箱注文した。

「どうですか、大丈夫ですか？」と私は心配して岡田に尋ねた。

「関係ないよ、楽しかったよ！」と岡田さんはテンションが上がっていたので、話が弾んでいたようだ。

携帯電話が鳴ったので、私は立ち上がって外に出て、回廊に出た。ここは防音がよくて、個室のドアのガラスから漏れる明かりがなければ、客の存在をほとんど感じない。

2階には私たちの個室の他に二つの個室だけ明かりがついている。商売はあまりうまく行っていないようだ。

電話を受けた後、私は階段を下りてホールに来た。

いつもソファーに座ってお客さんを待機しているKTV嬢はもう誰もいなかった。既にお客さんの相手をしていたかもしれない。突然、黄色サンタナの運転手が戸口に立っていて、スーツを着た人と何か話しているのを見つけた。私が来るのを見て、手を振ってドアを出た。表情がどこか怪しげだ。

「私はまた上の階に上がった。遠くには黒蝶マミが個室の入り口で白嬢に何かを掛け合っているのが見えた。ぼんやりと何か聞こえたのは「酒の瓶」だけだった。

個室に戻ると、ビーフジャーキーやポテトチップスなどのスナック食品がテーブルいっぱいに散らばっていたのが目に付いた。中にはコーヒーカップが幾つか混じっていた。KTV嬢たちはなかなか食欲旺盛で、殆どおもてなしをされて、好きなだけ飲んだり、食べたりして、本当に私たちのような凡人よりずっと幸せだと感心していた。

個室ではいつの間にかダンスミュージックが流れ、岡田と黒ズボン嬢が部屋の一角でゆっくりと体を揺らしていた。

「ママは何て言ったの？」

「私の接客が下手くそや！と言いました」

「私は酒が飲めないのに、彼女はあなたと一緒に飲もうとした」

私の不審な顔を見て、白小妹はまた言い加えた。

「じゃあ、飲みません」

「だめだよ！もともと私の今月の個室のノルマは完成していません、飲まないと……」

白嬢は焦っている顔をしていた。

そう言っていると、黒蝶マミが赤ワインを手にして私の前に飛び出してきた。

「すみません、さっきは忙しくて、お酒を飲む時間がありませんでした」

黒蝶マミは話している間にまた寄って来て、こびへつらうように笑っている。私は無理にお相手したが、口の中がほろ苦くなっただけだった。

「もっと酒を持って来い」黒蝶マミは白嬢に言いつけた。

「やめてえ…」増え続ける空き瓶を見て、私は妙にいらいらして、自分の矜持を維持することができなくなった。

「大丈夫です、ボス。ワインは私が奢ります！」と黒蝶マミは私の手を引っ張って、甘やかしたように言った。

くそ！俺は飲み代が取れないわけじゃない！妙に私は心の中で叫んだ。

岡田さんがトイレに行くので、一緒に出て行った。

「君の付き添いのKTV嬢はあまり親切じゃないよ。君は堅苦しいのか？へへへ」と岡田はからかった。

「ほほほ！あなたのKTV嬢はあなたに興味を持っているのか？」と私は言い返した。

「どうせ彼女は優しいんだよ…あ、いい感じ、いいじゃん」

「気をつけてね、君のあのKTV嬢は本心が分からないんだよ。土地を知らない人だから、何があっても奥さんには話せませんよ」

私と岡田はトイレから出て来て、黒蝶マミがビールを何本か抱えているのに出くわし、何も言わずに駆け抜けた。

個室の中で白嬢と黒ズボン嬢が何かをひそひそ話していたが、私たちが入ってくるのを見て、すぐにバネのように両側に飛んで、私たちの席を譲った。

「サイコロで遊ぼう！」と私たちが煙草ばかり吸っているのを見て、退屈しているかのように黒ズボン嬢は岡田越しに顔を出して勧めた。

その時に気づいたのだが、茶卓の上に黒っぽい小さい缶が4つも出ていて、その中にサイコロが入っているくらいだった。

お嬢さまたちがKTVで酒を勧めたり、扇情的な芸をしたりするのを見聞きしたが、サイコロ遊びもその1つだろうね。今日は体験してみようかと思った。

黒ズボン嬢が説明しながら、白嬢と遊び方を見せてくれた。

双方の小缶にはそれぞれ5個のサイコロがあり、各サイコロには1点から6点までの6つの面がある。双方が各自、サイコロが入っている手持ちの小缶を振って、まず1人が自分のサイコロを隠しながら見てから、サイコロの多い面と相手の同じ面との合計数を推測して言い出す。例えば、「6の目が5個」だとか…これに対して相手が嘘だと言ったら、双方の小缶の蓋を一斉に開けて、数をチェックすることになる。もちろん、言い出す方の数に等しいかそれ以上であれば勝ち、反対の場合は負けとなる。ゲームは、どちらかの一方で嘘を言われるまで、違う面の合計数を言い返したりして続けることができる。勝負のポイントは、虚報と実報の交わりにかかっている。

岡田は楽しそうに黒ズボン嬢と遊び始めた。

「負けたら、飲むんだよ!」と黒ズボン嬢が耳元で絶えず酒を勧める歓声が鳴り響いていた。本当に人を欺く玄人だ。それに対して、こちらの白嬢はぼんやりしていて、しきりに敗退ばかりして、私を連戦連勝させた。

次第に黒ズボン嬢の方は「すっきり」、こちらは「がっくり」になっていく。とうとう四人の戦況が私と黒ズボン嬢の二人「ＰＫ」に繋がった。もちろん私も彼女の手に負えなかった。

時計を見てみると、時間は既に夜中の12時を過ぎていたが、ＫＴＶ嬢たちは相変わらず気分が高く、元気一杯で、夜遊びの主宰者たるに恥じない。

もう終わりだと思った私たちは、「私たちがお勘定とママに伝えて」と、白嬢に合図した。しかし、長い間待っても白嬢が帰ってこないので、私はまた黒ズボン嬢に催促した。

「あら、どうして遊ばないの。奥さんは夜を調べたか？」と黒蝶マミが稲妻のように飛んできて、顔いっぱいに春風が吹いた。白嬢は俯いて後を付いて来た。

「もう遅いから勘定書を持って来て！」と私は黒蝶マミを押しのけた。

「もうちょっと遊ぼう！」と黒蝶マミはまた杯を持って、「なんだ、小妹の顔を立ててよ！」

「聞いたか？私は勘定したい、勘定書を見てみよう！」と私は彼女に付き纏いたくない。

「いいですよ。でも、ＫＴＶ嬢のチップはまず、一人に２００元ずつ渡してください！」と、黒蝶マミが言った。

「先に勘定して、チップは後で渡すから、心配しなくてもいいよ」と、私が言うと、黒蝶マミはなかなか動かないので、何か変なことがあると感じた。

「チップは先に渡すことになっています。長い間お付き合いしてきました！あなたたちはみな地位のある人だというのに、どうしてこんなに潔くしないのか？」

「どこのルールだ?規定はどこか?直ぐに請求書を取ってこい！でないと勘定しないよ！」

私はとてもいらいらしてきた。

「ボス、あなたはどうしてそうですか?!誰に怒るんだ！」

黒蝶マミは、さっきのような気取りが全くなくなって、悪鬼の形相を呈していた。

「あなたが請求書を持ってこないと、お金を払いませんよ。じゃあ、私たちはもう行きます」

私は岡田に立ち上がるように合図した。

「兄貴、チップを先にくれないか?」

黒ズボン嬢もまぜこぜになる。

「黙れ！」と私は思わず怒鳴った。

黒蝶マミが出て行った。暫くして手に紙を持って入って来た。

「割引後はこの金額になります」と彼女は手にしている紙を見せて言った。

「え?7600元?」私は自分の見間違いかと慰問を言った。

「ええ、あなたたちはたくさん消費していますね」と黒蝶マミは言葉を濁した。

「おなら！マネージャーを呼べ！」

怒りがこみ上げて来た私は、怒った。

「これはゆすりだ!110番に通報するよ！」

岡田は勘定書を見て、顔色が悪かった。

「じゃ、マネージャーを呼んできます」と黒蝶マミは怯えてきて、直ぐに走り出した。

「警察はみんな知っているから、もしかしてあなたたちが借金を踏み倒したとは言うでしょう。社長と相談して解決したほうがいいですよ」

白嬢が私に囁いた。

黒いズボンは白い妹の話を聞いたようで、彼女を白い目で見た。

私は一階で見た、洋服に革履を履いた男が、用心棒みたいな男を三、四人連れて一斉に入ってきた。

個室の席には緊張感が漂っていた。

二人のKTV嬢はそっと抜け出した。

「私はマネージャーです。どうしたの?どうして支払わないのですか?」とマネージャーが尋ねた。

「お前らは酷い!いつこんなに消費したの?これは消費者詐欺じゃないか!」

「ねえ、兄さん、気をつけてことを言うんだよ!遊ぶ余裕があるよねぇ…、なんて払う余裕がないのか?」

「そんな大金は使うはずがないよ!」

「あなたはお金を使ったらお金を払わなければなりません。この規則が分からないのですか?」とマネージャーが咎めた。

そのマネージャーは手品をするようにテーブルの下からたくさんの空の酒瓶とコーヒーカップを取り出した。

「個室料金1000元、ビール140本28000元、コーヒー17杯850元、ワイン5本2500元と食品です。帳簿がはっきりしているんです！」とマネージャーは言った。

「いつからこんなにたくさん注文したんだ！」と私はびっくりして呆然とした。

「あなたの友達が注文したのではないでしょうか？」と、マネージャーは岡田を指差した。

私はマネージャーの言葉を岡田さんに伝えた。

「あのKTV嬢はたくさん注文したので、私もよく覚えていません」と岡田は呟いた。

「それも違う！この勘定は私には払えない！」と、ビールを挟む黒蝶マミの姿、黒ズボン嬢の狡猾な眼差しが目に浮かぶ。

「ママさんかKTV嬢を呼んでください！私は検証します！」と、私は自分の言ったことがくだらないことだと分かっていたが、口から出た。

「KTV嬢は仕事が終わって帰った」と、相手は答えた。

私は口を利かず、急速に対策を考えていた。このまま払ってしまうのは悔しい。このブラックなKTV、私はどうしても通報しないといけない！血が混じり合ってくるのを感じながら、携帯電話を取った。

「(警察は)みんなと知り合いなんだよ…」と、白嬢の言葉がまた耳に響き、私は手を止めた。

数人が様子を見ながら蠢いている中、個室の中は突然静まり返った。

突然、岡田が何度か叫んで、静けさを破った。

マネージャーはあっけに取られた。

彼が何を叫んでいるのかを知っているわけではないが、このＫＴＶは遠方から来た客をヒステリックにさせてしまったことをよく知っていた。

「個室席と缶ビールを４割引きにします。チップ込みで５１００元をお願いします」とマネージャーが言った。外国人のお客様がいるため、彼が気を遣っているのかもしれない。

「私たちはコーヒーをそんなにたくさん飲んでいないし、そんなに飲むわけにもいかない」

岡田さんもいらっしゃるので、私は少し配慮し、引き延ばすわけにはいかないと思っていた

「いいよ、コーヒーは４杯引きます。４５５０元になります」

「あの黒ズボン嬢のＫＴＶ嬢はサービスが悪いからチップを渡さないよ」

私は黒ズボン嬢が気になっていた。

合意に達し、しぶしぶ４３５０元を払い、岡田と苦笑いしながら「一線天」を後にした。

………

本当に西湖の美しい景色は天下一だが、江南の西部には凶悪な狼も潜んでいるのだ！

「美しい西湖よ、あなたのたおやかな姿を永遠に保つために、あなたの純潔無垢を守るために、あなたはどんなに人々の同情を必要とし、どんなに人々の保護を必要とするのか」と私は心の底から悲鳴を上げていた。

黒幕に覆われた西湖は依然としてあんなに静かに居座っているが、今の私の心は波打ったりして、

嫌な思いは収まらない…

今夜の私はきっと眠れない。

後書き：

西湖で酷い目に遭った直後、私はあるテレビ番組を見ていた。杭州テレビの007ニュース報道班は、同テレビ局の記者二人が密かに杭州の悪徳KTVに潜入し、自分たちの目で見たことを披露した。その光景は、私が先述した杭州のKTVで騙された経験を描いた「西湖冒険記」と驚くほど似ていて、再び腹を立たせられた。

今回、不運にも同テレビ局が取り上げたのは、「百合花」というホテルのKTVだった。このKTVは、タクシー運転手たちを使って、西湖沿いで客引きをしていたが、客を装った記者が現れることは予想外だった。記者たちがKTVに誘導された後、美しいKTV嬢たちはすぐに愛嬌よく出迎え、客の機嫌をとろうと必死になって親切な顔をしていたが、実は下心に駆られて、無闇な酒類の注文だけで、4000元もの消費を誘発した。

しかし、記者たちは隅に追いやられるような人物ではなかった。彼らはすぐに警察を呼び、意外にも警察は事情を聞いた後、穏やかな表情で店のオーナーに「2000元を払って謝罪し、これ以上追及しない」と言った。私たちはこの二人の記者と異なり、人民警察に強い不信感を抱いていたので、「厄除けに金を使う」という選択を選んだのだ。

昔の人々は「天には天国があり、地には蘇州・杭州がある」という賛美の言葉を語っていた。西湖はその美しい景色と優美な姿で四方八方の観光客を引き付けている。彼らは美しい景色を楽しむと同時に、杭州の風土人情も味わうことができる。もちろん、その中には私たちと同じように、悪徳KTVのカモ狩りの対象になった客もいた。

巧妙とは言えない手口もマンネリ化しているが、悪徳KTVの「詐欺」…正確には「恐喝」がしばしば成功し、強い生命力を保っていることを考えると、深く心配せざるを得ない。記者たちは事前によく心の準備をしていたため、闇金の一部を取り戻すことができたが、悪徳KTVのオーナーはあまり掘り下げられておらず、彼らにとってはただの想定よりも収入が少なかったに過ぎないだけだ。彼らはまた次々と新しい客を狙っていくことだろう。

このようにして、一部の客は次々と騙され続け、架空のカップやKTV嬢のずる賢い目つき、そして凶悪な強者のような男に直面して、大人しく自分の懐を取り出す。もちろん、記者のようにあえて通報する客もいるだろうが、ほとんどの人は静かに受け止めることを選んでいた。その中には、私たちのような海外からの人々も含まれていた。

警察によれば、杭州には同様の悪徳KTVが22軒あるという。隠れた闇店がどれだけあるかはさておき、毎日どれだけの客を騙し、ゆすりまくっているのか、この状況がなぜ長く続くのか、恐喝に該当しているオーナーたちはなぜまだ捕まっていないのかは謎になるのだ。

テレビ局の記者たちは偉い。あれだけ勇気があって、感心した。彼らの今日の報道は私のために、長い間我慢してきた腹いせをたっぷり出してくれたのだ。

こうした悪徳KTVの取り締まりは喫緊の課題だ。世論やメディアの披露だけでは十分ではない。徹底的に取り締まるには、健全な法制を十分に確立する他に、真に公平な法執行の部隊が必要だ。私は前文の中で書いたように、絶え間なく西湖に対する汚染をなくすために、杭州の警察やその他の法執行の人たちに西湖の環境保護に少し苦労していただきたい。

三、情熱的な人妻店員

1、レストランの「今宵」

山下君は内向的で大人しく、頭の切れた30代の日本人駐在員だ。彼は、中国に派遣される前にわずか半年で中国語を勉強したが、中国に着いてからは、辞書を用いて技術資料を読むことができるようになり、日常生活も不自由なく慣れていた。

駐在員の皆さんは、ストレスの解消のために頻繁にKTVに通っているが、山下君は働かずに悠々と借家でビデオを見たり、常熟の虞山や尚湖などの観光地をうろついたりして、自分なりの楽しみ方で暮らしていた。その間、大谷らからしつこくKTVに誘われたこともあったが、一度だけ足を踏み入れてしまい、その騒々しい雰囲気にまったく馴染めず、妖艶なKTV嬢たちの挑発に対処するのも苦手だった。「世間知らずもの、本の虫だ」と散々皮肉されたことがあったが、彼はそれを聞いてもにっこり笑うだけで、まったく気にしなかった。

山下君と何人かの駐在員たちは、虞山飯店に泊まるのではなく、少し離れた世紀苑アパートのメゾネットルームを選んだ。家賃は虞山飯店とあまり変わらないが、ホテルのようなサービスがついていないため、設備も少し不十分なのだ。しかし、彼のように人付き合いが苦手な人たちには向いていた。

山下君は、仕事が終わってから、たまに同僚たちと会食する以外、殆どの時間は部屋で過ごしているが、晩御飯は作らず、彼のアパートからほど近い「今宵」というレストランに行って済ませている。アパートの台所は彼にとってはまったく無用な場所だ。

「今宵」は広いレストランではない。外にはテーブル席が七席か八席しかなく、中には個室が二つある。大広間の壁には田園風景の絵が何枚か飾ってあり、天井には中国式の四角いシャンデリアが二つぶら下がっていて、柔らかな光が人に和やかで温かな感じを与えてくれる。

「今宵」を経営している徐という40代のお女将さんは、大きな目がきらきらと輝いていて、人に対して精力的なメッセージを伝えている。特に人当たりも、内外の切り回しも旨くしているため、市内に位置していない「今宵」は、多くの常連客を取り囲むことが出来ているため、その経営は非常に好調なものだった。

山下君は当然「今宵」の常連客の一人になる。女将さんは彼のシンプルな食べ方に気を配り、わざわざ手頃な夕食コースを決めてくれた。肉料理一つ、野菜炒め一つ、サラダ一つにビール一本とご飯一つで、80元の食事代で済むので、山下君は大満足だった。

彼はここで食事する場合、女将さんや従業員たちと中国語を話したりして、会話力を向上させている。みんなと仲良くなりながら、それなりの楽しさを味わえているようだ。

「今宵」には、「周晩萍」という従業員がいる。彼女の実家は安徽省鳳阳にあるが、村人仲間の紹介で「今宵」で働くようになった。周晩萍は30歳過ぎの既婚の女性で、身長が160㎝前後、ゆったりした作業服は彼女のスタイルをダメージしたようだが、彼女の良く発達した胸や、綺麗な曲線が走る腰と美尻の姿は隠せない。

彼女は毎日「今宵」でこつこつと働いているせいか、顔色も少しやつれていて、化粧もしていない。だが、彼女が本来容姿端麗な美人人妻であることは一見して分かる。恐らく手数を省きたいだろうが、彼女はスポーティな長い髪を結っていて、下顎を中心に垂れ下がった髪の生え際が僅かに反り返って、常に赤みを帯びた楕円形の顔を引き立てていた。その美しい顔立ちと相まって、彼女の全身はセクシー的な魅力を放っている。

山下君はその女性従業員たちと世間話をする時、恥ずかしがり屋のようにあまり相手を直視せず、ユーモアを交えた冗談を言うこともできなかった。彼は何人かの従業員の中で周晩萍に一番好感を持っているが、それを表に出せない。もし一つ偶然の出来事が彼の静かな心を掻き乱さなかったら、彼のこの好感は黙々と彼の心に奥深く氷結されたまま、永遠に明かさないことになるだろう。

2、スープが零れる縁結び

夏のある金曜日の夜、山下君はいつものように「今宵」へ夕飯を食べに行った。今晩は特に人出で混んでいる。「今宵」ロビーの七、八席は満席だ。女将さんは山下君を個室に案内し、周晩萍に料理を運んでくれるように頼んだ。

こんなに大きな丸いテーブルに自分一人だけが座っているので、山下君は少しぎこちない感じがして、早く食べ終わって席を譲ろうと思っていた。焦らずゆっくり食べるようにと女将さんは配慮してくれたが…。

山下君はドア側に座り、壁に描かれた豊作の絵と、麦の穂を抱いた可愛い男の子に見入って、料理を待っていた。すると、隣の椅子に置いているカバンの中に入れていた携帯電話の着信音が鳴り始めた。山下君は慌ててカバンを取りに立ち上がった。周晩萍は料理を一皿持ってテーブルの上に置こうとしていたところ、ちょうど山下君とぶつかって、手にした麻婆豆腐がすぐにテーブルの上に落ち、その料理の汁を山下君のベージュのズボンにこぼしてしまった。周晩萍は驚いて顔色を失った。どうしたらいいのか分からず、慌てて机の上の白いナプキンを手に取って山下君のズボンの汚れを拭き始めた。しかし、拭いても汚れは落ちず、拭けば拭くほど広がって行った。周晩萍は泣きそうな表情になり、山下君に絶対に女将さんに言わないで欲しいと懇願した。そして、山下君に新しいズボンを買って賠償することを提案した。

山下君のズボンは日本で買ったもので、常熟で買えないことはさておき、買えたとしても、周晩萍の収入の大半がかかることになる。山下君はそんなことをする気になれない。自分で処理しよう周晩萍を慰め続けたが、周晩萍からの再三の謝罪に我慢できず、山下君はついに明日ズボンを持って来て、彼女に洗ってもらうと約束して、自分の電話番号を教えた。この騒ぎはこうして山下君の度量のおかげで収まった。

その翌日、山下君はズボンを包んで持って来て周晩萍に渡した。周晩萍は仕事が終わってから家に帰って、丹念に何回も洗った結果、染みがすっかり取れた。

日曜の夕暮れ、空に掛かった夕日は、常熟の街に光を惜しみなく撒いて、街に魅惑な色をまとっていた。常熟の虞山公園の中や、第一デパート傍にあるタイムズスクエア並木のところで、納涼に出てくる人たちが一杯になり、あちこち濃厚な生活の息吹が満ち溢れている。

山下君は周晩萍から電話をもらった。ズボンを綺麗に洗うことが出来たと告げて、持って行くか取りに来るか、彼に意見を求めた。山下君は、彼女が行き帰りに不便ではないかと思って、周晩萍をその場に待たせて、住所を聞いてからタクシーで馳せ付けた。

いよいよ着こうとしたところ、窓越しに、ビニール袋を提げた周晩萍が灰色の建物の前で右往左往しているのが目に入った。

この建物は廃棄された三階立てのオフィスプラザから改造された住宅で、見たところは大分古いが、市街地にあるため、生活が便利だし、賃貸料がわりと安く、週晩の周晩萍などのアルバイト嬢たちを引き付け、毎日40分を費やして、都市バスに乗って通勤してもいいほどだ。

今日の周晩萍は、白地に花柄のついたワンピースを着ていた。ワンピースのVネックから瑞瑞しい真っ白な肌がうっすらと覗かれ、くびれたウエストとぽってりとしたヒップが下半身の美しい曲線を描いて、とてもセクシーな姿が目に飛び込んできた。

山下君の視線は、すばやく周晩萍を見回してから、すぐ彼女の手に持っている袋の方を向いて、「ズボンは洗ったのですね?」と言葉を漏らした。

周晩萍はきらきらとした笑みを浮かべ、袋を持ち上げて「見てよ、私は洗濯が上手なんですよ」と自慢げに言った。

袋を受け取った山下君は、彼女の後ろのマンションを見て、興味津々の目つきをしていた。周晩萍は手を伸ばして後ろを指し、「これは私と李麗の共同借家です。みすぼらしくて、ご案内できるほどの家ではありませんけど…」と丁寧な口調で言った。彼女はこういう言い方で、山下君が気を遣って訪ねるのを止めようと思っていたのだ。

しかし、山下君は愚直に「大丈夫よ」と繰り返しながら家の方へ歩き出した。周晩萍はどうしようもない顔をして、振り向きざまに歩き去り、前を歩く山下君を案内して棟の門をくぐった。

山下君は普段、「今宵」の従業員たちと話したり笑ったりしているが、彼女たちの生活状況は知らないので、今日のこの機会に確かめ、好奇心を満たすことにした。周晩萍は彼のその気持ちを知らず、ただ自分のみすぼらしい部屋を見せたくないので、あまりに嫌がっていた。

二人はそれぞれ思惑を巡らせながら、曲がって左の廊下に入った。周晩萍の家は一階にあった。昼間の廊下も真っ暗で明かりもなく、山下君は外から漏れてくる微弱な光を頼りに、周晩萍の後を手探りで進んでいくしかなかった。

廊下の両側には鍋やフライパンや雑多なものが山のように積まれていて、うっかりするとぶつかってしまう。周晩萍はしきりに山下君に注意していた。二人は長いトンネルを慎重に通り抜けたように見えている。山下君は周晩萍が鍵を取り出してドアを開ける音を聞いて、やっと着いたと分かった。

山下君は周晩萍の後を続いて部屋に入り、上目遣いで見た。正面には鉄条のガードレールが打ち付けられた窓があり、その両側には塗りがまだらになった木のベッドが置かれていて、その上には白い蚊帳が吊るされていた。窓の下には四角いテーブルがあり、その上に食器や箸がいくつか置いてある。両側の木製ベッドの下にはそれぞれいくつかのスーツケースが詰められていた。部屋全体の面積は10㎡ぐらいだった。

周晩萍は机の前に置いてある椅子を引いて、山下君に座ってもらい、自分は蚊帳の隅を開けてベッドに座った。

山下君の目は再びドアの上を向いた。ナイロンの紐が張られ、そこには色とりどりの下着がぶら下がっていた。周晩萍はもともと赤らんだ顔をしていたが、今はすっかり熟したリンゴのように変わって、慌てて下着を引き取りながら、「この李麗は怠け者！いつも服を片付けませんわ」と呟いた。

山下君もなんとなく居心地が悪くなり、部屋には気まずい雰囲気が漂い始めた。

周晩萍はベッドの下からオレンジジュースを一本取り出して山下君に渡した。山下君はそれを受け取って少し飲み、「こんな粗末な家に住むとは思わなかったよ」と嘆いた。

「家を出て働いて、お金を稼ぐのが一番の目的ですから、住まいなんか気にしませんよ…」周晩萍は答えたが、先ほどの赤みはだいぶ消えてしまった。

周晩萍はまた山下君に話し続けた。今日は「今宵」の休日なので、もともと用事はなかった。休みの日も家に居られず、ホームシックになったり、子供が恋しくなったりすると、ますます寂しく感じるから、街をぶらつく方がいい…、時には李麗と一緒だけど、時には一人で行く等々のことだった。

彼女は話している間に悲しい表情が顔に浮かんできたが、その繊細な表情がどこか可愛らしく見えてくる。

周晩萍の話は山下君の心に響いた。自分も故郷を離れて、この辺鄙な町に来て、いつも同じように寂しさを感じていたのではないかと思った。話の中で、周晩萍は5歳の息子をおばあさんの家に預け、自分と夫は出稼ぎに出たということ、夫は広東省中山市の家具工場で大工をしていて、年に一度も滅多に会えないということなどを山下君が初めて知った。

「一生懸命働いて、お金を稼げたら、こんな煩わしいことがなくなるでしょう？」周晩萍は、やっと話の相手を見つけたかのように、大きな目で興奮の光を輝かせていた。山下君も自分のことをざっと紹介してあげた。妻は日本の中学校で国語教師をしており、息子は小学校の5年生だ。

生まれの異なる二人は、いつしか心の距離が近づき、同じ境遇に落ちぶれた人間同士になったように感じていた。山下君の訛り交じりの中国語は、二人のコミュニケーションに支障を来さず、逆に山下君の正直で可愛らしい性格を周晩萍に感じさせた。

外はだんだんと暗くなってきた。廊下から鍋やフライパンを叩く音や料理用のヘラの音が聞こえてきた。二人は全然空腹を感じていなかった。周晩萍はベッドの端に挟まっている小さな電気スタンドのスイッチをひねって入れた。すぐに和やかな光線が彼女の端麗な顔を照らし、その顔がまるで綻び掛けた牡丹の花のように見えて、艶やかで瑞々しく見える。

山下君は目の前の周晩萍をじっと見ていたが、しばらくは気が抜けていた。幸いなことに、部屋中の暗い光線は山下君の気まずさを隠してくれた。周晩萍はまだ山下君の異様な様子に気づいていなかった。

「毎日二点一線で『今宵』から寮に…、誰も可愛がってくれない、とても寂しいわ」

周晩萍はその大きな目を瞬き、明るい瞳の中に光を輝かせ、山下君を見つめていた。彼女の口調には、やや悲しみが滲んでいた。

周晩萍の話も妙に山下君の心をかき立て、思いも彼の日本にあるあの快適な家、素敵な妻、可愛い息子に飛んでいった。山下君は常熟に来てから、もう半年が経った。彼は「今宵」でそれらの従業員と少し言葉を交わした以外、これまで一人の女性とこんなに近い距離で付き合ったことがなく、人に自分の家庭や、自分の郷愁などを話したり表現したりしたこともなかった。

今日の周晩萍は、「今宵」にいた時とは全く別人のようになっていた。彼女は時に悲しくなったり、時に火照ったり、時に沈思したり、時に照れたりしていた。それに対して、山下君はずっと心の底に秘めていた弦を操られ、妙に血行が速くなったような気分までさせられた。

周晩萍は自分が話を終えても、山下君からの返事が聞こえなかったので、いぶかしげに山下君を見つめた。すると、彼は少し口が開いたまま、額に汗が染み出ながら、甘美な表情で自分を見つめ、目の中に何か憧れの色が煌めいている様子が目に映った。その様子に、周晩萍は思わず胸が「ドンドン」と激しく跳ねてきた。

孤独と寂しさに苦しめられた二人の異邦人、こうして目線を合わせながら、お互いに心身の躍動を感じるようになった。やがて目に見えない吸引力が二人の間に働き始め、空気を凝らしていた。

周晩萍はベッドの上に掛けてあったタオルを手に取り、山下君の額の汗を拭こうと引っ張った。山下君は慌ただしく頭を振っていたところ、周晩萍に手を掴まれ、「あなたはなんて鈍感なの？」と咎める口調で言われた。

色目を隠せない周晩萍を見て、山下君は一瞬取り乱して、自ずと周晩萍の腕を掴み返し、ベッドに腰を下ろした。つい二人は抱き締めてしまった。

「ねぇ…、何か悪いことをしているの?なんでヘッドライトを付けないんだよ?」

ドアを開ける音に伴って、金切りのような澄んだ女性の声が伝わって来た。李麗が帰って来たのだ。

周晩萍は、今日は彼女と一緒に街を歩いて食事する約束をやっと思い出した。

周晩萍と山下君の二人は素早く姿勢を直して、体をまっ直ぐに座らせた。

山下君はその恥ずかしさでいたたまれなくなって、敢えて李麗を真正面に見ることが出来なかった。

周晩萍は何事もなかったかのように、「何してたの?ずっと待ってたよ!」と聞き返した。

李麗はこっこっと笑って、二人を引き上げて戸口に向かいながら、「今日は奢ってくれる人がいるのよ」と嬉しそうに言った。

三人で出掛けてタクシーを拾い、李麗が前に座って運転手を方塔街の方向へ誘導して行った。

タクシーは「阿婆蒸し料理屋」と呼ばれるレストランの入り口に止まった。三人は中に入って窓際の四角いテーブルに辿り着いて座った。李麗は早速メニューを取って来て注文し始めた。

北塔公園の入り口に位置するこの「阿婆蒸し料理屋」は、昔の王侯院に匹敵するような古風な内装をしていて、気品を映し出している。店内には、屏風越しに四面に透かし彫りされている四角いテーブルが整然と並んでいて、静けさを感じさせる趣があるところだ。

この料理店のメニューは文字通り、野菜炒めではなく、野菜でも肉でも、すべて鉢に具材を入れて蒸したもので、栄養も味も損なわないと言われている馴染み深い郷土料理なのだ。料理屋はいつも混んでいて、何日か前に予約しないと席がない。李麗が早く予約してくれたから、待たなくて座れた訳だ。

李麗はほうれん草や地鶏など四つの料理以外、バドワイザービールを何本かとつまみを幾つか注文し、周晩萍と山下君の三人でワイワイ食べたり飲んだりし始めた。

山下君は、まださっきの周晩萍とのシーンを振り返りながら、ぼんやりと李麗の乾杯に応じたが、テーブル一杯に出されているご馳走に食欲をそそらず、殆ど箸をつけなかった。

周晩萍と李麗はとても喜んでいた。二人は山下君を引っ張りながらグラスを交わしたりして楽しんでいたが、山下君は受け身になって応対に追い込まれ、料理もあまり食べないうちにビールは腹一杯飲んでしまった。

やがて三人は六本飲み干してしまった。李麗は調子に乗って、またバドワイザーを6本追加注文した。酔っぱらってしまったようだった。

この食事は2時間以上続いた。周晩萍と李麗の二人は飲んでいるうちに頬を真っ赤にして、二枚の桃の花のように時々山下君の目の前で揺れたりして、二人の喋っている嬌態はそよ風のように軽く山下君の頬を撫でたりして、早くも彼を酔わせた。

山下君は、李麗が会計をしようと言ったのを聞いたかのようで立ち上がり、ズボンのポケットから用意して置いた400元を取り出して周晩萍に渡したら、急に頭が重くなって、目の前が揺れてしまい、体がぐにゃぐにゃしながらとうとうコントロールできなくなり、倒れそうになった。幸いにも二人の美女が彼の両腕を掴んで支えてくれた。

3、三人でのベッドシェア

結局、酔っ払った山下君は二人の美女に引っ張られてタクシーに乗った。

世紀苑に着いて、二人の美女はロビーのエレベーターの前で足を止めた。何階に行くか分からなかったのだ。

さすがの李麗は動作が素早かった。彼女は山下君が背負っている小さなカバンを下ろし、中から部屋番号が入っているルームキーを出して、周晩萍と一緒によろよろしている山下君を支えながら、エレベーターに乗って彼の階まで上がり、ドアを開けて部屋に入った。

これは1LDK見たいな間取りの部屋である。入り口の正面は20平米あまりの応接間で、左右の両側にテレビ台、長めのテーブル、曲がりのあるソファーがきちんと並んでいる。ソファーには服が散らばっていた。テーブルの上には何個かのグラスと空き缶があり、グラスの中には酒の浸みが掛かっていた。その奥の窓際には、本棚と机のセットが壁に嵌め込まれ、その上にノートパソコンや紙の山が置かれていた。

居間全体を見渡せば、住人が部屋の片付けが下手で怠け者であることが分かる。

門の左側には台所があり、5、6平米ぐらいの広さがあって、冷蔵庫、電子レンジなども揃っている。台所の調理台やドアの傍にある小さな食卓は鏡のように綺麗であり、使用の痕跡はなかった。

部屋の右側には、七、八段の階段があり、ベッドルームに繋がっているようだ。

二人の女性は辛うじて山下君を寝室まで運んできて、ベッドの上に放り投げた。二人は同時に部屋をスキャンした。

部屋の真ん中には、三人か四人が寝られる大きいベッドが置いてある。ベッドの上には、白い布のカバーに包まれた枕が幾つかあるが、薄い毛布がベッドの両側に垂れ下がったほど掛けられていた。ベッドの片側に組み立て式のタンスがあり、もう一方の片側は浴室に面している。

二人で山下君を支えて、アパートまで運んできたが、やはり女の力には限界がある。80何キロの男にかなりの体力を奪われてしまった二人は息を切らしてベッドに仰向けに倒れて、どうしても動きたくなかった。

こうなって、どのくらいの時間が経ったか分からなかったが、三人はこの広いベッドに一緒に横になって、この一日の疲れを癒していた。

「え…、こんなに遅くなったの？」李麗が先に周晩萍を起こそうとして小声で聞いた。

「もう動きたくないよ！あなた帰るなら帰って…」周晩萍は眠そうに呟いた。

李麗は再び口を聞かず、起きてから浴室に入った。暫くして浴室から「ザーザー」という水の音が聞こえた。

李麗は浴室から上がり、下着を身に着け、脱いだ服をベッドの傍に畳んで、毛布を広げてベッドの左側に横たわり、隣に寝ている周晩萍を肘で軽く突いた。「この時間でタクシーもないから、もう帰れないよ！あなたもシャワーを浴びてね、汗の匂いがするよ」と言った。

周晩萍も起き上がり、辺りを見回した。横の山下君はまだ泥酔状態だ。この男はどうしてこんなに酒に弱いのか分からない。

李麗は髪にシャンプーの香りを漂わせ、ベッドに横たわったまま、目を開けるのも億劫そうに思えた。

こんなに大きいベッドなら、一晩は我慢できるはずだ。そう思いながら周晩萍も浴室に入った。浴室から上がると、脱いだスカートをタンスに掛け、抜き足差し足でベッドの真ん中まで歩いて来て、毛布を捲って山下君に背を向けるようにして、そっと横になった。

この時の周晩萍は、胸がどきどきしてなかなか寝付けない。目の前の李麗にはもう軽いいびきをしていた。この大らかな女は、別人の男のベッドでどうしてこんなにぐっすり眠れるのだろうか？周晩萍は心の中で呟き、眠気さえも失った。

山下君はベッドで服のまま夜中まで寝ていたが、目を覚ますと、のどの渇きを感じて来た。彼は寝返りを打ってふらふらと台所に降り、冷蔵庫を開けて水を一本取り出してごくごく飲んでから、またふらふらとベッドに戻って、パンツ以外の服を全部脱ぎ、毛布を広げて潜った。

しばらく寝ていたが、部屋の温度が少し高く感じたので、エアコンの温度を少し下げようとして山下君が立ち上がった瞬間、突然横に誰かがいるように見えて、冷や汗を掻いた。酒気も一掃された。彼はスタンドランプの明かりを頼りに、傍にいる人を注意深く観察していた。

その人は、耳まで伸びた短い髪が後ろにふわふわと広がり、しっとりとした髪がほのかに香りを放っていた。捲られた毛布の片隅からピンクの肌着が覗かれ、チラチラと胸元が浮き上がったりしている…

山下君は、こんな風景を見て、呆然としたが、ようやく周晩萍、李麗と一緒に「阿香婆蒸し料理屋」で食べたことを思い出した。まさか今は隣に寝ているのは周晩萍なのか？

山下君は飛び出そうな心臓を押さえたまま、しばらくうろたえていたが、枕元の人を起こさないように、気を付けながら横になった。しかし、美女の傍で寝ていては、どんな男でも耐えられるものではないだろう？特に夕食前に周晩萍と過ごした時間は、二人の心の距離を縮めた。長い間周晩萍に対して貯めて来た好感度が今になって怒り狂った火のように立ち上がり、山下君の体を燃やしていた。

しかし、山下君はふと思い付いた。彼女は中国人の人妻であるから、自分が一歩間違えれば、トラブルに巻き込まれかねないんだ。山下君は極力自分を戒めるようにしながら、体の芯から沸き出るような騒ぎに耐え続けようとした。

周晩萍の方も苦しめられている。

彼女はずっと一眠りもせず、横の男の一挙手一投足をよく感知していた。

周晩萍は、この年齢ではちょうど女盛りの時期にあり、長い出稼ぎの生活で、いつも寂しさに悩まされる以外、また頻繁に襲ってくるあの衝動に耐えないといけない状況に置かれている。特に夜が更けると、その悩みと騒動は一層激しくなり、彼女を崩す瀬戸際に追い込まれている。

李麗は彼女より何歳か若いが、まだ彼女ほどではない。二人は同郷であると同時に同僚でもあり、夜は同じ部屋の仲間でもあるので、時々一緒に街をぶらついたり、食事をしたり、雑談をしたりするので少し気晴らしになれる。特に李麗の活発な性格は、周晩萍に喜びをもたらし、悩みも和らげてくれたのだ。

異なる心情を抱えている男女の二人は、大きなベッドに横たわり、夫々自分を抑え付けている。

突然、クスクスと笑っていた声で二人を震わせた。李麗が眠っている間に出した声だったのだ。同じベッドには、自分のよく知っている女の人がもう一人寝ていたのだ！

山下君はやっとそれに気が付いた。

山下君は一層口を噤むようにして、じっと天井を見上げて、ぼんやりしていた。周晩萍はこれまで山下君に背を向けた姿勢を保っていたが、じっとして居られず、心の中はずっと揺れ動いて、剥きだした肩はクーラーに吹かれて少し寒かったが、歯を食いしばって我慢していた。

二人が秘かに自分と張り合っている時、李麗は寝返りを打って周晩萍を押し付けた。周晩萍は無意識に体を横にずらし、寝姿も横向きから仰向けに変わり、右手が山下君の体に当たった。

周晩萍のしっとりとした熟女の手は柔らかいブラシの毛のようで、山下君の心を掻き揚げ、彼に言いようのない心地よさを感じさせたのだ。彼は思わず手を伸ばしてそのブラシを掴み、力一杯握った。周晩萍は手を引こうとしたが、山下君には手を放す気がなかった。彼女は暫く躊躇ってから、従順に5本の指を曲げて山下君の手のひらを押さえた。二人はそのまま5本の指で結ばれていて、どれだけ時間が経ったか分からなかった。

周晩萍は山下君の手を引っ張って自分の腹に押し付けた。彼女は子供を持つ30歳の母親ではあるが、体の手入れが良くて、肌が白雪のように滑らかだけでなく、十分な柔らかさにも富んでいる。

山下君は肌着越しにそっと撫で始め、周晩萍の呼吸を急にさせてしまった。彼女は李麗に迷惑を掛けないように懸命に堪えているが、胸が大きく浮いたり沈んだりして、もともとよく育っていた胸元もピンクの肌着を破り、露わに出ようとした。

山下君はつい手を周晩萍の下腹部に伸ばし始めた。ストッキングとパンティー越しに膨らみのところを撫でていたが、そこに既に愛液が一面に浸み込んでいたことが分かった。彼は掌を広げて周晩萍の両足の間を摩っていたところ、いきなりその両足に挟まれた。

周晩萍は、体が震えながら「うん…うん」と声を上げた。

「どうしてまだ寝ないの…?」

李麗は騒がされたのか、一時呼吸音がぴたりと止み、おぼろげに呟いた。

周晩萍は李麗の寝言らしい声を無視し、ただ息を殺しながら、胸に手を掛け、山下君の手を下にうろつかせようとした。

4、仲間同士の寂しさ

濡れた下着とストッキングが気に食わなかったのか、あるいは何かの衝撃が早く来て欲しいのか、周晩萍は両手で下着のゴムを掴んで下に引き、そのふくよかなお尻を次第に上げて、下着とストッキングを脱いで、足の下に漕ぎ落とした。

彼女の体中は既に火照っており、全身の敏感な部位が焦げるような感覚になっていた。特に、あのジャングルの茂みに隠された秘所には無数の小虫が蠢いているようで、その刺激によって彼女はますますむずむずと感じ、何かを欲しがる虚しさも強く頭に襲ってきた。このような感覚は自分から何年も遠ざかっていたのだが、彼女は、早くある逞しい剛棒の侵入で、自分の中を翻弄してくれることを渇望していた。

周晩萍は懸命に自分の衝動に堪えて来たが、喉の中では「チクチク」という喘ぎ声がして、とても苦しそうに聞こえる。

　パンティーとストッキングの邪魔がなくなり、山下君の手がそのまま周晩萍の股間に滑り込み、既に一面に氾濫する洪水に当てた。山下君の何本かの指は濡れた愛液に塗れたまま、ほつれた秘所の花唇に沿って円を描き始めたが、周晩萍はその動作に応え、細い腰と美尻を絶えず激しく捻った。

　彼女は、もう長いことこの感電のような爽快感を体得しておらず、いままで抑圧されていた欲望は、あっという間に爆発を迎えようとしているのだ。

　周晩萍はもう待ちきれず、両足をしっかりと広げて、山下君の手を取って自分の体に伏せさせ、素早く山下君のパンツを引き離した。この時、既に山下君の立っている熱棒が周晩萍に掴まれてしまい、周晩萍の肉感の良い小さな手の導きの下で、愛液にまみれたゆずいの奥にかなり滑らかに進んだ。直ぐに湧き上がる熱流は山下君の全身を貫き走り、しなやかな体に支えられながら自分を水面上に浮かべ、ふわふわとどこかへ漂っているような快感が伝わってきた。

　周晩萍は、この瞬間全身を貫く心地よさに完全に酔いしれている。情熱の炎が体の芯を下から上まで燃え上がり、その麻痺したようで膨らんだ微妙な快感が全身に押し寄せ、これまでの疲労や不快感と苦痛は一挙に吹き飛ばされて行った。

　山下君は、李麗を起こさないように最初は自分の動きを控えて気を配っていたが、興奮した状態ではもはや我を忘れ、ますます乱れた呼吸になり、一気に半年も蓄えてきた男性ホルモンをあの美しい胴体の中に放出してしまった。

周晩萍は気が遠くなり、山下君のゴールインに応えて、激しく腰を動かさずにはいられなかった。ちょうど海面から巻き上った波は絶え間なく体を打ち、その花唇はしっかりと呑み込まれたものの動きに合わせて、楽しく踊っていた。

エクスタシーに到達した二人とも気付かなかったが、この時の李麗は明らかに二人の喘ぎ声に驚かされた。もしかすると、このような男女の官能的な場面に李麗の平穏な心情を掻き乱されてしまった。周晩萍の快感に満ちたささやきと山下君の激しい喘ぎ声は、李麗の神経を強く刺激していた。彼女は寝返りを打ちながらも、眠ることができず、内なる情熱の火山も噴火寸前だった。

周晩萍と山下君は四つん這いに絡まり、長いこと離れようとしなかった。その横に寝ている李麗も夜明けまで、その美しくて赤い不死鳥の目をじっと開けていた。

朝7時、山下君は早起きして洗面を済ませ、会社へ出かけた。世紀苑のこの住宅の中で、二人の美しい女性はまだベッドの上で仰向けになって、朝寝坊を楽しんでいた。一人は深夜から早朝にかけての激しい仕事で疲れ果てた女性で、もう一人は寝ぼけ眼で情熱を解き放てない女性だった。二人は昼過ぎまで寝ていたが、起きて片付けを済ませ、それぞれ新しい生活を切り開くことを心に決めた。昨夜のことについては何も言わなかった。

山下君は手持ちの仕事を片づけ、夕食に誘われた同僚たちをよそに、「今宵」に焦った。周晩萍との激情の一夜を経験しているため、二人の感情は急速にヒートアップして、一日千秋の思いのような感じがあったほどだ。

山下君は「今宵」の小さなテーブルに座ってから、周晩萍が料理を持ってきてくれた。山下君は周晩萍を見つめていた。もともとすでに紅潮していた彼女の顔は、一層潤いを帯び、興奮の輝きを放っている。細い眉はうっすらと整えられて少し反っており、口紅を塗った唇は熟したサクランボのようにピンク色をしていた。一晩の潤いが周晩萍をまるで生まれ変わらせ、何の疲れも見受けられなかった。山下君はまっすぐなまなざしで周晩萍を見つめたため、彼女はますます顔を赤らめ、大きなリンゴのようになり、「またのちほど」と一言言い残して、さっさとその場を去った。

山下君は食事を済ませて、出掛ける時に李麗に出くわした。まともに彼女の目線に合せることが出来ず、俯いたまま挨拶した。

「あら、山下君は昨夜よく眠れなかったようですね」と李麗は言って、クスクスと笑って奥へ歩いていた。彼女の後ろ姿を見ると、周晩萍よりもやや背が高く、しなやかで腰が細く、尻が丸いタイプの美人だと思った。鳳陽の女性は皆こんなに美しいのだろうか？山下君は初めて女性の艶っぽさに感動した。

世紀苑に帰って、時間はまだ8時になっていない。山下君は居ても立ってもいられなかった。彼は普段周りを散歩したり、分かるようで分からないドラマを見たり、パソコンを開いてインターネットを弄ったりして、時間を潰してから、寝るのだが、今の頭の中ではすべて周晩萍の顔の紅潮、優しい目つきと華奢な白肌、そしてあの激情が揺れ動く呻き声ばかりだった。

山下君はしきりに時計を見ていた。やっと11時になった。軽くドアをノックする音がした。ドアを開けると、ドアの外に立っていた周晩萍は突然よろけて山下君の腕の中に倒れた。ふかふかとした湯気を帯びた体を抱きしめた山下君は、周晩萍の手に持っていた手荷物の袋が地面に落ちてしまったのを見逃して、そのまま周晩萍を抱き上げて階段を上り、ベッドに飛び着いた。

周晩萍も何も言わず、両手で山下君をよぎり、自分のちび口を山下君に向けて、二人は熱烈な口づけを始めた。何時間キスをしたかも分からないし、いつ服を脱いだかも分からなかった。二人は裸で絡まっていて、喜びの叫び声をあげながら、躯体をねじっていた。まるで2頭の発情した野生馬が狂った世界を駆け抜けているように、昨夜の抑圧感を完全に発散しようとした。

こうして、周晩萍は自分の着替えと身回り品を世紀苑に運んできて、毎日仕事が終わってここに帰って、山下君と楽しい二人の世界を楽しむようになった。

偶に「今宵」が休みになると、李麗も遊びに来て、自由市場で好きな肉類や野菜などの食材を買って自分で料理し、酒を飲みながら雑談したりして、同じ故郷離れの日々を過ごしている。

この日、仕事を終えた周晩萍はしょんぼりと世紀苑に帰って来た。

山下君は不思議に何度も聞こうとしたが、話そうとしない様子を見て、口を噤んだ。周晩萍はベッドに横たわる時もいつものように抱きしめるのではなく、体を翻して、「疲れた」とだけ呟いて、動きもしなかった。

山下君は何が起こったのか知らなかったが、「今宵」で嫌なことがあったのかもしれないと思っていた。二人はそのまま一晩中、言葉を失った。

次の日、山下君はいつものように「今宵」に来て、ただ気を配りながら、周晩萍が気付かない時に李麗を呼び出して、周晩萍がなぜ不快なのかと聞いた。李麗は早口で真相を語ってくれた。周晩萍の義母が畑で農作業をしていた時、誤って足の骨を折ってしまい、県の病院に入院してしまったので、5歳になった息子の世話は急にできなくなった。実家では親が体を悪くして孫の面倒も無理だ。

現在、義父一人で病院と家の間を踏ん張っていて、もう耐えられなくなってきている。義父は周晩萍の夫に電話して帰って来いと頼んで、彼女の夫は帰って来たが、数日しか滞在することができず、すぐに出稼ぎ先に戻らないといけないと言った。

こうして、周晩萍が帰って数日の世話をすることに決まったらしい。周晩萍は出てきてまだ一年も経っていないし、帰りの往復交通費を含めると、どうしても数千元かかるので、彼女が帰りたくないのが本心だ。義母が退院するまで、家にいるように夫に強く要求した。今、二人はそのことが原因で喧嘩をしている。

李麗は身振り手振りを交えて説明し、やっと事をはっきりと教えてくれたが、山下君に対して、「絶対に私が言ったことは明かさないで、いずれ彼女から教えてくれるだろうね」と、念を押した。

山下君は承知したが、心の中では考えていた。

こんなに長い付き合いで、山下君は周晩萍を自分の身内だと思っているようだ。どんな用事があっても、彼女はいつも手助けしてくれるし、夜の情熱も彼には堪らないほど満足なものだ。今は自分の女性が困っているから、助けてあげなければならない。山下君は思い立ってまず店に戻り、何事もなかったかのように食事を済ませて、世紀苑に戻った。

今日はお客さんが多くて、周晩萍が世紀苑に着いた時はもう夜12時を過ぎていた。山下君は周晩萍をソファーに呼び、封筒を取り出して手渡した。彼女の家には何の役にも立たないかもしれないが、これだけのお金を持って帰って家のために助けてあげなさい、と伝えた。

周晩萍はもう用事を済ませたからお金は要らないと言って、封筒を押し返した。山下君は顔を真っ赤にして、ふと李麗が自分に話していたことを思い出してしまった。

周晩萍はそれ以上反論せず、沈黙したまま、ベッドに寝た。

山下君は周晩萍を抱き絞めて、「あなたは私の常熟で最も親しい人で、あなたが困っていたら手をこまねいて傍観することができるか？」と言った。この「袖手坐視」という四字熟語はやはり李麗があの頃自分に教えてくれた言葉で、あっという間に彼に活かされてしまったのだ。

周晩萍はしばらく考えてから、「私は夫の顔を見るのが嫌だ！何年も会っていないのに、ただやりたい放題でやられるのが嫌だ」と怒った表情で言った。

山下君は「やられる」とはどういうことなのか呆然として、しばらく言葉に詰まった。

「やられるとはね…」周晩萍はしばらく適当な言葉を見つけられず、手を伸ばして山下君の股間に触り、「こういうことだ！」と恥ずかしそうに言った。山下君は無邪気に笑いながら、明日家に帰るようにと周晩萍に説得した。彼女の家にこれ以上何か間違いが起こってはいけないと思った。

今晩は周晩萍が断らなかった。体を横向きにして、山下君の首に抱きついて口づけをした。二人はいつものパターンに戻った。

翌日の朝、山下君は封筒をテーブルの上に置き、荷物を片付けたらすぐに汽車で帰るようにと、周晩萍に再び念を押した。家のすべてが収まって帰ったら、何をしても安心だ。

周晩萍は山下君からもらった1万元を持って帰った。彼女の今回の里帰りは十日か、一ヶ月かそれ以上かかるかもしれないが、山下君も仕方がない。人生にはいろいろと思う通りにならないものがある。今の彼は自分の照れ隠しをするしかない。

あっという間に十日間が過ぎた。山下君は周晩萍が帰ってくるのをずっと首を長くして待っていたが、どうやって彼女に連絡するか分からず、夕食の時に李麗を捕まえて事情を聞いてみた。

彼女の夫は既に出稼ぎ先の中山市に戻って行った。

「家を出る前に二人はまた喧嘩をしたよ！」

李麗はわざわざ強調の口調で言った。また、周晩萍の義母は退院したが、まだ回復期にあるし、自由に歩けない。医者からは少なくともあと二、三週間かかると言っている。恐らく周晩萍は一ヶ月くらい実家に滞在することになるだろうと、等々の事情を伝えてくれた。

直ぐには周晩萍が戻れないと分かり、山下君はがっくりして、夕食には異例に「洋河大曲」という白い酒を一本頼んで手酌し始めたが、酔いが回ってきそうになっていた。

店が忙しくないので、李麗もやってきて、自分でも酒を一杯入れて山下君と飲んでいた。李麗は元々雰囲気作りが上手なほうで、二人は喋れば喋るほど嬉しくなり、やがて山下君の顔は曇りから晴れに変わってきた。食事中、李麗は頻繁に山下君をからかったり、笑ったりしていた。

二人は「今宵」の閉店まで飲み続けていたが、一本の酒が底をつき、さらにビールも二、三本飲み干してしまった。山下君は思わず酒に耐え切れず、李麗に頼りながらふらふらと「今宵」を出て、世紀苑に向かって歩いていった。

李麗も少し酔っていたが、山下君よりはかなりましのようだった。二人はお互いを支え合いながら、やっと世紀苑に戻った。山下君は部屋に入って、まっすぐトイレに向かい、たくさん吐いた後、振り返って、ぐっと大きなベッドに倒れ込んだ。

李麗は部屋に入ると、喘ぎながらぐったりとベッドに身を投げ、眠りについた。黒くて艶の出る長い髪は枕の両側に散らばっていて、素敵な扇の形を描いており、汗ばんだ薄緑色のシャツを通して、黒いブラが微かに見える。黒いクロップドパンツが程よくウエストを包み、丸い尻がセクシーな曲線を描いている。白い足に中くらいの黒いハイヒールレザーサンダルが履かれていて、細い靴紐がその白い足をより美しく引き立たせている。周晩萍が魅力たっぷりの美人熟女であると言えば、李麗はまったくセクシーでカラフルな魔女なのだ。

山下君は夜中まで寝ていた。目を覚ますと、自分を見つめている清らかな瞳が目の前に映ったので、はっとした。李麗とはスキンシップがなかったが、山下君も李麗には家族のような親近感があり、二人は同じベッド上で何も知らない疎遠感がなかったのだ。

「彼女に会いたかったのかねぇ?」

李麗は手を伸ばして山下君の肩にかけ、そっと尋ねた。

山下君は答えに窮したが、目の前の赤みを帯びた可愛らしい顔を黙って見ていた。

「私も寂しいのよ…」

李麗はそう言いながら、その美脚を山下君の腰に乗せ、山下君の口元に近づけてキスをした。

山下君はちょっと戸惑っていたが、真正面から押し寄せてくる仄かな熱気と曲線の美しい胴体を前にして、もう自分の心の奥底から沸き上がる熱望を抑えることができなくなり、すぐに李麗を抱きしめ、その熱いキスに応えた。

山下君の手は李麗の体をあてもなく撫で始め、弾力のある美しい胴体と熟女の魅力を貪るように満喫し、気分が高まってきた。

しかし、李麗の体の反応はそれほど強くなく、周晩萍の激しい情熱とは全く異なり、まだ完全には状態に入っていないようで、ゆっくりと興奮してくる傾向のようだった。

この時、山下君の欲情は既にとことんまで掻き立てられていて、十数日の苦しさは直ぐに目の前の美しい女性の身体から解放されたいと思っていた。思わずぎこちない手で李麗のシャツとズボンを引っ張っていた。

李麗はまだ相手からの優しい愛撫を待っているようだ。長い間の孤独感は、逆に彼女にゆっくりとこの久しぶりに愛される喜びを味わうことを誘っているが、山下君の身振り手振りは彼の切なさを明らかに伝えてきた。そのため、李麗はゆっくりと起き上がり、上着とズボンを脱ぎ、ベッドの上に仰向けに倒れ、微かに目を閉じて、この遠くから来た自分の好きな客が巻き起こそうとする嵐をじっと待っていた。

柔らかな光の下で、身近にいる李麗のはっきりとした曲線の胴体は一目で分かる。周晩萍よりもその肌は白く、白雪のようにきめ細かく、まるで完璧な彫刻のように見え、セクシーな魅力が全身に透けている。しかし、この時の山下君は、あのしなやかな胴体をゆっくりと鑑賞しながら撫でることができず、体中に広がった猛火が彼の血を沸かせ、自分だけではその欲望を抑えることができなくなってしまった。

山下君は素早く裸になって、あのまだ温存中の美しい胴体に登って、既に逞しく立っている剛棒を握って、力強く彼女の茂った神秘な領地に突入した。

しかし、この時李麗の気分はまだ完全に働かされていなく、その秘所もまだ迎える準備が出来ていなかった。山下君の太い剛棒は、渋く閉じた状態の秘所口に阻まれていた。全身が燃え尽きた山下君はもう何も気にかけられず、立ち続けた太い剛棒を握り締めたまま、秘所の周りをやたらに擦り付けた後、無理矢理にその秘所に突っ込んでいった。

李麗には突然激しい摩擦による灼熱感が下腹部の秘所から伝わってきた。彼女は痛みを抑えて呻き声を飲み込み、必死に我慢しながら、両手で自分の曲げた両足を力一杯に両側に広げるようにして秘所口を最大限に開き、太い棒の強いピストン運動による不快感を和らげようとした。

この時の山下君こそ違和感を覚え始めた。

彼は李麗を見上げた。彼女の眉間にしこりができているのに気付いたのだ。薄い唇は固く閉じており、頬と額にかすかに汗が滲み出ていた。彼女があまり気持ちよくなさそうだったので、山下君は運動の頻度を落とした。しかし、いかんせん太い棒の周りに滑らかさを感じ始めた瞬間、思わず頭の後ろに痺れが襲ってきて、数日も溜まっていたマグマが勢いよく、「ガブガブ」と李麗の秘所の奥まで噴出してしまった。

一方、可哀想にも李麗のようやく喚起されたばかりの快感は、瞬く間に影も形もなく消えてしまった。せっかく火を付けた興奮も湧き上がる熱い泉から凛とした氷河に落ちてしまったように、憮然とした空洞感が全身に広がり、期待通りの快感が得られなかった。

山下君は申し訳なく思っていたが、何と言っていいか分からなかった。むしろ李麗の方がよく理解してくれたようだ。

「大丈夫、大丈夫だよ…!」と李麗はそっと慰めてくれていた。

二人はそれ以上何も話すことがなく、静かに思い思いのまま夢の世界へと入っていった。

5、本妻の到来

それから2週間後、周晩萍はついに常熟に戻った。

その間、山下君はいつものように「今宵」に行き、李麗にも毎日会った。彼女は相変わらずの早口で、山下君と毎日の出来事を話していたが、二人ともその夜のことについて口にしなかった。もしかしたら、山下君は李麗にこのような気まずい経験を二度とさせたくないし、李麗も山下君から無理に自分に迎合されることが好ましくないのかもしれない。とにかく二人は親しい関係を保ちながらも、境界の一線を引き、誰もが踏み込まないようにしている。

周晩萍は故郷に帰る前よりもかなり顔色が暗く、体が痩せてきているようだ。もともと卵のような形の顔がさらに細くなり、顔によく付いていた紅潮もくすんだやつれに取って代わられた。

彼女の話によると、実家に帰った当日、夫からセックスを強要され、山下君のところで得た喜びと心地よさを全く感じられず、何の愛撫もなく、ただ夫の情欲発散の道具とされた。周晩萍がそれを話すと、うっすらと黒丸の付いた目には、きらきらとした涙滴がいくつか転がっていた。

それから数日後、周晩萍は夫の求愛をきっぱりと断った。周晩萍の夫は彼女のところに何の快感も得られず、まだベッドにいる両親と5歳の息子のこともかまわずにして、怒りを抱いたまま早めに中山に戻った。こうして、周晩萍は義母が回復するまで、義父母と息子の世話をした。彼女の夫が持って帰ってきた数千元はとっくに使い切ってしまったが、それよりも自分が持って帰った1万元は、かなりの生活費を賄えるだけでなく、数千元が残り、義母に渡したことで、義母に子供の世話に自信を与え、村の人々も、自分の嫁のことを褒めていた。

周晩萍も黙々と山下君の厚意に感激し、心の方は体よりもとっくに常熟に帰ってしまったのだ。

久しぶりに再会し、周晩萍と山下君は新婚夫婦のように、毎日仕事から帰ってきた最初のことはべッドに入り、縦横無尽に交わり、様々な姿勢で情欲の快楽を極めようとしていた。周晩萍の感激は丸ごと愛欲に変わり、体の反応力は以前よりもさらに高まり、決して劣ることはなかった。山下君は数週間の苦しみを強いられて、今度は存分に解放され、乾いた薪に火がつくようになり、二人ともお互いに相手を深く溶け合わせようと思っていた。

朝から晩までの歓喜は、周晩萍を酷く疲れさせなかったが、逆に彼女の皮膚に光沢と弾力性を戻した。彼女の顔にもリンゴのような紅潮がまた映ってきて、その体もますます優美な姿を呈しているのだ。この変化を目にして、李麗は常に彼女の栄養過剰を皮肉って妬んでいた。

こんな心地よい日々が数か月も過ぎた。周晩萍もいつも食材を買ってきて世紀苑で料理するので、山下君が「今宵」に行く回数はだんだん少なくなった。

週末になると、周晩萍は李麗を呼び、三人で酒を飲んだりする。二人の美人熟女が炒めてくれた料理を食べたり、時には餃子まで作ってくれたりして、山下君の生活はますます潤いを増してきた。

その日、山下君は奥さんから電話を受け取った。学校の休みを使って、一ヶ月間の付き添いをしてあげると言われたのだ。これは、半年ほど前までは願ってもなかったことだが、今となって山下君は却って頭を悩ませている。

周晩萍が世紀苑に引っ越して来てから、李麗は少し安い家を借りた。スペースは一人で住めるくらいの広さしかなかった。周晩萍は自分の衣類や雑品もすべて世紀苑に移していたので、今彼女に自分の居所を空けて欲しいと言うと、到底山下君は口を利けない。

この時、山下君は李麗のことを思い出した。周晩萍が買い物に出掛けた合間に、山下君は「今宵」に来て、忙しい李麗を見付けた。数日会っていない間に、李麗の顔色は少しやつれ、白い首には汗の滴が滲み出ていて、山下君は秘かに愛おしく思っていた。

李麗が会計を済ませたばかりのテーブルを片付けると、山下君はすぐに李麗を呼び出し、自分の妻が間もなく常熟に来ることを伝えた。彼女は、しばらくの間自分の家で周晩萍に我慢してもらうことにしよう直ちに解決策を提案し、山下君を安心させた。

「たったの1ヶ月でしょう?早いものですね」と李麗は山下君を慰めた。そして、彼女は部屋をきれいに掃除し、奥さんが不快に感じないように山下君に注意した。

翌日の夜はちょうど週末だった。周晩萍は仕事を終えて世紀苑に帰宅したが、いつものように山下君と親しく過ごすのではなく、黙って自分の物を整理し始めた。山下君は謝罪の気持ちを伝えようとしながらも、何から始めたらいいのか分からなかった。

周晩萍は自分の服を箪笥から出して一枚ずつ畳んだり、鍋やフライパンを片付けたり、バスルームに並んでいる化粧品を詰めたり、自分用のタオルを引き剥いたりして、自分の使うものを一つずつスーツケースに入れた。

「奥さんを大切にしてください!怒らせないでね」

周晩萍はすっかり片付けてから、ベッドの端に座って、ずっと自分を見ていた山下君に言った。

ピンクの唇を反らして、悲しげに言葉を発している周晩萍を見て、山下君は返事もせず、ただ周晩萍を腕に抱きかかえて、深く口付けした。この夜二人は殆ど一睡もしなかった。陰陽の体が絡み合ったり、渇きの唇が体中を舐めまくったりして、本当にどのように可愛がっていいのか分からないほど愛欲の淵に陥った。

朝起きて、二人は軽く朝食を食べた後、山下君は周晩萍を連れて借り家を探しに出かけた。李麗の部屋は結局まだ二人が入るには窮屈だったため、山下君は周晩萍にもう一つ部屋を借りるつもりだった。何軒か回って見たが、いずれも賃貸期間は最短でも半年であり、さらに家賃は三か月分の前払いとなることがわかった。周晩萍はどうしても賃貸はやめて、数日間だけ李麗と同居することには構わないと言い続けた。

周晩萍の願いを受け入れた山下君は賃貸を諦めたが、彼女を困らせてはいけないと思い、一晩150元で市内バスに便利な旅館チェーン店を見つけ、そこに入居することに決めた。一ヶ月分の宿泊料を一括で前払いし、周晩萍にルームキーを渡した後、彼はようやく安心して彼女を「今宵」に見送った。

夜になり、周晩萍は李麗と一緒に世紀苑にやってきた。

李麗は注意深く部屋を見回り、最後に枕の下で何本かの長い髪の毛を見つけ出し、「おいおい、これを見てみろ！生きたくないか！」と山下君に向かって激しい声で叫んだ。

山下君も周晩萍も非常に恥ずかしかった。もし今夜李麗のチェックがなければ、山下君は自分がどのような運命にさらされるかを知ることはなかっただろう。

二人の女性はもう一度部屋の隅々まで調べて、何も手がかりが残っていないことを再確認してから、荷物を持って世紀苑を後にした。

山下君は会社に車を手配してもらって、浦東空港まで妻子を迎えに行って世紀苑に戻った。

山下君の妻は、適度な体つきで肌がきめ細かく、白い顔に潤んだ大きな目をきらきらと光らせながら、いかにも知的な顔立ちをしていて、女性の中でも上品な存在だと思われている。彼女の髪には綺麗なリボンが結ばれ、さわやかな姿をしており、見るからには家計の得意な奥さんだと分かる。５歳の息子は可愛らしく、部屋の中をぐるぐる走り回ったりして、とても楽しそうだった。

山下君は妻子を連れて、蘇州園林、太湖、周庄、そしてよく知られている沙家浜、尚湖などの観光地を訪れ、杭州にも行って有名な西湖を案内した。また、蘇州と杭州の美味しい料理も楽しんだ。少し疲れていたが、家族と和気あいあいと過ごしていたため、彼はひとまず周晩萍のことを気にしなくなっていた。

もちろん、これらの手配をするには周晩萍の協力が必要であり、李麗も手を貸してくれた。タクシーの手配からホテルの予約、スケジュールの設定まで、山下君としてはかなりの手間を省くことができた。

その間、山下君も妻子を「今宵」の食事にも連れて行った。親切な女将は満面の笑みを浮かべ、毛尖炒め（一種の毛のような細い野菜）と干し筍とベーコンの炒め物、それに初物の上海ガニなど、自分の得意料理を幾つか出してきて、山下君の奥さんをすっかり感心させてしまった。

周晩萍は遠くから見詰めていたが、少し苦しそうで渋い気持ちになった。李麗はおっとりとしていて、しきりにお茶や水を出したりして、山下君の奥さんに非常に好感を持たせていた。

周晩萍が旅館に泊まった後、李麗も移り住んで一緒に暮らすようになった。二人は再び同じルームメイトの状態に戻った。しかし、周晩萍はもはや常熟に来た当初の感覚とはまったく異なっており、すでに味わった仙桃の美味しさの余韻を忘れることができず、次第に夜が更けて静かな時間になると、身体の奥から蠢き続け、騒動を我慢するのに苦しんでいた。彼女にとって、一ヶ月の時間は果てしなく長く、先の見えないものとなっていた。

6、雲と煙が消える

山下君の奥さんのお帰りがいよいよ近づいてきた。

山下君らの手厚い計らいで、その奥さんは食べて飲んで楽しんで、充実した1ヶ月を過ごした。久しぶりに会った夫との温情もまた格別な歓びを感じる。夫の仕事も生活も順調な様子を実感し、山下君の奥さんも安心して満足そうに息子を連れて帰路についた。

周晩萍は李麗の手伝いで荷物を持って世紀苑に戻ってきた。

この別れの1ヶ月間、周晩萍はいつも欲情に耐えられず、自分を苦しめたが、頭の中に浮かぶ山下君の奥さんの美しい姿は彼女を恥じさせ、山下君とのラブアワーも以前ほど積極的ではなくなった。山下君も当然気付いていたが、やはり自分がこんな風に彼女を苦しめたのかと思うと、それほど気にしてはいなかった。

その間に李麗はＫＴＶに行って働くようになった。

山下君は女将さんからこの情報を聞いて驚いた。女将さんの話によると、李麗の同郷の人が彼女を紹介して連れて行ったそうだ。同郷の人は「梦情ナイトクラブ」のホステスになっており、何度も李麗と周晩萍を自分のいる場所に招待した。「今宵」の収入はある程度安定しているし、女将さんも彼女たちをとても親切にしてくれるので、あまりナイトクラブに行く気にはならなかったが、ただ偶然彼女たちの集まりを見て、李麗は強い刺激を受けた。同じように郷里から出稼ぎに出てきたのに、今や彼女たちは頭から足まで宝石で飾られ、桁外れの金持ちになったのが目に付いている。それに比べて、李麗と周晩萍は心細くて、恥ずかしい気持ちになった。

李麗は、山下君と周晩萍との関係を気にしていたため、彼女にも挨拶せずに思い切って「今宵」を辞めてＫＴＶの門を潜った。

今までの週末は、殆ど周晩萍か、李麗との二人は世紀苑で、山下君と一緒に料理を作ったり、街をぶらついたり、湖を周遊したりして、滅多にない自由な時間を楽しめたが、今や、李麗は突然ＫＴＶに足を踏み出し、辛い酒と狂気に満ちている錯乱な世界に陥ってしまう状態となり、以前の三人の生活モードに戻れず、周晩萍は少し落ち込んでいた。これはどうしようもないことだが、山下君も時には李麗の良さを思い出してため息をつくだけだ。

こうして、早くも半年が経過した。山下君は三年の任期を終え、日本本社に戻る準備をしなければならない時期を迎えた。帰途の日までまだ一ヶ月も残っていないのに、山下君はなかなかお別れを言い出せない。この町を去るという話が、毎日一緒にベッドを共にしてきたこの女性の心をどれだけ傷つけるかが、彼にはまだ分からない。いや、分かりたくもないのだ。

週末を迎えた。周晩萍はいつものように遅く帰ってきた。山下君は、大谷、高博士ら会社の同僚たちの送別会に参加した後、ふらふらと世紀苑に帰ってきた。彼は心が火照っているのを感じて客間の窓を開けてぼんやりと眺めていた。

春節が近づいている常熟で、窓の外には未だに多くの車が通行している。偶に鳴るクラクションの音が夜の静けさを破っている。世紀大通りの両側には並木があり、その枯れ葉が寒い夜風の中で震えながら散っていく。山下君にとってこの夜は長く感じられ、明日の天気が曇りなのか晴れなのか分からない。

山下君は、かつての喜びがこの無情な時間に飲み込まれてしまったかのように感じている。すべてがこの瞬間で凝り固まったようだが、回想のスイッチだけが、この小町の夜の静けさによってオンにされ、周晩萍との日々が再びはっきりと目の前に浮かんできた。二人はやがて遠く離れ、その情熱も肌を刺すような寒風と共に、幻の雲と煙に化して消え去り、山下君が三年間を過ごしたこの土地の上空に消えてしまうのだ。

山下君はあれこれ考えたが、周晩萍が帰ってきたとは知らず、今は彼の後ろに立っている。

周晩萍は「えっ……」と言って、山下君を呆然とした考えから呼び返った。彼は振り向いてみると、周晩萍は以前のように清々しくなく、美しい顔にいつもの赤みが少なくなり、少しずつ心配事があるように思える。もしかすると、彼女は既に自分が去ることを知っていたのだろうか？

山下君は周晩萍を見詰めていて、自分が日本帰任のことを口に出して伝えようとしたが、彼女の憂鬱な目線にぶつかり、びっくりして言葉を詰まらせてしまった。まあ、彼女がもう知っているからには言わなくてもいいかな…。

「あの…えっ」

山下君が言うのを躊躇っているところ、周晩萍が先に口を開いた。

「私は妊娠していたの」

周晩萍はちょっと立ち止まってから言い続けた。

「!!」山下君は頭皮がぱっとした。頭の中は煮立った湯のようにぶくぶくと泡が出てきて、どうしたらいいのか呆然としていた。妊娠は女性と家族にとってどんな意味を持つのだろうか？ましてや、自分が去る直前にこんなことがあっては、なおさら彼は途方に暮れていた。彼は考えようとすることすらできなくなった。

周晩萍は山下君がおどおどしている様子を見ながら、「もともと私は環（避妊子宮環）を付けていたのに、どういうことか分からないけど…、落ちたかもしれない…やはり、あった」と説明した。

山下君は周晩萍から聞いたことがある。中国では産児制限が行われていて、一家庭に一人の子供しか産めない。中国の農村部で子供を産んだ女性は、避妊リングを着用させられるのが最も一般的な方法だ。しかし、今のところ、周晩萍では、その避妊リングは本来の役割を果たしていないのだ。

この場合、山下君はもう周晩萍に別れを告げることができない。彼は自分が何をするべきか知らない。ただ彼女の夫に知られたら、下手すると家庭崩壊の結果を招いてしまう危険性を痛感している。今更後悔しても仕方がないが、どうするかはやはり周晩萍次第だ。

「もう怒らないでねえ…。私も手術するしかない。暫くは仕事に行くことも洗濯物もご飯を作ることもできないけど…勘弁してねえ」

周晩萍は明らかにもうしっかり考えたのだ。幸いながら春節までまだ半月の時間があるので、中絶手術をしてから家に帰るまでまだ間に合う。

このようなことがあっても、愛する女は自分と泣き叫ぶこともなく、自分を脅迫するつもりもない。山下君は凄く感動した。自分の周りでは、やむを得ず大金を出したり、離婚に追い込まれたりして騒いでいる人の話も聞いていたからだ。

二人とも思いがけないことを抱えていたので、それ以上は口を利かなかった。

山下君は早く目を覚ました。周晩萍に、ちょっと出かけようと声をかけた。周晩萍は一晩中よく眠れなかったが、朝眠気が来て、寝ぼけまなこで一言返事をして、また寝てしまった。

山下君は世紀苑階下の中国銀行ＡＴＭの前に来て、現地給料を支給するために会社から日本側の従業員に渡された銀行カードを取り出して、残高を調べた。４万９０００元余りのお金があり、すべて下ろして、それに自分が残した生活費を足して５万元の現金を集めた。こうなると、日本に帰る前に自分のポケットに数百元しか残っていないことになり、生活費を切り詰めて残りの日を送るしかないのだ。

山下君が周晩萍の前にお金を渡した時、彼女はやはりびっくりした。山下君に手術代を取ってもらおうかと迷ったが、今は手術費だけでなく、お正月の帰省代まであるかのように思っていた。周晩萍は山下君に感激の気持ちで一杯だったし、また、手術のために、山下君と情事を楽しめないのが申し訳ないと思っていた。

病院の予約や手術の手配など、山下君は何も知らなかった。すべては周晩萍が李麗の付き添いで済ませた。手術が終わると、周晩平は荷物を持って李麗の新しく借りた家に行き、数日間の静養の後に再会する約束をした。しかし、その後、二人は全く異なる世界に隔てられ、いつ再会できるのか分からなくなるのだ。

とうとう山下君の出発の日が訪れた。李麗の家にいる周晩萍は近いうちに帰ってくるかもしれないと思っていたが、山下君は周晩萍の悲しそうな顔を見ることが耐えられず、彼女の傷口に塩を振りかけたくもなかった。結局、山下君は黙って他の同僚と共に浦東空港に駆けつけ、大阪行きの便に乗り込んだ。空へ飛んでいく瞬間、彼はここ数年の苦い生活といつもリンゴのような紅潮のついた顔、情熱に満ちた若い人妻をこの江南の小町に置いて行ったのだ…。

四、総経理の苦悩

1、プライドへの傷つけ

２００７年ある日の昼、汪さん達は寧波公司の大西総経理と一緒に安徽省から来た唐総経理をもてなした。場所は北崙で最も豪華な「老板娘（女将さん）大酒店」だ。

このレストランは他の寧波のレストランと同じように一階のホールで注文する。このホールには魚介類、野菜、鶏と鴨など何でも置いてあり、品揃えが豊富だ。汪さんは内陸から来た唐さんを連れて一周して見晴らしをよくしてもらってから注文しよう思っていたが、まさか大西総経理が熱意を寄せて来て、ぜひとも唐総経理みずから注文をしてもらった。

一般の客はホストがどのような予算、考えを知らず、殆どはホストに任せるのが普通だ。大西総経理がこう指名したので、唐総経理にはたいへん気まずい思いをさせてしまった。注文を断るのがよくないし、注文しても、安過ぎたら自分の身分には合わないし、高過ぎたらホストにも悪いイメージを与えてしまう。汪さんはそれを見て、大西総経理に注文をやめて、早く客を席までつれて行くように、とアドバイスしてあげたが、意外にも大西総経理は自分の考えに固執して、自分の接客は上手いと思っていた。結局、大西総経理のご好意には応えざるを得なくなり、唐総経理は適当に魚の頭煮込みを注文してから、電話に出る振りをして、ロビーの方へぶらぶら歩いて行った。

こちら大西総経理は何も知らずに、大忙しくなり、「シーフード、シーフード」とばかり叫びながら指差したり、汪さん達を押しのけたりして、最後に自分の好みに合ったような料理を注文してやっと終えたところだったが、また興味が尽きず、寧波人の好物である塩漬けの生蟹をメニューに入れた。内陸から来た唐総経理もきっと気に入るだろうと信じていた。

大西総経理は生まれつきから辛いものが苦手な訳で、客をもてなす度に辛い料理とは殆ど絶縁している。今日唐総経理が注文した魚の頭は正に唐辛子の小刻みで一面に覆われる辛い料理だ。これは今日の大西総経理の接客術のお陰で、悪いことはいいことになって、辛い料理好きな汪たちは喜んでいた。

「阿拉十年」（紹興酒）を二本注文したが、何度か乾杯が回っても料理は減らない。

大西総経理は絶えず、寧波の海鮮は美味しい、美味しいと勧めたが、唐総経理は姿勢を崩さず、ほんの少し箸を動かしただけだった。どうもこの大西総経理が自分で注文した魚介類は彼の大好物ではなかったらしい。

汪さんなど同じ内陸から来た人は当然唐総経理のお好みを知っている。その塩辛くて生臭いカニ、小さくて砕けたカワセミの種、清くて薄い蒸し魚は唐総経理にとっては蝋を噛むのと同じ味かもしれない。

どうにか宴会を終わらせて勘定を済ませる。みんなが席を立つ時、大西総経理はまた驚かせるような決定を下した。誰もが見向きもしていない塩漬け蟹を持ち帰りにパックしてもらって、総務の呉さんたちに渡して食べてもらうと言ったのだ。

大西総経理は得意げに、「中国人は食事の後にパックして持ち帰るのが普通だ。寧波の人は塩漬けのカニが好きで、本当に一挙両得だ」と唐総経理に話した。

その唐総経理は泣いても笑ってもいられなかったが、やはり大西総経理は中国通だと褒めた。実は唐総経理たちはよく分かっていたのだ。持ち帰りのパックは本当に友達や家族との会食でよくあることで、こんな交際接待の場で持ち帰ろうとすると、どうしてもお客さんから品のないように思われるし、それに呉さんがその好意を受け入れてくれるかどうかも分からない。

大西総経理は、汪さん達が困った顔をしているのを見て、メンツが立たず、一層力強く「お持ち帰り」と叫んだ。総経理の鶴の一声で、汪さん達は総経理の意のままに、店員にパックしてもらっていたが、こんなこと、恥ずかしいのかと心の中で呟いた。

唐総経理を送ってから、会社に帰った汪さん達は呉さんに塩漬け蟹を手渡し、大西総経理の好意だと説明した。呉さんはまったく見向きもせずに、ひと言で彼の口を封じた。

「私は人の食べ残しは絶対に食べないよ」

こんなことになった以上、事務所の雰囲気を変えなくてはならず、汪さんは急いで清掃員のおばさんを呼んで持ち帰りのパックを処分してもらった。

この大西総経理は中国に何年も居たからといって、実は中国のことも生半可に知らず、自分で中国通だと思いながら人を欺くことになってしまい、早晩大きな笑い話を作るのではないだろうかと汪さんはちょっと心配していた。

2、会社内での大暴れ

会社の日本人駐在員たちは中国に来る前に、異国の人は異国の土地に踏み込んで、生活を始めた時に、風土に合わないため、より慎重に適応するように心掛け、できるだけ早く現地の環境に溶け込んで、会社に迷惑をかけないようにしないといけないと言われている。しかし、大西総経理はそこまでは気を払わなかったようだ。

その日、寧波の会社で仕事を終えた汪さんは、家に帰ろうとパソコンを片付けていたところ、突然大きな叫び声が聞こえて、周りを見ると、見慣れた姿が彼女の前に現れた。それは会社の大西総経理だった。

彼女は大西総経理が日本本社で三十年以上も営業をして来たベテラン社員であることを知っており、今度はこの高度発展の町に派遣されて、日本の大部隊から離れ、まるで鳥が籠から脱出して来たように興奮しているように思われている。

大西総経理は日頃、ローカル従業員に対して親切でなく、粗暴な態度を取っているので、危ないことに、既に一部の従業員から恨みを買われていた。

「直ぐに電話して!電話して!バッカ!」

この時、大西総経理は怒りを露わにして、こう叫んだ。

汪さんは途方に暮れて尋ねようとしたが、大西総経理に誘導されてドアの外へ出ていくと、大西総経理はガラス張りの壁を指さしてから、咎めた。「見てごらん、こんなに多く大きな穴を開けたままで放置して、人影もないって、クビ！クビ！」

汪さんが指差しの方へ眺めて見たら、ガラス張りの壁を修理している人たちが、ガラスが取り除かれた窓に新しいガラスを取り付けていなかったので、外壁一面に黒っぽい穴が幾つか開いていたのだ。業者の何人かが道具を片付け、立ち去ろうとしている。孫総務部長の不注意に違いないが、どうしてこんなミスを犯したのか、そもそもこの人は気に入らないと大西総経理が思っていたのに、汪さんは密かに孫部長のことを心配し始め、携帯電話を取り出して帰宅途中の孫部長に電話をかけ、大変なことになったから、戻ってきたほうがいいと伝えた。

「おい！電話して！直ぐ戻れ、明日クビ！クビ！」

ちょうど通話の最中、庭でぐるぐる回っていた大西総経理がまた大声で命令した。この時の大西総経理は汪さんの目には、もう勢いを張っているライオンのように映っていた。

大西総経理の顔は夕日に照らされて青く光っていた。汪さんは震えながら再び携帯電話を手に取り、孫部長に直ぐ戻るよう促した。

時間は19時近くになったが、いつもは17時半に早く退社する大西総経理は少しも車に乗る気配がなく、孫部長が来なければ立ち去らないほどの態勢だった。

「どうしてまだ来ないの！彼女に何時に着くか聞いて、早く電話しなさい！」

5分も経たない内に大西総経理がまた叱責した。

汪さんは孫部長が移動中で困っているに違いないと分かっていた。そうでなかったら、とっくに到着するのだ、携帯電話を掛けても無駄だ。だが、大西総経理の絶え間ない命令に業を煮やした彼女は、慌てて大西総経理の意向を伝えると同時に、その意気消沈ぶりを告げた。孫部長は後5分で着くと言った。大西総経理は少し落ち着きを取り戻し、タバコを取り出して、ゆっくりと建物の中へ入って行った。10分を回ったが、孫部長はまだ到着しない。業者達は家に帰るために道具を片付けていた。業者達が行ってしまったら、汪さんも命を落としてしまう。そう思うと、汪さんは急いで、孫部長が到着してから解決方法を相談できるように、もう少し待って欲しいと業者達に頼んだ。

大西総経理が出て来た。孫が来ていないのに気付いて、今度は自分で電話を取って掛けた。日本語のままでしきりに言った。

「孫さんはいつ到着するか聞いてみてください」

汪さんはやっと分かった、それは通訳の張君に話をしているのだ。

「なに…?孫が来ないか?お前どう孫に言ったのかい?」

大西総経理は顔を真っ赤にして、汪さんに向かって怒鳴り付けた。

汪さんは無罪の顔をしていたが、ついにどうしようもなく、何もできなく、説明も付かなくなった。

汪さんはこそこそしながらも答えようともしない。

大西総経理はまた庭をうろうろしていた。汪さんにまた怒ろうとしたが、暖簾を打ったようで、気が気でなかった。少し困った様子で、ただ通訳の張君の携帯電話に電話を掛け続けた。ところが、相手はあっさり電話の電源も切ってしまった。

ジレンマに陥っていくところ、孫部長が青白い顔をして玄関から駆け寄って来た。

「なぜあなたは張さんに来ないと言っていたのか、そのお蔭で私はまた酷い目にあったよ」

汪さんは直ちに彼女を迎えながら尋ねた。

「うんざりするんだ。どうせあなたに言うわけじゃない」

孫部長は喘ぎながら説明し、直ぐに業者達のところへ相談に行ったが、大西総経理には何の挨拶もしなかった。これ以上何も言えないかもしれない。

業者達は孫部長の調整の下、ガラスを取り付けてから帰ることに同意し、事は解決した。

汪さんは孫部長に、大西総経理のところへ行って報告するついでに、反省するように勧めたが、大西総経理はもう建物の中に戻っていた。

総経理室では、大西総経理は却って気が抜けたが、口振りはやはり頑なだった。

「クビだ！」

「バカ！」

「最低！」

孫部長は汪さんにアドバイスされた通り何も言わず、耳を澄まして拝聴しただけだ。

大西総経理が引き起こした嵐はようやく収まった。大西総経理は待ちに待っていた乗用車に乗り込み、帰宅した。もう20時過ぎだった。大西総経理の退社は過去最も遅く、最も総経理の職責履行となった。

「ほんとうに死んで欲しい！」

孫部長は疲れ果てた様子で走っていった自動車を眺めながら、小声で呟いた。

孫部長に間違いがあったとはいえ、会社のトップとして、なぜこんなに虚勢を張って怒っているのか、汪さんには分からない。大西総経理は、普段から現地従業員を軽視し、愛情に欠けていたようだ。今回のことはただ氷山の一角に過ぎないと汪さんはぞっとした。

後書き

ガラス窓事件から数ヶ月後、孫部長は大西総経理に辞表を提出し、泣き寝入りしていた寧波での会社生活に終止符を打った。

大西総経理も一年後に帰国し、定年退職して天寿を全うした。ご本人もあの暗い寧波の会社生活から解放されただろう。

五、マミ（ママさん）の誘惑

呼び水

海外駐在員は、余暇を過ごすためにゴルフや旅行などに出かけることが多い。しかし、条件や時間などの制約もあり、頻度はそれほど高くないようだ。一方、夜のストレスを紛らわすために、ＫＴＶ

やバーに遊びに行く人も少なくない。

駐在員たちは中国に駐在した数年の間、殆どよく知っているKTVの常連になり、KTVにお金をまき散らすと同時に、愛情も収穫し、結婚までされた僅かな例を除けば、異国の地で情欲を楽しんだり、ストレスを発散したりした人が殆どだが、個々の体験は様々だった。

KTVと言えば、大抵「マミ」（ママさんのこと）という言葉を連想することになる。

マミたちはKTVの主役として、絶対に見逃せない存在なのだ。

彼女たちが居なければ、KTV嬢とお客さんには有効なコミュニケーションのルートが欠けてしまうのだ。彼女たちはKTV嬢たちに収入を作り、お客さんのストレスを解消し、お互いの紛争を鎮め、みんなに喜びを与えてくれるとともに、KTV嬢とお客さんの間を取り持って、掛替えのない潤滑剤と橋渡しの役割を担うことになる。マミたちが存在するからこそ、駐在員を含むお客さんたちは懐を空っぽにしても、喜んでいると言えよう。

高博士も初期の会社駐在員の一人だった。彼は大連で生まれた、典型的な北方の男性だ。体格は180cmに近く、まっすぐな体つきで、金メッキフレームの近視メガネをかけ、いつもスーツと革靴を身に着けていた。彼は人当たりが温厚で上品な紳士の印象を与える人だった。

彼は若くして日本へ留学し、最終的には関西の名門校で博士課程を修了した。高博士は常に勉強熱心な学生であり、会社に入ってからも熱心な社員となった。彼の妻は保険会社の職員であり、可愛らしい4歳の娘がおり、3人での生活は気楽で楽しいものだった。

突然、快適な家を離れ、妻と娘と離れなければならないことは、高博士にとって大きな挑戦だったが、この小さな町に足を踏み入れてからは、すぐに他の駐在員たちに倣ってＫＴＶの楽しみ方を覚え、最終的にはマミ王婕の虜になった。

こうして、高博士とマミ王婕との関係は、高博士が日本本部に戻るまで続いた。しかし、この間に燃え上がった愛情や怒りなどの葛藤は、現実社会の闇に飲み込まれ、ただの苦い思い出となった。

1、服屋店長に変身するマミ

時は十数年前に遡る。

高博士は日本の本社に帰って会議に参加してから、休まずにすぐ常熟に帰った。彼は自分の小さい娘ともよく親しまなかったことで、妻子に腹一杯の恨みを残してしまった。

この日、何か気になった高博士は、同僚と夕食を済ませてホテルに帰っている途中だったが、用事を口実に分かれ、一人で珠江路のアパレル街に抜け出した。

この時間の常熟は、街灯が付けられたばかりであり、人の流れがざわついていた。

この通りには様々な洋服店が軒を連ねて目も当てられず、遠くから商売の掛け声が伝わって来ており、一層賑やかな雰囲気を増している。

高博士は一生懸命目を丸くして捜していたが、最後に新しく開店したらしい衣料品店の前に目を留めた。そこに灰色のスーツを着た、あか抜けた30代の女性が、青いハンチング帽を被っている男性に指図してぎっしり詰まった大きな袋を幾つか運ばせていた。

その見慣れた美しい顔つきを見て、高博士の胸にはさざなみが立った。彼女こそは毎日懐かしく思っている王婕（ワンジェイ）なのだ。

王婕も高博士に気が付き、彼の方に向かって照れくさそうににっこりと笑って、挨拶をした。

「開店したばかりなの…？」

高博士はいささか躊躇いながら尋ねた。

「うん、そうだね。やっとのことで忙しい仕事が終わった！今日は杭州へ品物を買いに行って来たわ」

王婕は答えながら、ドアの上に指さした。

「看板がかかったばかりだよ！」

高博士が指さした方向を見上げると、「夢婕衣料品」と刻まれた濃い紫色の看板が店のドアの上に掛かっていて、街灯に照らされて金色の大きな文字が光っていたのが目に付いた。

「ああ…、じゃあ…、紅磨坊はもう行かないのかね？」

高博士は少しどきどきしながら尋ねたが、口調にどもりがあった。

「うん！あんたの言うとおりに、行かないわ！あんたも行くなよ…」

王婕と高博士が楽しそうに会話を交わしているところ、ハンチング帽の男が店から出てきた。男の顔色が曇り、横目で高博士を流し目にしながら大きな袋を取り上げ、力一杯「パチ！パチ！」と叩いた。そして大声で「仕事だ！仕事だ！」と言い残し、袋を担いで店に入った。

王婕はハンチング帽の男の後ろ姿に向かって、「お前よ、仕事をしっかりやれ！いい加減にしなさいよ」と叱った。

この二人の会話から、高博士は間違いなく張紅たちが言っている王婕の「軟飯を食べている」（女を頼りにする男）旦那であることが分かった。

一瞬、空気の中に異様な雰囲気が漂い始め、思わぬ不快感が高博士の体中に広がった。

「先に帰ってください！暇ができたら行きますから」

王婕は高博士の様子がおかしくなったのを見て、にこにこしながら穏やかな口調で慰めた。

二人はいつもの暗黙の了解で心を通わせたので、高博士はだいぶ機嫌が良くなった。

しかし、やはりこの危険な場所にこれ以上じっとしていられなくなり、高博士は王婕に手を振って名残惜しそうな顔をしながら、「梦婕衣料品」を後にした。

実は今日、高博士は王婕との「出会い」を作って、自分の目で彼女がＫＴＶから離れて素直に商売をする約束を検証したいのだ。

なお、「紅磨坊」は昔よく知られた人気ＫＴＶで、王婕はそこのマミだったのだ。

当初のこの約束は、高博士が５万元の代償で手に入れたものだった。これは決して少ない額ではない。高博士がこれくらい腹を割ったのは、王婕をこれからＫＴＶから離れて商売に専念させたいからだ。このように断ち切ることにより、自分を狂わせる会社のボスたちとの曖昧な付き合いを防ぐことができる。ただし、「軟飯食い」（妻を頼りにする男）の旦那は除外とする。

高博士は、今やっと数日間心配していた心を安らげた。

高博士と王婕の関係は、男女間の純情のように見えるが、実際はマミと客の間の別種の取引に過ぎない。高博士はその中に溺れてなかなか抜け出すことができなかった。

今に至るまでの経緯を振り返ると、数年前高博士が常熟に駐在したばかりの頃のエピソードを思い出せる。

2、初対面のマミ

王婕は情熱に溢れる八方美人で、ＫＴＶのマミたちの典型的な代表なのだ。最初に知り合ったマミは、当初高博士らが一緒に常熟の夜生活を試みて、紅磨坊に行った際に出会った王婕だった。意外にも高博士は王婕に一目惚れしたが、王婕はいつも付かず離れずの態度を取っていた。

プロジェクトが承認され、一糸乱れぬ工事が進められ、会社が徐々に軌道に乗ってくる頃だった。先述の「ＫＴＶ嬢」の章で述べたように、会社に駐在する幹部や技術者の大部分は中国に来るのが初めてであり、日本を長期的に離れるのも初めての人もいる。彼らにとって、突然異国の地での生活に強いられ、自分の手に負えず、言葉も通じないという最大の壁に加えて、誰もが経験したことのないストレスに直面している。昼間は仕事に追われてあまり強く感じないかもしれないが、仕事が終わったり休日になったりするとその退屈感が圧し掛かってくる。そのようなときは、ＫＴＶで時間を潰したり、刺激を求めたりすることもストレス発散の良い選択になる。

20世紀初頭の常熟には、それまで日本人が長期的に滞在することはなかったため、上海のような日本式のバーも存在せず、いくつかのＫＴＶには日本語が通じる女性もいなかった。このような状況になると、高博士は無意識のうちに「ガイドさん」として夜の生活に関わり、駐在員たちをＫＴＶに連れて行くようになった。虞山ホテルの一階にある「梦情ナイトクラブ」と、もう一つの高級なＫＴＶである「紅磨坊」は、自然な流れでみんなの注目を浴びる存在となった。

ある夏の日、仕事が終わった後、大谷部長や三原君などの数人に加えて、高博士と一緒に「王四酒家」に行き、おなかいっぱいになった後、タクシーで「紅磨坊」に向かった。

「紅磨坊」は虞城グランドホテルに所在している。

虞城グランドホテルは、高博士たちが住んでいる虞山ホテルに次ぐ好立地に建てられ、方塔通りの東側に位置しており、歩行者天国や商店街などに隣接する賑やかな場所だ。

虞城グランドホテルがある虞城北路にタクシーが入ると、遠くから「紅磨坊」という大きな文字がネオンできらきらと輝き、妖艶な少女たちが華やかに踊っているように見える。ネオンの下では、夜遊びに刺激を求める男女が、互いに取り囲んで出入りして、人気をアピールしている。

紅磨坊はホテルの一階全体を占めており、約20個の個室が設けてある。内装は西洋風でもなく、中国風でもないが、少し豪華な印象を受けている。

まず、高博士たちを迎えたのは、ＫＴＶ屋のマネージャー張だった。丁寧に渡された名刺を受け取って初めて、彼が虞城グランドホテルの総支配人でもあることが分かった。40代くらいのマネージャー張は、やせた顔に金メッキフレームの眼鏡をかけ、頭髪をきちんと分けており、青いスーツが彼の温厚さを引き立てていて、娯楽世界に紛れた大物とは思えなかった。後で知ったのだが、マネージャー張は、常熟の裏表にはかなり顔が広いとのことだ。

マネージャー張は、高博士ら一行を海外から来た大切な客として非常に大事にし、自ら高博士らを一番奥の広い個室に案内した。初めての訪問であるため、値引き後の５８０元とバドワイザー２ダースをプレゼントしてくれた。高博士が大谷部長らに説明すると、皆は感動して涙を流すほど、マネージャー張を個室から見送った。

しばらくして、誰かが個室のドアをノックした。高博士がドアを開けると、薄灰色のスーツと短いスカートを身に着けていた女性が軽やかな足取りで入ってきた。彼女は中央のソファーに座っている大谷部長の前に立ち、柔らかい南方訛りを交えた標準語で自己紹介した。

「ようこそいらっしゃいました！私は王婕です。ここのマネージャーです」

高博士は個室のスポットライトをつけた。明るい光を頼りに、高博士はじっくりと王婕を見詰め始め、マミが小柄な南方の美女であることがわかった。

彼女の頭上の茶褐色に染められた長い髪は高い美人髷（まげ）に結っており、精巧な丸い顔には細い眉が少し反り返り、深い淵のような瞳が清らかな水を透き通っている。スリムスーツの襟開きからは、白雪のようにみずみずしい肌が覗かれ、プラチナのネックレスが白雪肌の上できらきらと光っている。

王婕の挨拶に合わせて開いている小さな口とスーツ越しにチラリと現れる胸の谷間に心を奪われて

しまっていた高博士は、口を大きく開けたまま、じっと王婕を見つめただけで、大谷部長たちに通訳することとすら忘れてしまった。

客がほとんど日本人であることを知って、王婕もあまり多く話さず、高博士と大谷の真ん中に座ってドアの外に声をかけた。すると、真っ赤なチャイナドレスを着た華やかな美女たちがぞろぞろと足取り軽く入ってきて、悠々とみんなの前に並んで立った。満面に微笑を浮かべ、目の中に期待に満ちた様子だった。

呆然とする大谷部長らに対して、王婕はKTV嬢をはっきりと勧めている。「これがドラフトだ」と高博士は大谷部長に分かりやすく説明しよう努めた。

結局、大谷部長ら数人の同僚がそれぞれの好みのKTV嬢を決めると、高博士も王婕の勧めで張紅というKTV嬢を席に座らせた。オーディションは終わりを告げ、選ばれなかったKTV嬢たちは落胆した表情で個室から出て行った。

高博士は張紅を指名したが、態度はあまり積極的ではなく、ただ時々何口かヤケ酒を飲んでいるだけで、異常に興奮している大谷たちと大きなギャップを切り離している。張紅は喜びに満ちているようで、高博士の腕を捲ってあれこれ聞いたが、高博士はあまり相手にせず、いつも王婕の方向を見ていた。

日本語は分からないが、彼女たちの笑顔やセクシーな仕草、甘えた声などで言葉の壁を打ち破り、みんなを魅了していた。彼女たちは慣れ親しんだ腕前を存分に発揮しながら、たちまち大谷たちと打ち解け、杯を交わしたり歌ったり、抱き合ったり、引っ掻き合ったりして存分に楽しんでいた。

ＫＴＶ嬢たちの環境の薫陶と洗練のせいかもしれないが、彼女たちの体はお客さんとの親和性を感じさせる。彼女たちはそれぞれのセンスを生かし、お客さんを喜ばせるために必死に応酬してくれた訳で、大谷たちの言葉の壁はいつの間にかどこかへ吹っ飛んでしまった。

王婕は間違いなく客引きの第一人者だ。彼女は背が低く、体付きは美しく、一挙手一投足が熟女の風情を見せている。彼女は出たり入ったりしているうちに、高博士と張紅が少しさびれているのを見て、時機を逃さず彼の傍に座り、常熟や日本の風土、人情など、いろいろな話題で盛り上がらせていた。喋っているうちに、王婕は赤い爪で頬を軽く覆って、クスクス笑ったり、時にはそっと手を振って高博士を叩いたりして、その小柄で可愛く、しなやかで活発な美しい女性の姿を余すところなく披露していた。

みんなが楽しそうに談笑しているうちに、時間は真夜中になり、王婕に勘定を手配してもらった。数時間の身振り手振りで意気投合になったようだが、大谷部長たちは言いよどみながら、付き添っていたＫＴＶ嬢たちに、一緒に夜食をしてもいいかと尋ねた。ＫＴＶ嬢たちは否応なく、目を王婕の方に向けた。

これはＫＴＶ嬢たちが「出台」（客に付いて行く）ことができるかどうか、つまりお客さんとの性的関係まで作っていいかどうかに関わることだ。どこに行くかは客とＫＴＶ嬢たちのお互いの合意によるものだ。

通常、マミの下には多くの同郷人や親戚など、自分と様々な関係にあるＫＴＶ嬢がいる。これらのＫＴＶ嬢はマミの紹介によりＫＴＶで働き、マミを通して客に近づけられる。彼女たちは客からのチップ収入を得て、その中から１か２割をマミに所謂「台費」として渡す。ある程度はマミが彼女たちの保護傘とマネージャーとなり、彼女たちの金運と安全はマミの手に握られている。

普段は素性を知らない客に勝手に「出台」はせず、まずマミのアドバイスを求める。マミたちは数知れぬ客に接し、空気を読む能力が一枚上手だ。相場を把握し、双方の事情を理解することは、マミたちがこうした取引をする上での最大の武器なのだ。

結局、大谷たちは自分の好きなＫＴＶ嬢を連れて夜食に行ったが、もちろん高博士に付き添いの必要はなかった。

王婕は大谷部長たちを玄関まで見送った後、高博士に申し訳なさそうに、「ほかにもお客さんがいるので、お付き合いできませんが…」と言って、高博士の夜食の誘いを断った。高博士が不快な顔をしているのを見て、王婕はすぐにずっと後に着いて来た張紅を高博士に押し付け、彼女が夜食に行けると合図した。

しかし、高博士はまったく張紅のことを考えておらず、そこそこ二人に挨拶をして、悶々とホテルへ帰った。

騒がしい常熟の夜がやっと静まり返った。

3、マミを追い掛ける

その日、紅磨坊に行ってから、大谷部長らには時々KTV嬢たちから電話が掛かってくることがある。彼らをKTVの個室予約に誘う目的だったが、大谷たちもそれに夢中になって、頻繁にKTVへ足を運んで、KTV嬢たちと盛り上がり続けている。

高博士も一度も欠かさず大谷らと同行しているが、王婕から積極的なKTV嬢の紹介や張紅の指名を断り、王婕との接触に熱中し、あらゆる機会を捉えようとしている。

高博士の積極的な同行により、大谷部長らの不安は言葉でしっかり解消され、KTVの気晴らしもますます余裕を持って楽しめるようになった。紅磨坊は彼らの日常的な娯楽場所となっている。

こうしたルールを守れる良識あるお客様に恵まれ、マネージャー張も喜びに胸を膨らませており、引き続き個室料金を割引してくれている。

個室料金はみんなで割り勘すれば、一人あたり100元程度だ。さらにKTV嬢たちにチップを渡すと、一回に3、500元ほどかかるが、これは海外手当をもらっている駐在員にとっては負担が大きくない金額だ。

その間、高博士は頻繁に王婕との交際を試みていた。王婕が個室の予約をリクエストすると、高博士は必ず応じ、紅磨坊に訪れる。大谷や本社からの臨時出張の同僚に声をかけたり、一匹狼になったりして、ついつい紅磨坊の常連になってしまった。

一生懸命王婕のご機嫌を取ろうとしたが、高博士はなかなか彼女に近づけず、むしろがっかりして店を去ることがよくあった。これらの様子を見た張紅は少し同情の念を抱いたが、どうにもならなかった。

ほとんどのマミはＫＴＶ嬢出身であり、長い間このような風俗環境に浸ってきて、客に対応する能力を養うことができたし、優れた気配りも生み出した。テーブル代や個室の売り上げによる歩合も高く、安定した収入源を確保しているため、普通の客はなかなか彼女たちの視線には入らない存在だ。

高博士にはなんとしても諦めないという執念があった。

彼はまず王婕を「夜食」に誘おうとして、ひたすらＫＴＶに行って彼女らの歩合を充てた。

夜食も断られたので、彼はまた、「服のボタンが外れたので直して欲しい」と一計を案じて、王婕をホテルに連れて行こうとしたが、結局、王婕がホテルのフロントに電話して対応してもらったのだ。

高博士はさまざまな手法を考えたが、ほとんどうまくいかず、窮余のあげく、苦肉の策を打った。

彼はＫＴＶで酒に酔った振りをして、無理矢理に王婕を抱きしめてＫＴＶの玄関前に引きずらしてきて、強引にタクシーに乗せようとした。それでも王婕は冷静に知り合いのタクシーを呼んできて、逆に高博士をホテルに送り返してもらえるように頼んだ。こうして高博士の手口も当然ながら失敗に終わってしまった。

高博士は、王婕の心を掴むためにいろいろな知恵を絞って工夫したが、王婕の洗練された対応の仕方により、すべてが台無しになった。

高博士は、しつこく王婕を追いかけながら、首を長くしてその日が早く来ることを待っていた。

旧暦で計算すると、3月の今週の日曜日は王婕の30歳の誕生日になる。高博士は彼女たちと話をしたところ、彼女たちの身分証明書には生年月日が記載されているが、実家の慣習ではみな旧暦の誕生日を祝うのが普通だと分かった。

高博士は早くから王四酒家というレストランで昼食の席を予約し、何人かの同僚と開発区管理委員会の友達、それに王婕と関係の近いKTV嬢数人を彼女の誕生日パーティーに招いた。

王婕はもちろんの主役だ。彼女が、出稼ぎに家を出てからもうこのような誕生日パーティーを開くのは久しぶりのことだ。故郷を離れて、浮き草のようにこの小町で辛抱強く働いてきて、今日やっと家族の匂いを嗅ぐことができたと感慨深い言葉を吐き出した。

また、姉妹一同で、今後もお互いに助け合いながら頑張って行こう、よろしくお願いします、などの話もあった。その発言から高博士の親切な計らいに心から感激している様子が伺える。

「誕生日パーティーもしたのに、どうして王婕の誕生日プレゼントを見なかったの？」

KTV嬢たちはみな王婕の同郷人なので、ほろ酔いの機嫌の時、高博士を冗談半分に責めた。

高博士は当てずっぽうで答えようとしなかった。王婕は「私たちが後で相談します」と誤魔化した。王婕の言う相談は本当かどうか分からないが、高博士は真剣になった。彼は顔を真っ赤にして王婕にぶつぶつと何かを話していた。最後に王婕が恥ずかしそうに頷くと、高博士はすぐに顔をほころばせ、皆に乾杯を呼び掛け、席上にまたどよめきが起こった。

正午に始まった誕生日パーティーは午後4時まで続いた。時間はまだ早いので、数人のKTV嬢は甘えるように高博士の同僚数人に付き添って買い物に行こうとせがんだ。高博士も同僚たちがきっといいカモにされる運命に落とし込まれることを予想した。

高博士と王婕は残ってタクシーを拾い、バイクモールに向かった。

その場で高博士が何度も熱心に尋ねた結果、王婕は言葉を詰まらせながら自分の願いを打ち明けてくれた。彼女は以前から輸入されたオートバイが気に入っていたのだが、値段は約８０００元ほどだという…。

その場でＫＴＶ嬢たちが誕生日のプレゼントについて話題に出したのは、王婕とあらかじめ打ち合わせをしていたのかもしれないが、高博士にとってはむしろこれが自分のチャンスではないかと受け取られたのだ。

バイクモールに着いてみると、王婕が言っていた予想価格よりもすべてのバイクが1万２０００元ほどだった。彼女はまず低い価格を伝えて、顧客の心理的な期待に応えるようにして、店に連れて行ってしまう。店に入ると、たとえ彼女が言った価格よりも高くても断りづらく、結局購入してくれるパターンはよくある。これはＫＴＶ嬢たちが既に使いこなした手法であり、どうやら王婕も同じ手法も使っていたようだ。

予算を数千元オーバーしてしまったが、高博士にとっては些細なことであり、ましてや彼がその目標に向かって必死に努力しているところだった。

4、予期せぬ歓喜

王婕はついに赤いバイクを選び、喜びに満ちたまま店を出てきた。時刻は5時前だった。

「まずKTVに行きましょうか？」

高博士は遠慮がちに尋ねた。

「乗ってきて！」

王婕は直接返事もせず、高博士に命令口調で言った。

高博士は待ちきれず様で素早くバイクの後部座席に跨り、両手は後ろからしっかりと王婕の腰を抱えてびっしりと王婕に貼り付いていた。彼は自分の前にある柔らかくて、瑞々しい肌を感じながら、あの綺麗なポニーテールから漂って来る香りを嗅ぎ取り、心地よいことこの上なかった。

数分もしないうちに、高博士はまだ王婕の香りをじっくりと味わうことができないところ、バイクはすでに第一デパート向かい側の「沐春閣」前に止まってしまった。

高博士が名残惜しそうにバイクを降りた途端、「何を見ているの?チケットを買いに行ってください！」と王婕が嬉しそうに叫んでいるのが耳に入ってきた。

元々、この沐春閣は常熟にある高級な浴場の一軒だ。四階建てのヨーロッパ風の茶色建物で、豪華な雰囲気が漂っている。門柱の両側には二匹の石獅子が横たわっていて、歯をむき出して出入りの客を見張っている。

沐春閣の1階は受付ホールだ。エンジェルの油絵が塗られた天井には、いくつかのヨーロッパ式の

シャンデリアが輝かしい光を放ち、ホールを煌びやかに照らしている

大理石柱の間には円形のカウンターがある。その奥には黒いスーツを着た接客のKTV嬢が優美に立っており、その甘みのある声で客を呼んでいる。少女たちの後ろの壁には、入浴している楊貴妃の姿が映っている巨大な絵が飾られ、絵の横にはこの浴場のサービス項目と価格が表示されている。

一人一回入浴＋ビュッフェにつき、　198元

追加項目：

45分間タイ式全身マッサージにつき、　298元

45分間中華式全身マッサージにつき、　298元

60分間フットマッサージにつき、　198元

……

価格表の下には各フロアの機能が表示されている。

2階：男女の大浴場

3階：マッサージ＆休憩スペース（個室298元）

4階：ビュッフェエリアとアミューズメントゾーン

……

高博士はこのような場所に来たことがなく、しばらく戸惑っていたが、王婕の指示の下で入浴券を2枚買った。王婕は出てくる時に電話で連絡し、一緒にビュッフェに行こうと約束した後、女性更衣室の方へ姿を消した。

高博士はまださっきの香りに包まれながら、男性更衣室に入り、無意識に服を脱いで浴場に入った。熱い気流が高博士の胸に吹き付け、血流を速めてきた。

高博士は湯の湧き上がる池の傍で少し気持ちを静めた後、中に入ったが、その波が高博士の肌に熱く吹き荒れるのに耐えていた。高博士の心臓は波しぶきとともにドキドキしながら、いつまでも収まることはなく、思い切って池のほとりのリクライニングチェアによじ登り、ぼんやりとあの魅力的なポニーテールに思いを馳せていた…。

「ピピピ」…

いつの間にか、高博士はうとうとしているうちに、自分の携帯電話の着信音で目を覚まし、すぐに応答ボタンを押すと、耳元から優しい声が伝わってきた。

「高さん、どこにいるの?」

「ああ…、私は…、ああ、私はすぐに出ます」

高博士は慌てて言ってから、寝返りを打ってリクライニングチェアから離れ、更衣室に戻り、従業員から渡された浴衣に着替えて、急ぎ足で4階に上がった。熱い鍋の上にいるアリのようにあちこち見まわしたが、王婕の姿は見つからなかった。

高博士は心配しながら電話をかけたが、王婕は電話の向こうで「ゲッゲッ」と軽く笑ってから、3階の休憩ホールで待っていると伝えてくれた。

高博士は駆け足で3階に降りて、休憩ホールに入ると、呆気に取られた。休憩ホールは黒い霧に包まれているようだ。通路の上に幾つかの薄暗いランプがちらちら光っているだけで、辛うじて方向を指していて、王婕の影すらどこにも見えない。

仕方なく、高博士はまた荒い息をしながら電話をかけた。今度王婕は出なかった。ただ自分の手を挙げてドアの方に振っていた。高博士はやっと携帯電話の微かな光で王婕の居場所を見つけた。

これは横に並んだ二つのリクライニングチェアで、王婕は右側に横になっていて、体に薄いタオルケットのようなものをかけている。ぼんやりとした明かりに照らされている中、彼女のでこぼこした美しい胴体をさらに際立たせている。

王婕は身の回りのリクライニングチェアを叩いて高博士に合図した。高博士はまだ落ち着いておらず、しばらく訳が分からなかったのだ。

「高…兄ちゃんよ…」

王婕からこの柔らかな一声を聞いた瞬間、高博士は妙に頭皮がきつく縮まった感じがしたが、何かの信号を鋭敏にキャッチした。彼は獲物を見つけたヒョウのように素早くリクライニングチェアに飛びついて、片手で王婕の首を持ち上げ、もう一方の手でタオルケットを持ち上げ、待ちきれずにあの美しく聳え立つ峰に登って撫で始めた。一連の動作は躓くことなく滑らかだった。

いきなり不意に襲われた王婕は、「あっ…！」と体をくねらせて、「ええ…、あなた、飢えた狼になったの？」と軽く咎めた口調で言いながら、右手は一旦自分の胸に押し当てられた腕をしっかりと掴んで離そうとしたが、その腕を覆ったままになり、少し目を閉じて、長い睫毛を何度か震わせた。

王婕に何も嫌な表示がないのを見て、高博士はもっと大胆になって、王婕の浴衣越しの手をどかして、すぐに彼女のゆったりした浴衣の裾から中に手を伸ばした。王婕の右手は無意識に高博士の狂気的な侵入の手を引こうとしたが、下腹へ滑って自分の浴衣の裾を掴んでいた。

高博士は自分の手を簡単に滑らかで柔らかい肌に触れたのだ。しかも、浴衣の中は空っぽの状態であることが分かった。

高博士は興奮して来て、震えている手を二つのふっくらとした温かみのある谷間で泳がせながら、外側から中心に向かって揉んだり、人差し指と親指で峰の先を弄ったりしていた…

高博士からダイバーシティな動きの刺激を受けて、王婕の息も次第に重くなり、時々「ふんふん」と抑え切れない声が漏れていた。

王婕の柔らかい体は高博士に異様な興奮と喜びを覚えさせてくれた。彼は、体を転がして左脚を横に王婕の下腹に押し付け、自分の渇いた口を開けて、あの昼夜も夢見るさくらんぼの赤い唇に接し始めた。

王婕は両手で高博士を抱きしめ、口を開けて舌を回して応えた。二人は交互に貪るように吸い続けた。微かな光線の中で、風呂から出たばかりの王婕の赤い顔はもっと艶やかに見え、二筋の髪の毛は優しく頬を撫でて一層その魅力的な風情を添えている。

二人ともますます体の芯から火照っている合間に、王婕は浴衣越しにあの剛棒の強さを感じてきた。彼女は突然感電したように両足をやたらに交差させたり震わせたりしながら、そのしなやかな腰を猛烈に捻り始めた。

王婕はすぐに高博士の背中に掛けていた両手を離し、片手は速やかに高博士のパンツの中に突っ込んで下へ探り、スムーズに勇壮な剛棒に触れ、手に握り、左右に数回揺らしてから、それを引っ張ってどこかに当てようとしていた…

高博士は右の手を放して、すぐに王婕の風呂パンツのゴムを下ろした。王婕は巧みに体を横にちょっと傾け、その美尻を持ち上げ、一本の白い足をパンツから抜き出した。高博士がもう片方のパンツを脱がそうとした時、王婕はすぐに彼の手を押さえ、手際よくタオルケットを掴んで二人を包み込んだ。

ここはとにかく公共の休憩ホールなので、照明は薄暗いが、王婕はまだ少し気兼ねしているようだ。高博士も気を利かせてパンツを下ろす手を放してから、その勢いで触れた毛深い部分に沿って奥に辿り、指先の至る所でぬかるんで滑りやすく、もう愛液がごたごたと一面に塗れている状態だった。

王婕は、「ええ……ええ……」と低い声を漏らしながら、手に握った怒涛万丈な大砲を巧みに引っ張り出し、導こうとすると、砲身そのものは既に勢いよく深い淵に滑り込んで行った…、二人は一瞬の間合体してしまった。

高博士は異常に燃え上がり、絶えず激しい衝撃を王婕の美しい体に与えた。王婕は自分の両足でしっかりと高博士を締め抑えるようにして、時々その美尻を上げたりして、相手の調子に合わせたりしていた。二人の激しい運動により、リクライニングチェアが規則よく揺れていた。

高博士の力強い一撃によって二人の激情は頂点から次第に消えて行った。汗だくの高博士は突然動悸を感じた。今先の歓楽に夢中になってしまって、自分がこんなに長い間蓄えてきたものを一頻り王婕の体の中に出してしまったので、ふと一つの思いが浮かんで来たからだ。

「何の手も打ってませんよ!もしかして…、子供ができたら?」

高博士は弱々しく王婕に聞いた。

「あれ?できたってこと?それなら養えばいいわねぇ」

王婕はクスクスと笑いながら、そっと冗談めかして言った。

彼女は春先の雨露で潤いを得たばかりで、瑞々しい頬に赤みが咲き始め、頬に纏わり付いた髪の毛が口を開くに連れて微かに震えて、限りない色っぽさを一層際立たせていた。

どうやら自分は杞憂だったようだ。高博士は安心して、王婕を抱きしめながら、過ぎ去ったばかりの情熱を噛み締めた。

二人は黙って横になり、王婕の細い指は絶えず高博士の体に円を描き、熱い汗にびっしょりの胴体は成熟した若いKTV嬢の香りを漂わせて、高博士を仙人に変わったように酔わせた。

ホールどこかの隅で、突然若い女性が「ああ…うん」と呻き声を上げて、静寂を破った。刺激を受けたかのように、高博士はまた動き出した。

「夜もあるのよ!体を洗ってきましょう…、もう行かなければなりませんわ」

王婕はタオルケットを巻き、タオルで体を拭き、色っぽい口調で高博士に言った。

二人は晴れ晴れとした表情で湯船に上がり、四階のビュッフェで席を見つけ、料理を手に取って食べ始めた。高博士は興味深そうに王婕と一杯飲もうとしたが、彼女からきっぱりと断られたので、ふと彼女がバイクを買ったばかりのことを思い出してアルコールを止めた。

食事を終えて、二人は一階に降りて、会計を済まして、高博士は来る時と同じように王婕の後ろに座って、その妖艶な胴体を抱きしめた。二人は紅磨坊に向かって疾走した。お昼に食事をともにした数人はとっくに個室で待っている。

王は慌ててみんなに挨拶をしてから出て行った。さっき食事をした時からも、彼女はもう幾つかの電話に出ていたから、今は恐らくその応対に追われているのだろう。

高博士はまだ一人でそこに座っていて、ビールを注いでいるが、いつもとは違って、みんなと乾杯し始めたのだ。

「いつまでバイクを買ってたの?」

王燕というKTV嬢がいたずらっぽく尋ねた。

高博士は少し顔を赤らめて、何と言っていいか戸惑っていた。

「何をしているの?私たちに話してくれるものじゃないよ!そうでしょ」

張紅はすべてを見抜いたかのように、一言付け加えた。

この張紅は王婕の同郷人で、南方のＫＴＶ嬢には珍しい背の高い体つきをしており、長い髪と卵のような可愛らしい円形の顔を持ち、曲がった柳葉眉の下に黒い瞳が輝いている。彼女の一挙手一投足からは成熟と穏やかさが表れ、心の深さも測り切れず、ゆったりとした熟女の雰囲気を醸し出している。

張紅は最初に王婕と一緒に出稼ぎに出たＫＴＶ嬢の一人であり、王婕の状況をよく知っているが、ずっと秘密にしてきた。彼女は客との付き合いも控えめで、夜の誘いにもあまり応じなかったため、王婕たちとは異なる存在だった。この女性は高博士たちとの関わりが長く、高博士をはじめとする駐在員とＫＴＶ嬢たちの秘密を知る数少ない当事者なのだ。

王婕との関係ができてから、高博士はより頻繁に紅磨坊（ＫＴＶの店名）を訪れるようになった。王婕からマネージャー張に声をかけて、高博士に対して個室代１００元の特別な割引料金を提供してもらった。これは高博士がＫＴＶに多大な貢献をしたためだとされている。

消費がそれほど大きくないため、高博士は毎日のように小さな個室に入り、偶に張紅らと騒いだりする以外は、ほとんど一人で楽しみながら待っていた。それは王婕が仕事を終えるまで待ち、彼女を虞山ホテルに連れ帰ることだ。

しかし、いつも王婕とホテルで愛欲を味わった後でも、どんなに遅くても王婕は必ず去ってしまい、高博士と一緒に夜を過ごすことはなかった。高博士は疑問に思ったが、あまり気にするほどではなかった。

こうして数か月間、高博士は楽しく過ごした。

しかし、段々と高博士は気付いてきた。王婕がホテルに来て自分と親しく過ごす時間が短くなっていることに気付いたのだ。最初ほど高揚感もなくなり、彼女は早く情事を済ませて帰ることが多くなった。一方、王婕の麻雀への興味はますます高まり、すっかり病みつきのリズムになってきた。多分王婕は元々麻雀のベテランで、ただこのほど高博士のために麻雀の時間を犠牲にしただけで、今は本来の姿を現しているのかもしれない。

ついにKTVの仕事が終わっても、王婕はあまり高博士の帰りに付き添わなくなり、代わりに麻雀館に行って、彼女の麻雀相手たちと一晩中サイコロを振ったりすることになった。高博士は王婕との楽しい時間を過ごすために、必死になって彼女の麻雀に付き合い、彼女が疲れてくるか、負けてしまうまで週末の時間をすべて麻雀に費やすことにした。もちろん、高博士は時々王婕の麻雀代も気前よく支払っていた。

王婕が麻雀をする時、時々ハンチング帽を被った男が彼女に代わってテーブルに現れる。「手を変えることは鋭い刀を手に入れることだ」と王婕が言う。高博士にとっては、むしろ王婕の代わりをとても楽しみにしている。なぜなら、その時に彼がまた彼女の魅力的な体を味わう機会が訪れるからだ。しかし、目の前にいるハンチング帽の男とこの魅力的な女性を共有しているとは、彼は知る由もなかったのだ。

この間、王婕は高博士に携帯電話の料金を肩代わりしてもらった。モバイル営業所で、高博士は何気なくサービスパスワードを設定し、インターネットで通話記録を調べることができることが分かった。ただし、彼はこの発見が将来的に自分に多くの悩みを引き起こすことを知らなかった。

時間は知らず知らずの内に過ぎている。王婕はお正月（中国の旧暦）の里帰りを決めた。彼女が出発する前に、高博士は、他のＫＴＶ嬢たちが自分の前で年越しのお年玉を沢山もらったと自慢しているのを見て、とても気前良さそうに王婕に1万元のお年玉を渡した。王婕は、凄く感激して堪らない表情をしながら、今回の休暇は絶対に長くは居ない、大晦日を過ぎたらすぐに帰って来てあなたとラブラブするんだと誓った。

高博士はまさか王婕が実家に帰ったきり、電話を切って、音信不通になったとは思えなかった。通話記録を調べて見たが、最後は高博士自身との通話で、それ以外には有用な情報は何も得られなかった。周囲の人々はほとんど常熟を離れて、それぞれ長期休暇を機にどこかへ楽しむために出かけている。王婕がすぐに帰って来ると思っているので、高博士は常熟にいることにして、一人ぼっちで、寒くて寂しい環境の中で日々を耐えている。

数日が経ったが、まだ王婕からの便りがない。高博士は、王婕が一度も自分を誘ったことのない常熟の借家を思い出した。この場所はやはり張紅が無意識に自分に漏らしたのだ。

高博士は王婕の部屋を数日うろついていた。彼は、もしかして王婕が帰って来て自分に言わずに、他人と遊んでいるのではないかと疑っていた。

高博士は落ち込んでいた。借りている家のドアには鍵がかかったままであり、夜でも部屋の明かりはついていなかった。紅磨坊は春節の間閉店しているため、当然ながら王婕たちの姿も現れなかった。

高博士はいらいらしながら、ようやく正月が過ぎ去ってしまったこの日、ついに王婕から電話をもらった。彼女はお母さんと一緒に帰ってきて、現在虞山ホテルの近くにいて、高博士のところに行きたいと言った。

突然のことで、休みを取って、高博士は会社を抜け出し、ホテルに急いだ。王婕は60代くらいの老婆と一緒にホールを彷徨っていたところ、高博士が入ってくるのを見てすぐに紹介し、老婆を連れて高博士の後について部屋に入った。

高博士は素早くお茶を用意しようとして、水を注いでいたが、王婕は手を振って彼を止めた。彼女の母が今回来たのは主に病気の診察であり、結果が出たらすぐに帰る予定だから、高博士に手伝ってほしいとお願いした。

高博士には王婕のお母さんの診察に付き添う時間はなく、相談の結果、1万元を渡すことになった。王婕は喜んで顔をほころばせた。その連れてきた老婆はなんだか緊張した面持ちで、ずっとぼんやりと二人の話を聞いただけで、終始一言も口に出さなかった。

王婕は先に老婆を帰らせて、潔く服を脱いでベッドに横になり、両足を反らして高博士を呼んだ。

高博士はさっきまで王婕と母親の診察のことを相談していたが、瞬く間に白い胴体が自分の目の前に現れて、暫く戸惑ったが、ほんの少しの間に気が付き、餓えたオオカミが捕食するように飛びかかってその体を自分の身体下に押し付けた…

高博士の飢渇を満たした後、王婕は速やかにホテルを出た。彼女がどこに行ったかは分からないが、今晩は王婕に会えるかどうかが高博士にはわからなかった。とにかく今晩の王婕との再会にあまり期待できないと高博士は妙にそんな予感がした。

5、関係の亀裂

暫くの間、王婕は相変わらず仕事が終わってから麻雀に夢中になっていた。高博士は到底これらの夜の生活の達人たちには我慢できず、週末にだけ王婕と麻雀に同行し、麻雀が終わったら彼女をホテルに連れ帰って、ラブラブな時間を過ごすようにした。高博士はどうやらますます王婕の美しい姿に取り憑かれて、なかなか彼女から離れられなくなってしまった。

この晩、高博士は麻雀が終わったらホテルに来るようにと王婕と約束した。高博士は朝までずっと待ち続けたが、王婕の姿は一向に現れず、携帯電話の電源も切られていた。高博士は、以前張紅が教えてくれた王婕の借家の電話番号を調べて、それをかけてみた。

「ビビビッ…!」「ビビビッ…!」と何度か電話が鳴ったが、誰かが電話に出て、「おい」と言ったかと思うと、言葉が途切れてしまった。高博士は王婕の声だと聞いて、「王婕!王婕!」と何度も叫んだが、電話の向こうでは何の反応もなく、ただイヤホンから「あー、えー」という呻き声と荒い息が聞こえ、高博士の心臓を強く打った。

高博士はこの声をよく知っている。今やまさか電話の向こうで、王婕の家で起こっているのだ!

高博士は波に巻き込まれたり、落とされたりしたような感じがして、頭がぼうっとしていた。彼は自分の懐中でなんとかして甘えてくれた美人は、どうやら他人の体の下で何かを起こしているのか想像もつかない状況になっていた。果たして彼女は千人乗り万人跨ぎのガラクタ嬢なのだろうか?!

高博士はどうしても理解できず、昼過ぎになって早速紅磨坊に行ってその真相を探ろうとしていた。ちょうどその日は会社に技術者の出張者が何人か来ていた。仕事が終わってから、高博士は彼らと一緒に食事をし、まるで約束があったかのように一緒に紅磨坊にやってきた。

迎えに出てきた王婕は厚化粧をしていたが、顔の疲れが隠せなかった。彼女は優しい声で高博士に挨拶したが、高博士は聞こえないふりをして、先頭に立ち、みんなを大個室に案内した。

いつものように「オーディション」のプログラムが始まり、皆は自分の気に入ったKTV嬢を選んだ。その後、王婕は高博士に向かって不自然な笑顔を浮かべ、残りのKTV嬢を連れて個室を出ていった。

しばらくして、ドアが開けられ、長い髪と卵のような顔立ちをした美しい女性の頭がドアから覗いた。高博士がじっくり見ると、それは張紅であることが分かった。

張紅は高博士の方を見て、「入っていいですか?」とそっと尋ねた。高博士は頷き、自分の隣の席を叩いて張紅に座るよう合図した。

張紅はまず高博士と他の何人かの客に酒を注ぎ、自分のグラスも一杯にして皆に挨拶をした。そして高博士をじっと見つめて、「高さん、今日はちょっと楽しくないねえ…」と冗談めかして言った。

「あなたは王婕の家に男がいることを知っていますか?」

高博士は張紅の話を否定せず、彼女の方へ振り返ってあっさりと質問を投げかけた。

「高さんはもう知っているのね…」

張紅はぽかんとしたが、すぐに聞き返した。

「うん！まったくのガラクタ嬢だ！いつも彼女の家に行かせてくれなかったのに、自分は秘かにワイルドマンを招いているんだ！」

「え？何がワイルドマンなんです？彼女に旦那さんがいるのを知ってたでしょ？」

「なーに?!旦那さん？王婕から聞いたことないよ」

張紅の話しを聞いた高博士は、やっと悟った。

「彼女は自分と彼女の夫の間を取り持っていたのだが、むしろ自分が本当に彼女を困らせたのかもしれない」

「自分に夫がいるのに、なぜまた自分とやるんだ?!」

高博士は一瞬同情心を発していたが、転じてやや不服の気持ちが浮上してきた。

張紅は高博士の苦心の様子を見て、気の毒でありながらも同情していた。彼女から「王婕には夫と男女二人の子供がおり、子供たちは実家に置かれ、夫は最近呼んできたばかりだ」と高博士に教えてあげた。

「でも、あの旦那さんは何もしない、毎日麻雀ばかりしています」と張紅はまた強い口調で言葉を付け加えた。

高博士は、王婕が一人でＫＴＶの収入で家族を養っていることを初めて知った。しかし、こんな毎日男性と接する仕事を旦那さんが納得するわけがないでしょ？と高博士は疑問に胸を膨らませていた。張紅は高博士の疑惑を見抜き、さらに釈明していた。もともと彼女たちの実家では、家に引きこもっていて外に出てお金を稼ぐ女性に頼っている男性が多かった。

現時点では、ＫＴＶで働くことが最も収入が早く手に入るのだ。美人のＫＴＶ嬢は収入が高い。ＫＴＶにはどんな客もいるが、客と遊ぶ方法に関しては、彼女たちの夫はほとんど目を瞑っている。こうした男性たちを俗に「軟飯男」（女性に依存して生活する男性のこと）と呼んでおり、王婕の夫も「軟飯男」の一種に該当するのだ。

「あなたの旦那さんもあなたの軟飯を食べているのではないでしょうか？」

高博士は興味深く張紅に尋ねた。

「こんなつまらん男は私には要らない！とっくにクビにしておいたわ！」

張紅の口調からは明らかに憤慨と軽蔑が感じられた。

張紅は娘を蓮水（南京の北部）の実家に置いて、自分だけ出稼ぎに出た。稼げるだけ稼いで、無理矢理男なんか勝手に付き合う気がない。今はいい男もあまり多くないし、自分を可愛がってくれる男がいれば、入籍しなくてもいいよ…。と高博士に語ってくれた。話の間に悲しそうな表情を浮かべ、その深くて黒い瞳の中になんときらりと光る涙が溢れそうになった。

高博士は片手で張紅の肩を軽く抱き、もう片手でグラスを取りながら、「あなたがこんなに美しいなら、きっと誰かに気に入られるよ」と慰めた。

張紅はぼんやりと笑って、それ以上何も話さなかった。

高博士が連れて来た仲間たちは遊び疲れていたので、張紅に会計を頼んでホテルに帰った。

張紅は高博士に別れの挨拶をしたが、高博士のチップを断って、少し沈んだ気持ちで立ち去った。

高博士は一人で個室に残され、王婕の仕事が終わるのを待っていた。

この夜、王婕は高博士のところに遅くまでいて、思いがけない有頂天になり、高博士の怒りを完全に収めてしまったことで、王婕と彼女の夫から高博士に対して抱いていた不快感もいつの間にか吹っ飛んでしまったのだ。

こうして数日も無事だった。高博士は例のように食事を終えて自分の小さな個室に通っている。王婕の客も多くなり始め、高博士の小さな個室に寄る暇もなかった。高博士も気にしなかった。ただでさえ、王婕はお金を稼ぐので、お客さんが増えるのはいいことだ。

高博士は部屋の中でなんとか時間を潰していた。どうせ彼女の仕事が終わったら美人を抱えて帰れるから、別にどうでもいいと思っていた。

この日、高博士は遅くまでずっと待たされていたが、王婕の姿が現れず、警備が店を閉めるよ、と言いに来て、やっと王婕がお客さんに付き添って夜食に出て行ったことを知った。

高博士は張紅に電話をかけた。彼女は王婕が阮文雄というインドネシア人の商売人と一緒に出かけた、自分はさっき彼らの個室に座った、と言っていた。

「じゃあ、どうして一緒に行かなかったの?」

高博士は不思議そうに張紅に尋ねた。張紅は用事があると言いよどみ、そして電話を切った。

この時点では既に午前2時を過ぎており、高博士は王婕に電話をかけた。しかし、電話は鳴っているのに誰も出ておらず、何度かかけ直したが、やはり誰もでなかった。高博士は焦りを感じ、考える余裕もなかったため、急いでホテルに戻り、インターネットで検索を始めた。

通話履歴によると、王婕は午前1時過ぎに139番の電話番号と連絡を取り合っていた。この番号は、おそらく張紅が言っていたあのインドネシア人の番号だ。

高博士は履歴から推測していた。王婕は最初にあのインドネシア人に電話をかけて、彼がどこにいるかを確認したはずだ。それ以降、二人の通話記録がなかったため、二人が一緒にいることは間違いないと考えた。さらに、高博士が電話をかけた後、王婕は家族と4分余り電話で話していた（高博士は王婕自宅の電話番号を知っている）ことから、彼女はまだ外にいることが分かった。

高博士は激怒を抑えながら、階段を下りて外の公衆電話ボックスを見つけ、インドネシア人に電話をかけた。ベルの音が聞こえた後、すぐにまた携帯で王婕にも掛けた。携帯電話の向こうで一人男の濁った「おいおい…」という声が伝わってくると同時に、王婕のよく知っている「黄土高坂」という携帯電話の着信音が聞こえてきた。

高博士は急に血が頭上に跳ね上がってきた。彼は電話ボックスの中でしばらく落ち着いてから、「二人はご飯を食べるだけ、ご飯を食べるだけ、何も起こらない…」と自分を慰めながら、ホテルの部屋に戻り、一晩中あれこれのシーンを想像してほとんど眠れなかった。

翌日、高博士は何事もなかったかのように紅磨坊に行き、張紅を見つけて聞いてみたが、そのインドネシア人はすでに常熟を離れていたことを知っていたので、少し安心した。

王婕は相変わらず忙しそうだ。この日、彼女は高博士に声もかけずに夜食に出かけた。張紅によると、今回は張明という工事会社の社長だという人物だ。高博士が通話履歴を調べてみると、ほとんどがインドネシア人と同じような順番で、午前1時過ぎに最終通話をしたのだ。高博士は今度二人が一緒にいるかどうかを確かめずに、直接王婕に電話した。

意外にも、王婕はすぐに電話に出て、「自分は外で食事をしています。張紅さんたちも一緒だから、心配しないでください」と高博士に伝えた。

高博士はまだ疑問に思っているが、王婕の話はもうそこまでだから、多くは聞き難かった。

数日連続して、高博士は王婕と少しも話すことができず、たまに張紅や王燕が文句を言っているのを聞いていた。最近は張明がよく来ていたが、急に坐台（付添い）を誘ってくれなくなった。高博士はあの張明はきっと当初の自分と同じように王婕を攻め始めたと直感していた。

高博士はイライラして、個室で一人酒を飲み始めたが、トイレに行って戻ってくると、廊下で真正面から赤いスカートを穿いた妖艶な女性にぶつかった。その女性は高博士に向かって口を大きく開けてやたらに罵り出してきた。高博士は怒りを抑えきれず、ぱっと平手打ちを振りかざした。

女性はすぐに悲鳴を上げながら、爪の長い指を伸ばして高博士に向かって掻き寄せてきたが、博士は片腕でそれを遮った。すると、女性は急に足を上げてハイヒールの靴を一つ脱ぎ、靴の先を掴んであの鋭いハイヒールを博士の頭にぶつけてきた。

高博士は慌てて左手で女性の腕を握り、右足を伸ばして女性の腹をしっかりと蹴った。その女性はよろけたかと思うと、その勢いで地面に座って大声で泣き叫んだ。

廊下の騒ぎに警備員が驚き、彼らは博士と女性を引き離し、マネージャー張を呼んだ。

マネージャー張は高博士をわきに引きずって、「大変なことになってしまったよ!」と小声で言った。

高博士はその女性が先に悪口を言ったのだと弁解した。

「あの子は今、よく知られたヤクザのボスに囲まれて、KTVであばくところを見かける。誰も彼女を怒らせようとしない」とマネージャー張は、高博士に女性の背景を紹介した。

「暫くしたら、あの親分がKTVに騒ぎにやってくるに違いない。下手をすると酷い目に遭うかもしれません!公安局の章課長はあなたの友人とはいえ、この件ではあなたが彼女を殴ったので彼は手を出し難いのだ」とマネージャー張はまた付け加えた。

高博士はこれでやっと事が非常にまずいと感じ、マネージャー張に助けを求めた。マネージャー張は彼に先に裏口から出て行くようにアドバイスし、自分はあの女性たちと後始末を交渉してあげると言った。

翌日、マネージャー張から電話が入った。その夜、ヤクザのボスたちはKTVにやってきて、高博士がどこにいるのかを問い詰めたが、マネージャー張の巧みな口車に乗せられて帰っていった。

マネージャー張はヤクザのボスに対して、高博士は市長が投資のお客として呼んだ人物であり、もし何か問題があった場合には誰も責任を取れないと説得し、顔を立ててほしいと勧めた。

結局、マネージャー張はヤクザのボスたちとの間で、高博士があの女性の医療費（実際には何の傷も受けていない）として500元を支払うか、もしくはヤクザのボスたちを食事に招待して謝罪することに合意した。

その夜、高博士は紅磨坊に行き、マネージャー張に500元を渡し、感謝の気持ちを伝えた。

その後、高博士は小さな個室に入った。王婕や張紅、王燕などが次々と入ってきて、状況を尋ねた。王婕は高博士に対してしばらく不平を言ったが、「高さんの機嫌が悪かったからです」と張紅が弁明した。

高博士は彼女たちに交渉の結果を伝え、食事のことを相談した。

「高さんが出て行かないのはだめです。それでは誠意を欠くことになります。何もかも後遺症を残せません。私はその女性を知っています。彼女を誘い、今夜あなたと一緒に宴会に行きましょう」と王婕が説明した。

その夜、仕事が終わってから、王婕たちは片付けを済ませて、一緒に王市酒家に向かった。

案外、相手は4人しか現れなかった。「小弟」と呼ばれる三十代の逞しい男が、二十代の青年2人を連れてきた。さらに李艶という女性が加わった。

初冬の常熟はもう冷たい風が吹き、気温は10℃を切ったようだが、小弟は半袖Tシャツを着ているだけで、あの2人もあまり厚着をしていない。

食事の雰囲気は、二人の殴り合いを感じさせない和やかなものだった。小弟は、高博士のような知識人がどうして女性に手を出したのかと驚いた。

その場で、高博士は誠意を込めて李艶に謝罪した。李艶は理解を示し、高博士が王婕の「彼氏」であることを知らなかった、さもなければ、このような事態にはならなかっただろうと言った。

王婕は、張紅と王燕を連れてきて、食事が終わるまでしきりに乾杯を勧めた。

今回の危機は、マネージャー張と王婕の仲介によってやっと収束した。

食事が終わると、張紅と王燕は様子を見て先に出かけた。王婕と高博士は虞山ホテルに戻った。

二人ともあまり乗り気ではない様子で、淡々と情事を終えた後、王婕は急いで服を着て出かけようとした。

「最近あまりあなたから情熱や反応を感じないわ。あなたはお客さんと近すぎる関係になっていない？」と高博士が不満そうに言い出し、王婕の足を止めた。

「何が近すぎるの？それは仕事だよ！客がいないなら私たちは誰からお金を稼げるの？」と王婕は不機嫌そうに反論した。

「それでもあまり酷いことはしてはいけない…、そんな付き合いは私と一緒にいる時間よりもずっと遅いよ」と高博士はできるだけ穏やかな口調で言った。

「とにかくお客さんとは何も関係ないんだ」

王婕の口調もそんなに断固としていないようだ。

「お客さんと何かが起こらないことを保証してくれると安心だよ」

高博士は念を押した。

「約束する…?どうやって保証するんだ?保証しますよ、保証金を頂戴」

「保証してくれるなら、保証金を渡すぞ」

二人がギクシャク話を交わした後、まさか高博士は保証書を起草した。保証金を1万元に明記し、客と肉体関係が発生しないことを保証する。違反になる場合、直ちに返金する以外に、罰金も1万元課すことを書いた。王婕は喜んでサインして、お金をもらってから部屋を出て行った。

ここ数日、王婕は、まさか顧客と一緒に出て行かず、仕事が終わってから高博士とホテルに帰り、いつものように速く高博士の情欲を満たし、いつものように泊まらずに帰宅した。

二人の関係の質が少し落ちていると思うが、高博士はやはり自分が少し代償を払って、誓約書までサインさせたので、心を安らげて、やはり価値のあることだとほくそえんでいた。

あっという間に週末が訪れた。普通ならば、王婕はホテルで高博士に付き添うことになる。一緒に街をぶらぶらしたり、足湯に行ったり、あるいは高博士と一緒に麻雀に行ったりするのだ。

しかし、この週末はすっかりと高博士をがっかりさせた。王婕は用事があると言い逃れて、電話の電源も切った。王婕と連絡がつかなかったため、高博士は張紅に電話した。

「お客さんと付き合っていて、忙しいから…」と張紅は一言だけ言って電話を切ってしまった。

その夜、紅磨坊の個室で、高博士は張紅を呼んで自分と話をした。王婕は終始姿を見せなかった。

高博士は張紅に聞いてみたら、昼間から彼女たちがずっと張明と一緒にいることを知った。

高博士はすぐに腹が立った。彼は怒りを極力抑えて、張紅に事情を話してほしいと懇願した。高博士に根負けした張紅は、昼間に張明と一緒にサウナに行った様子を途切れ途切れに話した。

「沐春閣から張明の電話があった。『何人かの取引先のお客さんと一緒にいるから付き添って欲しい。終わった後に紅磨坊に行く』とのことでした。最初は王婕に会いたいとも言っていたようですが、王婕が電話に出た後、私と王燕を連れて行きました」と張紅は高博士の顔を見ながら語った。

「意外なことに、沐春閣の個室に到着すると、張明だけがいました。王婕はもう帰ると言ったのですが、張明は、『自分のお客さんたちが待てなくて先に離れてしまいましたが、今晩はちゃんと一緒に紅磨坊に行く約束をしています』など弁明して、私たちを引き留めたんです」と張紅は不思議そうな表情で話した。

「王婕と私たちは浴衣を着ていましたが、張明は王婕をからかったり抱きしめたりしていたんです…。王婕は抵抗しなかったんです。KTVの個室でも同じようなことがありました」と張紅は少し躊躇いながら話した。

「王婕は私たち二人がまだここにいることに気づき、張明に注意しました。すると、張明はさっさとベルを鳴らして店員を呼び出し、隣にもう一つ個室を開けさせて、私たち二人を追い出しました」と張紅からは不満そうな口調が聞こえた。

「沐春閣の個室は薄いベニヤ板で、まったく防音がないからです。張明からここ数日彼とラブラブするのを拒んでいた理由を王婕に責められているのが聞こえました。王婕は、家に親戚が来ているからと弁解したようです。すると、服を引き裂く音が…。ここの浴衣は品質が悪く、うっかりすると破れてしまいます。私たちは皆、注意しているのですが…」

張紅はまた少し躊躇いながら小声で言った。

「王婕が小さな声で張明を叱りましたが、口が塞がれているようで『ウーウー』と叫ぶのが聞こえました。王婕の声が次第に大きくなり、『あー』と喘ぎ声を上げ始めました。廊下一杯に聞こえるほどです。そして『ぐちゃぐちゃ』と…あの、アソコに触れる音まで、はっきりと私たちの耳に入ってきました」

高博士がしきりに尋ねると、張紅は少し恥ずかしそうな表情をして、断続的に部屋中の様子を描いた。そこまで言うと、張紅も少し興奮したようで、真っ赤な顔がさっきのはにかんだ表情の代わりになった。

「二人の動きはとても大きくて、その個室のベッドもがたがたしていて、私はベッドが崩れるのではないかと心配していました。張明は暫くしてから、王婕をベッドの上に伏せさせた様子です。それはきっと後ろからやっているの…、王婕の叫び声はさっきほど大きくなかったのですが、ただ『うん…、あ！』という喘ぎ声だけがますます上がってきました…。皆さんもそうですかねぇ」

張紅は話を続けているうちに急に話題を高博士たちに移した。高博士を見惚れたような目で見つめ、跳ね上がった二本の足をしっかりと挟み、体をひねって高博士に倒れかかろうとした。

高博士はまったく気にせず、ただ張紅を急かすように促した。

「二人は色々なポーズを変えたみたいですね。よくやりましたね…長い時間。後で王婕の声はすっかりかれてしまいましたよ！終わったら、王婕は…、終わったら…みたいです…」

張紅も一息ついて、いささか失態を反省し、気持ちを落ち着かせた後で言った。

ここまで話したところで、張紅は真っ赤な顔をして、手で口を覆って話が続かなかったが、高博士がますます焦る表情になり、張紅に言い続けさせた。

「王婕が口に何か含んでいることが分かりました！張明はずっと気持ちが良く、満足そうな言葉を漏らしていましたが、王婕は…彼にそのものを舐めてあげていたの！まあ、キモいわ」と張紅は嫌らしく言い続けた。

高博士は青ざめた顔をして、何も言わずに立ち上がり、すばやく外へ出て行った。

「高さん、何しに行くんですか？」

張紅は少し心配そうに尋ねて、高博士の後について近くのコンビニに来た。

高博士は60度の「老白干」（中国の強い酒）を買って小さな個室に戻り、ソファーに座り、瓶の蓋を捻って仰向けに「ぐつぐつ」と一気に瓶の大半を飲んだ。

張紅はびっくりして酒瓶をもぎ取り、小さな個室から飛び出した。しばらくして、張紅が王婕を連れて急いで戻ってきた。

王婕は高博士が自分を睨みつける真っ赤な目を見て、少し怖かった。彼女は高博士と知り合って以来、彼のこのような姿を見たことがなかった。

王婕は恐る恐る「どうしたんですか？」と聞いた。

高博士は王婕の鼻先を指差し、口の中で「あなた…あなた…あなた」と言葉がそれ以上出なかった。

張紅は王婕の耳元に小声で二言三言話した。王婕はすぐに優しく高博士の腕を抱きしめて説明をしようとしたが、高博士が腕を上げると、王婕を押してよろけたかと思うと、テーブル上の瓶やコップを掴んで、一気に床に落とした。

もうこんな手に負えない状態を見て、張紅は慌てて外に出て、マネージャー張を呼んできた。

マネージャー張は説得もせず、二人の警備員に高博士を捕まえさせ、王婕と張紅の二人に急いでタクシーを拾わせた。

マネージャー張は、何人か高博士を支えて彼をタクシーに押し込んだ後、王婕と張紅に世話をしてあげるよう言って、タクシーを虞山ホテルへ向かわせた。

虞山ホテルに着くと、王婕と張紅は泥酔した高博士を左右に支えて部屋に入り、ソファーに座らせた。王捷はコップに水を入れて高博士に渡したが、彼に一手で打たれてしまい、その後、またやみくもに物を掴んだり床に投げたりしてしまった。

王婕はどうしようもなく、ただ高博士を抱いて「兄ちゃん、兄ちゃん」と叫んでいた。高博士はふらふらと立ち上がり、王婕の腕を引っ張って、しっかりとドアの外に投げ出した。「出ていけ！出ていけ！」と叫びながら、「バチッ！」とドアを閉めた。

張紅は部屋の床に投げ掛けられたガラスの破片を片付けて、高博士を支えてソファーに座らせ、再びコップに水を注いで彼の口元に差し出し、彼が何口か飲んだのを見て、気持ちがゆっくりと落ち着いてきた。

この時の高博士は、頭がぼんやりして眠気を感じてきたようで、起き上がってふらふらとベッドに向かい、体全体が転げ落ちた。「高さん、王婕のことを考えないでね。今夜は私と一緒にしますよ」と張紅は彼に靴と上着を脱がせてやり、口をすぼめ、勇気を奮い起こして高博士の耳に囁いた。

高博士はまだ意識が残っていて、「いいえ！いいよ！」と言って、張紅を押して起き上がろうと藻掻いた。張紅は慌てて彼を横にし、布団を引っ張り上げて覆いかぶせ、憂鬱そうな表情を浮かべ、目を拭って、ゆっくりと身を翻して立ち去った。

6、優しい張紅さん

あの日、酒を飲んで王婕に大暴れして以来、高博士はずっと喉に魚の骨が刺さっているようで、怒りが収まらず、紅磨坊にも行かなくなった。二人とも連絡を取らず冷戦状態になった。

「私は客足を止めないならＫＴＶでの稼ぎはどうする？俺の大家族をお前が養うのか？私と結婚する気になるのか？」

王婕の一連の質問が耳に響いている。

彼女に何を与えられるだろう？食いしん坊の男と学校に通う二人の子供は彼女に頼っている。彼女がＫＴＶに行かずにしてどこに行けるのか？と高博士は懸命に自分を説得しようとしたが、王婕と張明が絡み合っているシーンはずっと頭から離れられない。

どうしても自分の真心とできる限りの経済的支援を払ってあげたのだ。彼女はどうしてこんなに情けなかったのか？自分の気持ちを気にせず、客とやたらにやることができるのか？

高博士は頭の中が混乱していて、複雑な思いが切っても切れなくなった。

高博士はこのようにダラダラとした状態に陥っていた。急に王婕と紅灯緑酒の賑やかな環境を離れて、高博士は可笑しくも少し慣れなかった。

その日の夜、仕事が終わって、気持ちがいらいらしていた高博士は、当てもなく歩行者天国をぶらぶらしながら、思わず紅磨坊の横に来た。ちょうど何人か役人模様の人と一緒に出てきているマネージャー張に出会った。

マネージャー張は何度も手を差し伸べて、自分を危険から救ってくれたので、高博士は随分マネージャー張に好感を持っていた。彼は足早にして、マネージャー張が客を見送った後に声を掛けた。

高博士を見て、マネージャー張は親しげに彼の手を引いてＫＴＶに戻り、従業員にお茶を入れるように頼んで、「個室に入るのかな？」と高博士に聞いた。

王婕との感情の渦中で藻掻いて、高博士はもう遊ぶ気分にはならず、別に用事があると言い逃げをした。マネージャー張も無理はせず、高博士と少し雑談してから、どこかへ酒を飲みに行ってしまったようだ。

高博士はお茶を何口か飲んで、帰ろうとしたところ、張紅はマネージャー張の消える方向から急いで歩いてきた。ひらひらとしたブルーのスカートが体全体をぴったりと包み、優美な曲線を引き立てて、魅力的でセクシーな姿を存分に映している。

張紅は青いバッグを腕にかけ、もう一方の手に鍵を持ち、高博士の前に立ち、言葉を吐き出そうとした。

「仕事が終わったのかね？」

高博士に先に尋ねた。

「どうして入らないの？これから行くの？」

張紅は頷きながら聞き返した。

高博士は直接答えず、手を外に向けて合図しただけで、二人は前後して紅磨坊の門を出て行った。

「高さん、私の電気自転車に乗って火鍋に行きませんか？」

張紅は手に持っていた鍵を挙げて高博士を誘った。

高博士はここまでぶらぶらして腹が減ってきたので、行こうと返事して、その電気自転車の後部座席に乗った。その自転車は火鍋屋へ疾走した。

瞬く間に、二人は近くの「要徳火鍋店」に着いた。張紅の提案で二人は白酒を注文し、盃を交わしながら飲み始めた。

高博士は何杯か酒を飲んだ後、自分がどのように王婕が好きで、王婕に裏切られたことについて話し、気持ちが激しくなり、目元が少し赤くなっていた。

張紅は黙って耳を傾けていたが、時折、和やかな声で慰めの言葉を囁いたり、鍋の羊肉を高博士の皿に挟んだりした。

話している間に、二人は白酒一本を飲み干した。高博士はふらふらと立ち上がり、財布を張紅に渡して、会計を済ませた。張紅は少しぼんやりしている高博士を支えて、タクシーに乗せ、電気自転車を後部のトランクに入れて、運転手に指示してから虞山ホテルに向かった。

ホテルに着くと、張紅は高博士の財布の中からルームキーを取り出し、ドアを開けて部屋に入った。高博士は懸命に揺れた体を落ち着かせて、振り返って感激しようと、自分を支えている張紅の両手を掴んで自分の懐に引き寄せ、あのすらりとした美しい体を抱いて軽く背中を叩きながら、「ありがとう」とお礼を言った。

張紅はその勢いで高博士に寄り添い、綺麗な目を光らせて、まっすぐに高博士の目と鼻先を見詰めて、バラ色の口紅を塗っている小さい口を開けて、高博士に向かって、「なんて遠慮するの？」と言ってから、また、甘えたように細い声で「高…、お兄ちゃん…」と呼んだ。

その柔らかくて甘美な声は耳元に伝わって来て、王婕とまったく同じような声が聞こえた。高博士は自ずと全身を震わせた。

高博士が微かに頭を下げると、張紅の紅潮した頬に色っぽくて可愛らしいな表情が浮かんでいた。

僅かに反り返ったまつ毛が蝶の羽のように震え、さくらんぼのような唇から少し湯気が立ち上り、柔らかな手が高博士の頬と胸を撫でるように触れていた。

高博士は頭のてっぺんに熱がこもり、大興奮の感情の火山が噴火しそうになりながらも、立っていることができず、張紅を抱き上げてベッドに倒れ込んだ。

高博士は布団を引き裂いて、まず張紅の靴を脱がせた。そしてスカートに手を伸ばそうとしたが、張紅は少し高博士の手を遮って、きびきびと立ち上がり、まずスカートを自分で脱いだ。ピンクのブラとパンティーだけを残して、目の前の好きな男性をちらっと見て、恥ずかしそうに布団を引いて体に被せた。高博士は焦りながら素早く服を脱いで布団に潜り込み、手際よく張紅の上半身を自分に向かわせ、手を張紅の背中に入れてブラのフックを外して、手のひら全体を張紅の丸みのある乳房に押し当てて揉み始めた。張紅は色目を細めて縫い目を作り、ぼんやりとした顔付きで、時々「あ…あ」と口を開けていた。

高博士は布団を捲って、白い膨らみを見詰めていたが、思わず身を伏せて胸の片方の尖ったところに口付けをして、勢いよく吸い始めた。張紅の「あ…あ」という声はますます大きくなり、その丸くて美しいお尻も盛り上がった叫び声とともに痙攣するように上下に動いた。

高博士はその瑞々しい肌に沿って手を張紅のピンク色パンティーの中に滑らせ、下に向けて擦り落そうとしたが、張紅はふっくらとした丸いヒップを持ち上げるのに合わせて、美しい足を交えながら一度曲げた後、再び伸ばしてそのパンティーをどこかへ蹴った。

高博士の手は、うっそうとしたジャングルを越えて、その隠れ家の方に向かっていたが、秘所の周りが少しぬかるんでいるのを感じ、指でくるくると掻き回すと、秘所は刺激に耐えられず、その愛液がぐちゃぐちゃ湧き出てきた。

しかし、高博士がまだ動き出す前に、張紅は素早く寝返りを打ち、高博士の上に乗った。彼女は待ちきれずに手を下腹に下げ、すでに涎が垂れているあの熱棒をしっかりと握り、目を閉じたまま、自分の秘所に当てながら身体を下ろした…、二人は激しく動き始めた。張紅の呻き声がどんどん速くなり、デシベルの値も上がってくると、高博士は酔いの大半を取り戻された。

彼は、柳葉の眉を少し顰め、朱肉の唇を僅かに開けた張紅を眺めていた。彼女の長い髪が、体の揺れに合わせて波のように散らばっていた。高博士は思わず頭の中に王婕の魅力的な顔とポニーテールが浮かび上がってきたが、急に茫然とした気持ちに襲われ、先ほど高まってきた情熱は一段と冷め始めたのだ。

高博士の体に座っていた張紅は明らかに異様な感覚を覚え、「え?どうしたの?」と呟いた。高博士は満面の恍惚の表情で返事もせず、無意識に張紅の動きに迎合していたが、次第に体の反応が弱まっていった。

張紅は気分が高ぶっている肝心な時に、突然このような充実感から虚無感への大きな浮き沈みに晒され、大変悔しく感じたが、一層力を入れて美尻を捻りながら、状態を立て直そうと試みていた。しかし、高博士はすでに気が抜けてしまい、張紅のすべての努力は水泡に帰した。彼女は黙々とこの予想外の現実を受け入れるしかなかった。

張紅は不本意ながらベッドから降りてバスルームに入った。シャワーを浴びてからベッドに戻ると、パンティーが見つからなかった。仕方なく、バスタオルを羽織った張紅は、高博士を見ながら重いため息をついてタイツとスカートをはいて、ドアを開け、落胆した後ろ姿を高博士に残した。

7、仲直り

その日、張紅によって高博士は不自然な体験をさせられた後、さらに心配事が増え、頭から王婕の姿がなかなか消えなかった。自ら簡単に頭を下げることには気乗りしなかったが、高博士はどうしても避けられない状況に置かれていた。

その日、高博士は紅磨坊の近くにある「おばさん水餃子」という店に行った。そこでたまたま王燕と何人かのKTV嬢に出会い、一緒に食事をすることになった。しかし、その後「兄ちゃんが奢る！兄ちゃんが奢る！」と王燕が先頭に立って大げさに叫んだ。

この店の料金は元々高額ではなかったため、高博士はその流れに乗り、支払いを済ませ、王燕の促しに従っておどおどしながら彼女たちの後について紅磨坊に到着した。

「兄ちゃんが来た、兄ちゃんが来た！」と王燕は個室に入る前に、廊下を歩いて来た王婕に向かって叫んだ。

王婕は高博士の方を見たが、声をかけておらず、小さな個室のドアを押して、高博士を中に連れて行くように王燕に合図してから、悠然と立ち去った。

王燕はしばらく高博士と個室で過ごしていたが、高博士のぼんやりした様子が面白くなかったため、トイレに行くという口実を使って個室を出て戻らなかった。

高博士は一人で個室に取り残された。彼はタバコに火をつけ、個室のドアを開けて、ドアの前に立ってタバコを吸っていた。そのとき、張紅と幾人のＫＴＶ嬢が笑いながら歩いてきたのを見て、高博士は気まずそうに声をかけた。

「高さんはいつ来たんですか？ここで何してるんですか？」

張紅はおっとりと高博士に尋ねた。

高博士は不自然な表情で笑ったが、答えなかった。

この様子を見て、張紅は少しためらった後、「じゃあ…、付き添う必要があるのですか？」ともう一度尋ねた。

「あなたは忙しいでしょう？私は大丈夫です」と高博士はすぐに手を振って言い返した。張紅はそれ以上話すことなく、急いでその女性たちに追いつき、廊下の端を曲がって姿が消えた。高博士は一人で個室に戻り、退屈そうに選曲台で自分の得意な曲を何曲か選んだが、どうしても歌を歌う気になれず、個室の中でいても立ってもいられなかった。彼は出るべきか、それとも一人で残るべきかを迷っていた。

高博士はソファーに横たわっていたが、何時間かダラダラと過ごした。個室のドアが開き、髪を高く結ったポニーテールをして、紺色のスーツセットを身にまとった美しい姿が目の前に現れた。それはまさか王婕であることは間違いない。

高博士は体をまっすぐにして座り直った。王婕のほろ酔いの顔が赤くなって、美しい瞳で自分を見ていた。デリケートな唇が上下に蠢き、「どうして…、知らないの?」と甘えた声を出していた。

高博士はしばらく呆気に取られたが、メガネを外し、手でぐいぐい顔を拭って、王婕を引っ張ってソファーに座らせ、彼女の腕を摘んでいた。

王婕は「あ…あ」と大声で叫び、高博士に肘をぶつけて咎めるような目付きを送った。高博士はやっと気が戻り、興奮して彼女の両足を自分の膝の上に置き、頭を下げてそのさくらんぼのような小口にキスをしようとした。

「もう怒らないのですか?」

王婕は手を伸ばして口を遮り、不満そうな口調で言葉を吐いた。

「えーと、えーと、誤解していました」

高博士は頷きながら、香ばしい匂いを発するその美人体をしっかりと掴んでソファーに倒し、手を伸ばして次の動作を始めた。

王婕は素早く高博士を押しのけ、起き上がって、「何を焦っているんですか!ここは個室ですよ、あなたは知らなかったのですか?」と叱った。

高博士ははにかんだように笑いながら、しきりに謝り続けた。

王婕は外に出ていた。約30分経つと、王婕は自分の巾着袋を肩に掛けて個室に戻り、高博士に個室料を払わせてから、赤いバイクに彼を乗せて虞山ホテルに走った

部屋に着くと、王婕はバスルームに入り、高博士を呼んだ。

二人は瞬く間に熱い水流の中で激情を盛り上げ、絡み合ってしまった。

高博士は姿勢を変えながら、その凹凸のある美人体を前後に振り回し、白雪のような白い肌を撫でながら、肥えた土地を欲深く耕した。

エクスタシーの後、高博士は全身に水玉の付いた体をベッドに抱いてきた。

「私はあなたのことが好きなのを知っているのか?あんな乱雑なKTVでは、私はとても不安だ…」

高博士は、まだ少し喘いでいる王婕を見詰めながら優しく言った。

「あー、あー、私はKTVに行かなくてもいいんですけど、家族みんなで飯を食えますか?あなたは私たちを養ってくれるんですか?」

王婕は高博士を睨みつけて言った。

「なんなら…、自分で商売すればいいじゃないか?」

高博士は答えた。

「商売をするには資金が必要ですよ!私はどこから見つけられるでしょうか?」

王婕は尋ねた。

「私がいるんだよ!もし先にあなたが調べたら、また相談しよう。どうせ…、どうせ私はあなたが

ＫＴＶで他の人に抱かれたくないからね」

高博士は強い口調で言った。

「今はあなたに抱きしめられているではありませんか? あなたは最悪の人ですよ…」

王婕は甘えた声で言った。

二人は笑ったりしているうちに、高博士はまた全身が火照ってきて、その柔らかい肌の上に俯せになり、膝で王婕の両足を押し開き、狙いの的に自分の長い槍を当てて、少し力を入れながら押し込んだ。

王婕は凄く股間で張り詰めたり膨らんだりするのを感じ、体に入ってくるものが絶えず出入りするに連れて、強い電流が両足の間から全身に次々と広がり、つい脳の海馬細胞まで襲われてきた。王婕はその衝撃の快感に落ち浸ってしまい、腰の捻りを一層激しくした。

王婕の動きの頻度がますます高まったことで、高博士の衝撃のリズムが速くなった。彼は奮って自分の槍をとことんまで差し込み、最後の一撃を放った。それに応えて、王婕は突然、大きな波に乗せられたような感覚が湧き上がった。波の頂点に投げ出されると、彼女は体中が波のしぶきとなって散り散りになり、まるで自我を忘れたかのような感覚に陥った。王婕は目を閉じて、静かにその浮遊感を味わっていた。

高博士はこの夜、体力を大量に消耗していたため、少し眠くなっていた。

携帯電話が鳴った。王婕は見もせずに電話を切り、すぐに腰を上げてバスルームに入ったが、間もなく戻り、素早く服を着て、鏡の前に座って細心の注意を払いながらポニーテールを結んでいた。高博士も浴衣を着て、ソファーに座り、タバコを吸いながら王婕を見ていた。

「もう行くのか？」

高博士はこれまでのように王婕を泊めて置くことはできないと思っていたが、それでもわずかな期待感を込めて尋ねた。

「はい、大目に見てくださいね」

「商売のことは助けるから、場所を留意してね」

「はい、うーん！あなたこそ私の本当の旦那と後ろ盾ですよね」

王婕はにっこりと笑って、高博士にキスをして、肩を組んで戸口に向かった。

数日後、王婕は家の中で相談を済ませてから、服屋を見回って、５万元の譲渡料が必要だと高博士に伝えた。高博士はすぐにカードからお金を振り込み、また王婕が夜中に虞山ホテルに来た時に仕入れの資本として１０００元の現金も手渡した。

その後、王婕は紅磨坊を辞めて、衣料品の店を開いた。ちょうどその日、高博士が開店のシーンを見たのだ。

8、KTVマミに復帰

その日、開店の「夢婕衣料品」を通りかかって、ハンチング帽を被った男から悪意のある挑発を受けた後、高博士は街に出る際に、「夢婕衣料品」を避けようとした。

王婕とのデートの回数も、彼女が店を開いたため少し減ったが、結局は張明たちとのもめごとを心配しなくなり、煩わしいこともなくなったので、高博士は満足していた。

王婕も暇な時にホテルに来て、二人だけの時間を楽しんでいた。

この間、KTVから遠く離れた高博士は、王婕夫婦が店を続けてうまくいき、利益を上げていくことを黙々と祈っていた。

2ヶ月後、高博士と大谷部長らは日本の本社に戻り、王婕との連絡は途絶えた。

会社の第二期工事は順調に開始した。日本エンジニアリングのT社が工事設計に落札し、その会社から十数人の専門スタッフが常熟に派遣された。

この時の常熟にはまた十数社の日本企業が進出した。常熟の夜の賑やかさはすでに数年前とは比べ物にならないほど増してきた。その中には第一デパートの隣にも豪華なナイトクラブができた。

このナイトクラブは彼らが住んでいる虞山ホテルから僅かに道一本を隔てているので、行き来は便利だ。

T社の新田君は間もなくこのナイトクラブの常連になった。彼は時々自分のナイトクラブの「戦果」を誇らしげに披露した。そこのマミ王婕がいかに美しくて人を感動させるか、いかに人の気持ちを読み取ってくれるか、いかに自分と密接な関係を持っているかなど自慢話をした。

新田君はどうしても知らなかったが、彼の口の中のマミ王婕はかつて高博士の魂を巻き込んだ女神なのだ。

もともと、王婕の気持ちは商売や服屋には向いていなかった。彼女のあの怠け者の夫も結局朝から晩までの苦労には耐えず、また馴染みの麻雀卓に戻ってしまった。

王婕は一人で数日間、服屋の商売を我慢していたが、昔の姉妹たちの散財振りや、華やかな恰好をして自分の前で街をうろうろしているのを目にしていたことで、とうとう素直な商売が続けられず、ただの半値で服屋を売ってしまい、あのナイトクラブに入って、再びマミの本業に戻ったのだ。

「夢婕衣料品」はわずか三ヶ月しか存続していなかった。開業当初はほとんど自分のお金を使わなかったので、いくら譲渡しても自分の「純利益」になる。王婕には何が何でも損な商売をする筈がない。

この商売は最初から短命の運命が潜んで待っていたのかもしれない。

高博士が腐心して王婕にアレンジしてあげた商売が終わってしまい、二人の約束も風に乗って、またたく間に消え失せてしまった…。

〈紀行篇〉

一、七宝古タウン

（2005年4月）

七宝古タウン…、地下鉄で七宝駅に着いた後、この不思議な場所に驚かされた。先週の日曜日、用事があって閔行に行った。七宝駅で降りて、七宝鎮（七宝小町）の出口に行くようにと、目的地へのアクセスを教えてもらった。名前だけ聞いても、間違いなく郊外だと分かるが、上海の地下鉄は急速に発展し、多くの路線が郊外まで延びているので、混雑した道路よりも地下鉄移動のほうがずっと便利になった。

人民広場から一号線に乗って、徐家匯で9号線に乗り換えると、30分ほどで着く。用事を済ませた後、帰ろうとしたところ、「七宝古鎮」（古タウン）と書かれた看板の方に大勢の観光客が集まっているのを見つけた。好奇心に駆られ、人の流れに沿って古タウンの町口に出た。

左には新築のマンション、右には数十年前の改革開放初期の名残が色濃く残るプレハブのような住宅があり、都会とも農村とも思えない風景だった。私は、この奇妙な場所がなぜ観光客を引きつけるのか疑問に思った。

市内に戻ろうと思っていたが、どこか落ち着かない気がしていたので、小さな築山がある広場まで歩いて行った。その途中、道端に「七塔」という矢印が目に付き、興味を持ち始め、先に行く前に立ち止まって見てみることにした。七塔は、実は七階建てのシンボル的な寺院の建物で、後から再建されており、あまり見る価値がないと思ったので、なお七塔の裏通りを歩いてみることにした。

うろうろしているうちに、周囲が次第に騒がしくなり、物売りや掛け引きの声があちこちから聞こえてくるようになった。目の前の景色はいつの間にか変わり、見覚えのあるようなものが広がっていた。幅が僅かに二、三人しか通れない横丁の両側には、古風な軒先の建物が並び、青瓦、赤柱、白壁が渾然一体となって、千年の古い町の風情を醸し出している。さらに、小さな川が間に絡みついて町を二つに隔て、幾つかの異なる風景を見せる小さな橋がその上に架かっていた。まるで「小橋流水人家」の周荘のミニ版だと、なんだか胸が高鳴った。

ぶらぶら歩いてきて、やっとこの古い町の魅力が分かった。川に沿って南北に二つの大通りに分かれており、南大通りは特色のある軽食が主流で、北大通りは観光工芸品、骨董品、書画が主に扱われている。旧市街は「レジャー、観光、ショッピング」が一体化された繁華街となっている。これは周荘に続いて、もう一つの美しい景色を誇る江南水郷の重要な発見だ。特殊発酵の揚げ豆腐「臭豆腐」とミニワンタンを食べたり、大きい豚足と辛味豆を買ったりして、戦果はかなり大きかったが、観光地の工芸品には興味を持たず、すぐに通り過ぎてしまったため、何も印象に残っていなかった。

旧市街から出ると、また築山のある広場が見えた。広場の傍の石には旧市街の歴史が刻まれていた。字がぼやけていて、分かりにくかったのだが、帰ってからパソコンでネットを調べたところ、この七宝鎮は晋代の著名な文学者である陸機、陸雲の兄弟によって形成された町であることが分かった。今から千年以上前に存在していたのだ。陸機は西暦２６１年に生まれ、陸雲は西暦２６２年に生まれたが、兄弟は西暦303年に成都の王者である司馬穎によって殺された。この兄弟は呉郡華亭の出身で（現在の上海松江区）、七宝鎮に縁深い人物であることが分かる。

陸機、陸雲は当時の文学界で非常に有名で、文学泰斗と呼ばれていた。陸雲は「華麗な文章と高い表現力の達者」と評価され、陸機はさらに「稀なる奇才で、文章は世を圧倒する」と称賛された。しかし、残念なことに、彼らは当時の支配階級の権力闘争によって犠牲となり、物語「華亭の雄鶴」だけが残された。

陸兄弟の末裔は松江に香火祠を建て、陸宝院と名付けた。最初は松江境の陸宝山、呉淞江畔に位置していた。陸宝院の設立は、宋朝初頭時の七宝鎮の形成に関わっている。

陸宝院から七宝寺までの間には長い歴史の過程があった。この中で、東晋十六国から南北朝、隋、唐、五代十国までの600年間にわたって変遷してきた。五代十国を一つの歴史的段階に区分すればよく、七宝寺がこの時期に正式に名付けられたことに由来している。五代十国は、唐と宋の間の歴史的過渡期にあり、呉越国王の銭謬が在位していた907年から931年までの間に、陸宝院を訪ねた際、自分の妃が5年の歳月をかけて青の刺繍紙に金粉の楷書で書いた蓮花経の巻を陸宝院に贈ったと言われている。「此れ宝也」として、そこから陸宝院は七宝寺と改名された。七宝は「十年の上海は浦東を見る、百年の上海はバンドを見る、千年の上海は七宝を見る」と言われ、高く評価されている。

「七宝古タウン」は、江南太湖流域に位置する千年の古タウンであり、周荘と同じ分類にされており、その美しい景観とともに、都市の中でも典型的な歴史の町として知られている。また、上海に最も近い保存状態の良い古代の町でもあり、七宝を訪れると、予期せぬ発見があるかもしれないね。

二、渓口の町の風情

（2008年5月）


渓口という目立たない浙江省東部の町が、一人のために大ヒットになった。

浙江省奉化市渓口鎮は、中国現代史で言わずにはいられない人物である蒋介石の生家なのだ。

この日の5月20日は、青空が広がり、風も穏やかだった。寧波に来る前から、毛沢東の敵である蒋介石の実家をまだ見ていないことに気づいたので、朝寝坊を犠牲にして、午前9時に渓口行きのシャトルバスに乗った。

渓口は寧波からわずか約40キロの距離に位置しており、特に夏季には旅行が盛んである。寧波南駅から渓口へ向かうバスが5分毎に一本運行しているため、日帰りの観光が可能で、非常に便利だ。

渓口に到着後、すぐに武嶺路に向かうと、蒋介石の旧居に入ることができる。最初の観光地である武嶺門のところには、軍服を着てブーツを履いた、生き生きとした蒋介石の姿が立っていた。この人は観光客との記念撮影に余念がなく、一枚10元という値段は高いものの、お客さんは相変わらず喜んで押し寄せている。一方で、文昌閣の門前に陣取ったガウンマンダリンジャケット姿の蒋介石は、表情や体格が悪く、5元でも買い手がつかなかった。この蒋介石から客を呼び寄せる声は、どうも惨めに聞こえた。

人混みに流されて、蒋介石と写真を撮り終えると、70元で蒋氏旧居観光の連券を購入し、まず蒋氏の家族祠を見た。ここには、蒋家の系図をたどる一族の写真などが幾つか展示されている。蒋氏の家族祠やその他の蒋家の建物は、解放軍が1949年5月16日に奉化を制圧した際、毛沢東から破壊禁止の命令を受けて残ったが、プロ文革で破壊された。

ここから数十メートル離れたところに蒋介石の旧居「豊鎬房」がある。これは蒋介石兄弟が分家した際に得た財産だった。ここで蒋介石の父親の蒋肇聡は現地の著名な塩商人であり、蒋介石の母親の王采玉は彼の三番目の妾であることが分かった。蒋母は亡くなった後、蒋父や彼の妻達と一緒に葬らないように遺言を残し、自分の妾の身分を否定して子供たちが他人に笑われるのを避けたという。ガイドさんの話では、蒋の次男の蒋緯国も身元が謎に包まれており、戴季陶の子かもしれないとのことだった。

直ぐ近くの玉泰塩屋は蒋介石の兄である蒋介卿から分け与えられた財産であり、蒋介石が生まれた場所でもある。ここはもと蒋介石の父である蒋肇聡が塩の商売をして出世した根拠地だった。幾つかの写真や家具などを除いては何も特別なことはない。入り口の看板によると、これらの蒋家の建物はすべて1996年に政府の国家重点文化財に登録された。

印象的なのは、道路の向こうに流れる渓に沿って建つ文昌閣だ。ここは遠くから見ると小さな島のようで、三面を水に囲まれている。清の雍正9年（1731年）に建てられた。もとは文人の読書会の場所であったが、蒋と宋美齢の希望によって再建された。水洗トイレ、バスタブ、ソファー、ピアノなどの設備も当時では極めて近代的なものだった。

蒋氏の旧居を見学するのに二時間も掛からなかった。時間に余裕があったので、浙江省で唯一の国指定の景勝地と言われる雪竇山へ行ってみることにした。地元の人に聞いてみると、山道はとても長くて、歩くのは現実的ではない。棚付きのバイクを捕まえ、その所有者と乗車代のかけ引きをして、最後に50元で合意し、ブツブツとしていたエンジンの音の中で登山の道のりに足を踏み入れた。山道は曲がり、バイクがぐるぐる回っていた。道路の片側は山に面し、片側は谷間になり、沿道は林や木が青々と茂り、鳥の鳴き声や花の香りが漂っている。山々が連なり、起伏が激しいが、そんな山の風景は目を楽しませてくれた。

やっと観光地に着いて、看板をよく見ると、なんと「張学良将軍の第一幽閉地」なのだ。当時ここは中国旅行社南京支社が管轄する観光地の一つで、1937年1月に国民党軍事委員会に貸し出され、有名なミス趙四つまり趙綺霞女史と張学良将軍が8～9ヶ月間幽閉された場所でもあった。この二人はその後、大火事の後に黄山に移送されたとされている。この場所は景色が美しく、気候も良いことから、蒋介石はこの義兄弟にはかなり配慮していたように思える。

この場所から更に上がっていくと、標高397mの雪竇山の頂上にある妙高台に到着する。蒋介石がここに建てた別荘は「妙高台」と呼ばれ、三面が絶壁で囲まれ、一方だけが通行可能になっていた。

当時、蒋介石はこの場所で下野した政治家と密会し、政治の操作や淮海戦役の指揮を行ったとされている。妙高台別荘を柵で見下ろすと、亭下に湖がくねくねと伸びており、はっきりと見える。谷間や絶壁の下は神秘的な雰囲気に包まれ、何か心を震わせるような感覚を与えられた。

妙高台から石段を下り、十数分で有名な千丈岩滝に着いた。滝は崖の入り口から出て、淵の底まで落ちてくる。186メートルの落差があるため、この名が付けられた。谷川の水がそびえ立つ崖の削壁には、「千丈岩」という三つの赤い文字が見える。これは、中国書道家協会秘書長の黄綺さんが手書きし、1992年に切り取られたものだ。千丈岩滝が飛び散り、虹のように流れる世にも珍しい奇勝風景が目に入る。そのため、歴代の文人墨客たちはその名を慕って、多くの伝説や詩文を残してきた。千丈岩のほとりには、宋代の宰相王安石の像と、彼の賛美詩句「山々は重なり合っている中、滝が千丈に吊ってあり、清らかな流れが分けられ、玉女の織機を通す糸が掛っているように見える一方、日出時また色彩豊かな掛け軸に変わる」（原詩の意訳）が記された石碑がある。

千丈岩を出て、石橋を渡ると1600年以上前に建立された古刹、雪竇寺に到着した。この寺は晋代に始まり、唐や宋の時代には栄えて、明の時代には天下の十大禅宗の名刹に指定されたが、今では仏教の五大名山の一つであり、雪竇山の名所旧跡となっている。

今日は不意に仏門に入って、いつものように焼香して頭を叩き、神霊の加護を祈った。

山を降りても疲れが残らなかったのは、車で山頂に到着してから景色を見下ろしたため、登山の疲れが軽減されたからだ。武嶺門に行くと、あの「蒋介石」が相変わらず忙しく客と写真を撮っているのを見て、内心に感嘆せずにはいられなかった。蒋介石は生前、台湾に居座って中国本土(共産党)を敵に回していたが、死後も故郷の住民に福祉をもたらすことができるとは、誰も思っていなかっただろう。

三、世界の屋根に行こう

1、2008年6月24日火曜日　晴れ33℃

「汽車に乗ってラサへ」の歌の影響もあってか、沿道の景色を楽しみながら高原の気候に慣れて行きたいと思い、夜20時発の北京―ラサ直行の急行T27便でチベットの旅に出た。

私が申し込んだのは12日間の陸路・航空を使ったツアーコースで、旅行社から18時半に北京西駅北広場に集合するように言われた。

時間通りに北広場に到着したが、日はまだ沈まず、暑さの余勢が残っていた。日中の焼けた地面からは湯気が舞い上がり、人々の中にはさまざまなタバコの匂い、汗の匂い、化粧品の匂いなどが立ち込めていた。

すでに汗だくになっていたのに、いきなりこの雑踏の中に来て、私は少し頭がぼんやりして大きくなった。試練はあまりにも早すぎたのではないだろうか?

旅行社の案内に従い、ガイドさんを見つけて寝台券を手に入れた。40数時間の道のりを考えると、なんとか苦労を避けたいので、ガイドさんと相談し、400元を支払って軟座寝台券（高級寝台車）に変更した。ガイドさんは私にもう1枚のホーム入場券を渡し、駅に入る際は必ずこの切符を使用するように、軟座券を提示しないでください、と指示してくれた。疑問に思って聞いてみると、やっとその理由が分かった。その一等寝台はガイドさんたちが以前から買いだめしていた「資源」であり、通常は実名で購入する「軟座券」は改札で使用しないことで、どの人物が「実名」を使用していたのか分からなくするための措置だった。

個室に入り、まだ座りもしていない内に英語混じりの騒ぎ声が聞こえてきた。

一体何なのだろうかと思っていると、一人の西洋人美女がドアの前に現れた。そばに居るもう一人の十七、八の少女が彼女に何か「change」などと話している。少女が来るのか外国人が来るのか、誰であっても悪いことではない。そんなことを考えていると、香水の匂いが鼻を衝いてきて、あわや気絶しそうになり、頭が鈍く痛み始めた。やっぱりこの西洋人女性は、私が最も我慢できないようなヨーロッパの強烈な香水をつけていたのだろう。駅前広場の「熱波」の洗礼を受けたばかりなのに、もしかして今頃「香水陣」に入るのか…？

私はすぐにその少女に聞いた。

少女は、私がここの個室だが、家族は西洋人美女と同じ個室だ、お母さんは家族が一緒になりたいとして、私たちの個室に変えて欲しいと西洋人美女と相談したと言ってくれた。私はすぐに、あなたの英語がこんなに上手なのに、この40数時間の言葉交流の機会を放棄するべきではない、あなたは彼女と個室を交換するなら、交流することができなくなる、彼女も私とコミュニケーションができず、気まずくなるだろう…、と少女に相談すると、「了解した」と返事が返ってきた。

しばらくしてから、50歳前後の女性が個室に入って来た。彼女は自分があの少女の母親であることを教えてくれた。「今では何人かの話で盛り上がっているそうだ」と報告してくれた。また、「私の娘はシンガポールの大学に進学していて、英語がとても上手だ」と女性は最後にこう付け加え、顔には限りない誇りがにじみ出ていた。

私はすぐにお世辞を言って、なんとかこの香水の危機を治めた。

時間はすでに10時を過ぎていたので、私は上段ベッドに登って、この列車の旅のために買った「乱世のヒーロー」(軍閥張作霖伝記)を取り出して、時間を100年前の清末時代に戻した。日曜日には姪の結婚式に参加して、ハルビンから北京に戻ったばかりだし、月曜日には急いでチベットへ行くための薬や衣類などを買い出し、今日は汽車に乗車して出発したため、疲れと揺りかごのような揺れの中で、私は本を持ちながらいつの間にか眠りに落ちた。

2、2008年6月25日水曜日　曇り25℃(車内)

目が覚めるとぼうっとしながらシャワーを浴び、出勤しようとして起きたら、突然、左足がすっかり浮かんでいて、体のバランスが崩れそうになった。しばらくしてから意識がはっきりしてきた。もともとこれは汽車に乗っていたのだ。十数年間まったく汽車の寝台に乗っていなかったからか、まだなかなか不適応だったのだ。

寝台の洗面室で歯を磨き、顔を洗ってから、まだ7時前の朝食時間帯なので、食堂車に行った。朝食の種類はあまり多くなく、薄っぽいお粥、何枚かの揚げパン、ゆで卵と漬物などを入れた朝食セットは10元を要するが、まあまあの食事だ。

食堂車に座って窓の外を見ていると、夜はとっくに明けていて、まだら模様の野原がひっきりなしに目の前を過ぎ去り、時にはボロボロのレンガ造りの家や雑然とした林や池が目に飛び込んでくる。ただでさえ豊かではない朝食が、この光景を見るといっそう味気なくなった。

個室に戻ると、カップラーメンの匂いが鼻の穴に突っ込まれてきた。いつもはこの食品に抵抗がある私でも、少し食欲をそそられた。テーブルの前に座っている女性は、私が入ってくるのを見て、湯気をたてている「康師傅」を美味しそうにすすりながら会釈した。

「彼女たちは本当に興奮して、夜中までトランプを打って遊んで、今でもまだ起きていないんだよ」

女性はカップラーメンを食べ終わると、言葉箱の蓋を開けた。

「もしかしてあの外国人も一緒に遊んでいるのか?」と疑問を投げかけた。

「娘がそう言っていた」と女性は答えた。

女性は、娘が休みになったので遊びに連れて来てくれたとも話してくれた。

「同行していたもう二人の少女は親戚の子だ。出てきてから気づいたんだけど、自分の娘に非があったら自分の言うことを聞いてくれるが、あの二人の子にはあまり仕付けのことを言えない。まだ行き先に着いてないのにもう癇癪を起こすなんて、まあ！もう嫌になっちゃうわ…」

女性は滔々と語っていたが、いかんせん私という聴衆は何の役にも立たず、ただ「はあはあ」と応対しながら、ベッドに登ってすぐに軍閥の世界に入った。女性はぼんやりと私の方向へ凝視していて、窓の外に放り出されている荒涼とした野原には見向きもしない様子だった。

11時過ぎに、少し空腹を感じてきた。自分が持って来た「ハルビン大列巴」（ロシア式パン）を開けて、赤いソーセージ、魚泉ザーサイ、キュウリ、許氏味噌など、ハルビンスーパーの食品を取り出した。飲んだのは持って来た「紅牛」という健康ドリンクだった。汽車に乗ってから、今回の旅行は絶対に白酒を飲まないと心に決めていたのだ。

たくさん食べて、たくさん飲んだ後、満腹になった。長いこと汽車に乗っていなかったからか、好奇心が沸き上がり、所在の5号車から車両を潜って、9号の寝台車まで行った。以前に乗った寝台車よりも通路が狭くなった感じがした。また、寝台車はベゼル付きの三段敷きでドアがない以外、ほとんど軟座寝台車と変わらない。車内にはザーサイの匂いが漂っていたが、思ったほど騒がしくはなかった。

各車両結合部の洗面台横の壁には、この鉄道ルートの各停留所と到着時間を示すカラーの図が掲げられている。この図を見たら、列車はすでに寧夏の境内に入ったようで、外の景色は静かに変わり、すぐに感興が湧き出て、窓の外に専念した。

大きな饅頭のように丸裸の黄色い丘陵が次々と窓の外を通り過ぎていくと、それまで荒れていた草原はいつの間にかその跡形が消え、目の前には、見たことのない異様な世界が広がっていた。丘陵の間を時折曲がりくねった道路が通っていて、路盤の高い列車からは、まるで複数の真珠の繋がれたネックレスが青空と白雲の間に散在しているような奇妙な風景が見えている。

空想にふけっていたところ、お腹の異常を感じ、素早くトイレに行って用を足した。一回、二回…、下痢かと気が狂うほどだった。まだチベットに着いていないのに、これが続けば、この旅行もこの休暇もダメになってしまうのではないだろうか？考えれば考えるほど怖くなって、直ちに用意していた腸炎薬を出して飲み込み、夕食もあっさり省略した。そのままじっとその効き目を待っていた…。数時間も経つと、なんと良くなってきた。

小さな危機を乗り越えた頃には、空はもう暗くなり始めた。遠くに浮かんでいる黒い雲はまるでキノコのようで、それが真っ黒な鏡の上に立っている。そんな神秘的で不気味なものが見えて来た。

「これは青海湖だ」誰かが叫んだ。

青海湖はグレーな色に包まれ、想像していた震撼力が感じられず、その百変もある勇姿の中で最悪の一面を見たのだろう？もしかして列車のゴロゴロがこれを騒がしたのだろうか？私は想像力を活かしながら、またこの列車の個室で別の夜を迎えた。

3、2008年6月26日木曜日　雲のち晴れ22℃

夜中にパーチ…、パーチ…という音で目が覚めた。どうしたの？と聞いてみた。［温度を調整して…］、と女性の声が聞こえると、私も個室の温度が下がり、体中が少し冷えるのを感じた。女性はしばらく弄ったが、はっきりとした効果がないようで、諦めて大きなため息をついてベッドに戻った。

窓の外を見ると、真っ暗で何の景色も見えなかった。列車の車輪がリズミカルに響く音と、空調機が発した雑音だけが聞こえた。私はもはや、今はゴルムを過ぎて崑崙山脈に入り、標高５０００m以上のタンゴラ山を越える時間帯だと推測していた。こんなに標高が高く、こんなに複雑な地形で、人々はどうしてこの青蔵鉄道を建設したのかと、私は当時の鉄道労働者の壮挙にひそかに尊敬の念を禁じ得なかった。

鉄道工事の風景を想像しているうちに眠気が再来し、私はダンゴラ山の雄姿を見るのを待ちきれず、また眠りについた。

目を覚ますと、頭のてっぺんから「ちっちっ」と空気が出る音がした。もしかして車両から空気が漏れているのか？と起き上がってよく見ると、車の壁にはスイッチのようなアルミ板がはめ込まれていて、そこに穴が開いている。その空気音はそこから出ていたのだ。酸素だ！とハッとした。青蔵鉄道の機関車は中国独特の設計の高圧酸素車両で、建設費が非常に高いと言われたことを覚えている。時計を見ると、もう朝5時くらいになり、ダンゴラ山はもう過ぎたはずだが、私には何の不快な反応もない。

何時の間にか、空調機から出る冷気が暖房に変わり、個室の中はぽかぽかしていて、体感が快適になった。窓越しに白い光が空に浮かんで来て、ダウンジャケットを頭に被って服のまま寝ている女性が見えた。布団を丸めて放り投げられている状態だったので、ベッドに寝ていなかったことが分かった。洗面が終わり、朝食まで時間があるので、それを待つ間通路の席に座って窓の外の景色を眺めていた。

この時、遠くの空に浮かんでいる雲の間をいくつか金色の光線がまっすぐに突き抜けて来た。その瞬間、真っ赤なトマトのような朝日が現れ、花火のように一気に昇り、大地一面は明るい太陽の光輝で覆われた。すると、遠い山や近くの草が鮮明に目に映って来た。褐色の山脈とエメラルドグリーンの草原ははっきりと区別され、互いに交わりあっている中、牛や羊が草原の中をぶらぶら歩いている風景が描かれていた。これは私が夢中になっているチベット高原なのだろう！

私は、写真を撮るのを忘れてしまうほど、外の景色にすっかり引き込まれてしまった。周りを見回すと、通路はもう人で一杯になり、ガチャガチャという音が絶えず、感嘆の声や驚きの声があちこちから起こっていた。「憧れる美しいチベット高原、私はやって来たぞ」とみんなは、恐らく心の中でこう叫んでいるだろう。

興奮した気分で朝食を済ませて、個室に戻ると、女性は起き上がり、顔色が悪くなっていたようで、聞けば、彼女は昨晩すでに高山病にかかっていたと言う。「頭痛、息苦しさ、不眠に一晩中振り回されていた。子供たちを連れていかなければならないのに、私が先にだめになってしまってはどうしよう？」と女性の血色の悪い顔色は憂いに満ちていた。「私たちはみんな大丈夫だよ…、もう少し「紅景天」（高山病薬）を飲んだら大丈夫だ」と私は慰めた。

私も飲んだのだが、女性はそう言ってテーブルの方を指した。小さなテーブルの上には、開封された「紅景天」内服液のケースが置いてあった。そんなことを話していると、これまであまり姿を見せなかった少女が、玄関先で母親を呼んで朝食を食べに連れて行った。その少女はにこやかで、母親とは比べ物にならないほどすがすがしい顔をしていた。

母娘二人が出て行くと、車掌が何枚かの紙を手に入ってきて、私に記入するように言った。私が見ると、「健康登録表」というものだった。高血圧や糖尿病など高原にふさわしくない病気があるかどうか、健康を保証するための説明や連絡先などをありのままに記入するように求められた。これはまた少し緊張した空気を作り出した。自分も女性に遅れて高山病になるのではないかと心配するようになった。この高原の酸素列車の中は結局車外と少し違いがあるはず、本当の高原は一体どういうものなのか？私はそれを早く体験したいという強い気持ちになった。

汽車は絵のように美しいチョナ湖を通り過ぎ、ラサの最後の玄関である那曲駅に近付いた。ここで三分間の停車だ。私はいち早く列車のドアを出て、ホームに立ち、大きく息を吸った。何の苦しさも感じなかった。うろうろホームを歩き回ったりしても別に異状はなかった。那曲は標高３６００メートル以上で、ラサよりも高い。ここで大丈夫なら、ラサはなおさらだ。ただ、今は夏だというのに、ここはあまり気温が高くないようで、半袖だと少しひんやりするのだった。

列車は峡谷の中を走り続け、道路の両側には家や森が増えた。午後16時55分に列車はやっと目的地のラサ駅にほぼ時間通りに到着した。

喜びと悲しみを明暗両端に感じそうなあの母と娘に別れを告げて、ワクワクした気持ちで大勢の人波に巻き込まれながらホームを出た。

ラサ駅の建物はポタラ宮に似ており、紫褐色のダムの形をした壁にはとチカの口のような小さな窓がついている。黒服の警察機動隊と緑色の武装警察が実弾を装填した自動小銃を手に握り、駅の広場周辺には厳重な警備体制が取られている。彼らにはアフリカ人と変わらない黒色の肌をしているという共通の特徴があった。あの黒服の機動隊員がかぶっているサンダル帽は内陸地の機動隊のものとは異なり、地域的な匂いが漂っている。

凝り固まった雰囲気とは対照的に、ラサの風は澄み切っており、その地は抜けるような青空に入り込んでいる。スモッグの都から来た私は、パッと明るく開いた景色に気分が盛り上がり、高山病の症状を感じなかった。しかし、私の肌を熱くし、目の前にある景色を眩しく感じさせる太陽の光は強烈なものだった。慣れるのに暫く時間が掛かったが、やっと「西部縦横」というピックアップの看板を見つけた。それを持っているガイドさんが、私の方まで迎えに来てくれた。

じっくりとこのガイドさんを見ていると、彼は30歳にもなっていないようだ。または頭の周りの髪はぴかぴか剃られており、頭上に残されている髪は清の時代の役人羽帽のように結び付けられていて、なかなか奇抜なガイドさんだ。

奇抜なガイドさんは方言味のある共通語を操り、手にハダ（白いシルクマフラー）を抱えて私たちの首に掛けて、お辞儀してから、私たちを迎えのワゴン車に乗せ、市内の方向に向かって行くように誘導した。

旅行社は、3.5星レベルと自称する「金蕃ホテル」を用意してくれたが、実際は、四階建ての田舎町によく見られるような「旅館」だった。旅行社が事前に条件を説明してくれたので、あまり気にならなかった。荷物を置いて、まずフロントの係員に位置関係を確認し、有名な八角街、大昭寺なども遠くないことが分かった。今後数日はラサを軸に林芝、納木錯、シガツェ、エベレストなどに行くことになるが、ここに泊まり続ければ、多くの手間が省けるだろうと心の中でひそかに祈りながら、後日、旅行会社に再確認してみようと思っていた。

夕方5、6時のラサは、依然として明るい。まだ時間が早いと見ていたので、八角街の方へぶらりと歩いて行った。

道を何度か聞いてみると、八角街というのはラサでは「八郭街」と表記されており、複数の通りがある周回路であることが分かった。通りにはいくつかの経典塔が聳えていて、経典の書かれた経幡が掛けられている。色とりどりの経幡が風に舞い、八角街は祭りのように彩られている。敬虔な仏教徒の多くは、下駄のようなものを手にして、何かの呟きに合わせて、リズミカルに両手を伸ばして、地面をポン、ポン、ポンと叩いて、八角通りに沿って四つん這いになったり、立ち上がったりしている。その動作は見事に一貫している。これはいわゆる「五体投地」なのかもしれないね?と思った。

八角街は仏教用品、雑貨、蔵装店が林立する商店街でもあり、数珠つなぎ、ブレス、転経筒、工芸品が色々と並んでいる。仏教用品について詳しくは知らなかったので、見るだけに留めた。

あちこち見渡していたら、前方に掛かっている「正宗蔵食」の看板に目が留まった。店先は二階にあり、一階は商店になっている。チベット図案のフェルト布を敷いた両側の座席は長方形の木のテーブルを挟んでいる。全体的に座席が高く、テーブルが低く、食事をするには身を屈める必要があり、あまり気分がよくなかった。

ツァンパ、ヤクの肉焼き、青稞酒（チベットの麦焼酎）を注文した。ツァンパは少しツァンパらしい食感があったが、香りは感じられなかった。ヤクの肉は実際には乾燥肉で、噛むのも大変だった。ただ、低アルコール度数の青稞酒は、過去に飲んだことのあるサイダーのような味で、飲むにはまずまずだった。一食110元だが、もう二度と食べたくないほどだ。

帰り道には、気温の低下が目立った。半袖では風に耐えられなかった。「朝は綿入れ、昼は薄着、晩はストーブを囲んでスイカを食べる」（気温の変化が激しいこと）という民謡の言っていることはラサでも再現されている。その理由からガイドさんが入浴を控えるように注意を促してくれたのだ。高山病でなくても、この気候では思わず風邪をひいてしまう可能性が十分ある。

部屋に戻ると、二泊三日の列車の揺れで疲れ切っていた私は、蛇口からちょろちょろと流れ出る水で顔を洗い、ベッドに入った。

4、2008年6月27日金曜日　晴れ22℃

「朝6時半に出発しますから、ホテルでお待ちください。私は明日のガイドです。用があれば連絡してください」

昨日、奇抜なガイドさんにスケジュールを聞いたとき、ショートメッセージで知らせると言っていた。昨夜の9時すぎに初めて今日の行程を知った。

早起きして急いで階段を下り、ホテルの裏庭にあるレストランに駆けつけた。レストランには白粥、まんじゅう、卵、炒め物が数品並んでいる。無造作に何皿か手に取って口に詰め込み始めた途端に携帯電話が鳴った。電話を取ると、向こうから少しぎこちない女性の声が聞こえた。

「私たちの車は交差点に着きました。早く来てください」

「ホテルまで迎えに来るじゃなかった?まだ時間になってないでしょ?」と私が聞き返した。

女性は説明もせずに電話を切ってしまった。朝ご飯を鵜呑みにしてから道の向こうまで小走りで渡った。

ラサの朝6時過ぎはまだ真っ暗だ。気温は7、8度で、その寒さは人を圧倒しそうな感じだ。私はジャケットを着ていたが、冷たい風が体に吹きつけたため、ガタガタ震えていた。

10数分も過ぎたが、車やってくる様子がない。私は腰を丸めてまだ登録していない先ほどの番号を押した。

「もうすぐです！もうすぐです！」

女性の声が少し柔らかくなった。
3、4分経ったところ、一台のバスが疾走してきて、私の前に急停車した。前部にあるドアが開いて、女性の声が伝わって来た。
「あなたは李さんですか?車に乗ってください」

私は、街燈の明かりを頼りにして、声の方向に目線を向けると、長髪の少女がバスドアの段に立ちながら腰を屈めて、私に手を振っているのがぼんやりと見えた。

彼女は俯いていたし、光も弱かったので、薄茶色のジャケットに細いジーンズの恰好以外、その顔ははっきり見えなかったが、私に電話をかけてきた女性ガイドであることは間違いない。

「どうしてこんなに長い間私を待たせてしまったのか?」

私は席を探しながら女性ガイドに怒りをぶつけていた。

「まだ白塔まで何人か迎えに行かなければなりません…、ここの路肩は駐車禁止ですよ」

女性ガイドは私の質問に答えずに、冷たく言った。その言葉には何の申し訳なさも感じられない。

バスは白塔で三人を拾った後、すぐ近くのポタラ宮に向かった。

この合間に女性ガイドが自己紹介をした。

「徐と申します。今日のポタラ宮のガイドを担当しています。よろしくお願いします」

今日のガイドさん?もしかして全行程を彼女が担当するのではないのか?私は少し首をかしげた。

バスはポタラ宮の東側の駐車場に止まった。みんなはガイドの徐さんと一緒に壁際へ歩いた。彼女は私たちにその場で待っているように合図し、電話を取り出して誰かと話をしていた。

夜が明けたころになって、ようやく気がついたのだが、このガイドさんは、可愛らしい丸い輪郭が描かれているような顔に、柳の葉っぱのような細目をしていて、肌の色が白く、すらりとした体付きの美人女性であり、見た目は22、3歳のようだが、この女性はちょっと横暴なため、絶対ガイドには向いていないと私は彼女のことをひそかに惜しんでいた。

早朝のポタラ宮は白壁が目立っている。横から見ると、ポタラ宮は山を台座として高く聳え立っており、黄色の最上階と茶色の補助階はたっぷり太陽の光を浴びている中で、その色分けがさらに鮮明に映っていた。

側面の白壁と白壁内の堡塁のような円形の建築はしっかりとポタラ宮を抱えていて、建築群全体が渾然一体となってポタラ宮の威厳と聖地の尊さを一層感じさせる。今この身近にあるポタラ宮と、写真で知っているポタラ宮とでは、感覚がまったく違っていた。

徐さんに呼ばれ、私たちは側門のセキュリティチェックを受けて、中に入った。

奥の庭に入ってみると、ポタラ宮の足元には屋敷が点在していているのが目に付いた。使用人たちや衛兵たちが住んでいたのだろう。

ここでさらに30分以上待った後、私たちは庭の真ん中の通路に入ってポタラ宮の白い壁の下に来た。そこに人が一列に並んでいた。他のガイドさんが、白い壁は特殊な草にハダカムギや牛乳などを混ぜて作られたため、その白さと耐久性を保つことができると説明していた。よこから聞いて、思わずため息が出た。これはどれだけ牛乳を費やすことだろう。

行列の移動に従って、私たちはついにポタラ宮の最後の門まで来た。この門を通って初めてポタラ宮への階段に辿り着いた。

ポタラ宮の階段は遠くから見るとそれほど高くないようだが、実際に目の前に来てから階段の長さを感じた。てっぺんに登ると、もう苦しそうな表情をしたり、喘いだりしている人も少なくない。ここはやはり高原なのだ。

中に入って上から六世ダライ（未冊封）を除く十三世ダライまでの霊塔、ダライの来客、説法のお堂などを見物した。現代人の目で見ると、まるで牧民たちが住んでいるモンゴルパオのような粗末な条件のものだが、仏門に入ると身を清め、世俗を離れ、身を修め、清貧に暮らさなければならないのかもしれない。

１４００年以上前に建てられた高さ１１５．73メートルのポタラ宮の一角に立つと、ラサの大部分が見渡せる。いずれも田舎町のように低い建物が並んでいる。他のガイドさんの話を聞くと、ラサのすべての建物はポタラ宮の高さを超えてはならないとのことで、ポタラ宮の尊厳を守るためでもあるのだ。

私たちは反対側の階段に沿ってポタラ宮を下りた。

昼過ぎに気温が高くなり、人々の服装が厚手のコートから半袖のシャツに変わった。徐さんはすでに駐車場で待っていた。恐らくサボっていたのだろう。ポタラ宮を見物している間に、ずっと彼女の姿が見えなかったのだ。

皆が揃うと四川料理店に連れて行ってくれた。その後の数日間、ほとんど四川料理店に案内され、食事を取ることになった。これでラサの隅々まで四川料理店があり、ラサの四川（重慶）人も圧倒的に多いことを発見した。

午後は八角街、大昭寺に行く予定だったが、昨夜は自分で八角街に行ってしまったし、大昭寺にも興味がなかったので、このプログラムをキャンセルした。私は、女性ガイドが私に返してくれた20元の今晩の団体食事代を手に入れて、何の未練もなく、早くも彼女とバイバイした。別れの際、彼女はシガツエ、エベレスト旅程のガイドさんがスケジュールをウェチャットで知らせてくれると言った。こうして、ガイドさんたちとのウェチャットのやり取りが、チベット旅行中に翌日のスケジュールを知り得る主な手段となった

5、2008年6月30日月曜日　晴23℃

ポタラ宮遊覧の翌日、異なるガイドさんの案内で3700m以下の林芝県を観光した。ラサから林芝まで約400キロの距離があると言われるが、10時間以上のバスツアーだった。途中にはミラパス（ミラ山）、バソンクオ湖などの名所が見物プログラムに組まれており、特に疲れを感じなかった。

林芝の二泊三日の滞在中、山登りではなく「比日神山」の山一周に板が敷かれた道を歩き回り、古代「天葬台」（逝去した人の晒し出し処）を望んだり、滝を通ったり、自然の風景を楽しんだりする

「転山」を体験した。林芝は内陸部の地形、植物、環境などに近く、あまりチベットとは感じないほどの場所であり、「転山」以外に私の興味をなかなか誘ってこなかった旅だった。

30日の夜にラサに戻った。旅行社は大規模な実景舞踏ショー「唐蕃古道」の鑑賞を手配してくれた。ラサ郊外の山の斜面の間を行進する人、馬車、馬に光り輝く燈火が添えられ、人々の声と馬の叫び声が交えられ、文成王女と嫁迎えの大型車列が唐蕃古道に沿って長安（西安）からラサまで行進する壮観な光景が生き生きと再現された。

このショーは、長い唐蕃古道を題材に、現代「タイムスリップ」という幻想的な手法を融合された情景を舞台にしたものだが、約1時間30分の長さで、五回に分けられ、序盤と終わりの七つの山間実景画面から構成され、「文成王女のチベット嫁入り」を主な手掛かりとし、観客に文成王女のチベット嫁入りを通じて大唐王朝とチベット藩との親和性シーンを表し、長安（西安）から山と川を渡り、甘粛省、青海省の日月山の厳しい気候と険しい環境に遭ったにもかかわらず、故郷を後にした彼女のチベット親和の決意と、漢民族とチベットの民族団結の遠大な志を語っている。

一方、ソンツェン・ガンポが遠くラサからわざわざ柏海（今青海瑪多県境）まで行って大唐王女の到来を迎えるこの盛大な歓迎会のシーンは、美しい愛情と裕福な生活への願望も謳歌している。

文成王女はチベットで40年近く生活し、地元のチベット族の人々から慕われ、尊敬された。彼女がチベット域に持ち込んだ大唐文明は地元の経済、文化の発展に大きな貢献をした。唐蕃古道は3000キロ余りであり、険しく曲がりくねっていて、見渡す限り天空の道のようで、漢民族とチベット民族の往来を連絡する重要な通路となっている。この大舞台は壮大なシーンと現代の電子音と光の舞台技術を組み合わせて当時の賑やかな光景を再現し、まるで時空を倒錯させたかのように帰ることすら忘れてしまうほど観客を圧倒した。

このショーは今回のチベットツアーの特別な体験となった。

6、2008年7月1日火曜日　晴れのち曇り24℃

今日は、今回のチベット観光の目玉であり、最も憧れのエベレストキャンプ場への旅を開始する日だ。朝食を済ませ、面識もないガイドさんからのメッセージに従い、ホテル隣の駐車場に向かった。約束では、旅行社はシガツェ市とエベレスト行きのチャーター車を利用することになっている。気持ちを奮い立たせた私は早足で駐車場の門を進んだ。

すぐに私の視界に入ってきたのは、小太りで茶色の顔をした青い上着の男性だった。彼は紙でできたプレートを持っており、そこには私の名前が乱雑な書体で書かれていた。このずんぐりした男性は今回のエベレストツアーのガイドさん兼運転手だろう。

すると、ずんぐり男性が私を連れて、型式の分からない灰色のオフロード車のドアを開けた。

私は車の中を見た。その他のオフロード車と同様に、座席は三列になっている。前列の助手席にはすでにベージュ色のジャケットを着た短髪の女性が座っており、私とずんぐり男性運転手の会話を聞いて、私の方へ向いて微笑んでいたが、その表情はぎこちなかった。二列目の座席の両端にはすでに女性が二人座っていた。運転手の後ろに座っている女性は赤いダウンジャケットを着て、頭はポニーテールにして、片方の手はブランドを知らない黄色のハンドバッグを握っており、もう片方の手は携帯電話を持っていて、誰かと話しており、私を見ていなかったようだ。

車のこちら側ドアの傍に座っていた女性は、私がドアを開けるとすぐに車から降り、私に会釈してドアの傍に立っていた。この女性は170㎝近くの背を持ち、短いスポーツヘアに囲まれた丸顔に、大きな目をしており、微笑みの中に浅いえくぼが現れていて、その表情から些か明るい性格の持ち主であることが伺える。彼女は中丈のブルーのダウンジャケットを着ていたが、車内の暑さのためか、バックルがなく、開いたダウンジャケットの中からベージュの薄手のセーターが覗かれていて、好発育した胸元の輪郭を一層引き立てていた。

この三人の女性は私の今回のエベレストツアーの道連れに違いない。私は本当に娘王国に入った唐僧になったなあ…、と内心で自嘲した。

ずんぐり男が真ん中の座席を指さして私に言った。

「ボス、あなたは彼女たちの間に座ってください」

「え?!」私は無意識に聞き返した。同時に車の中を見回した。三列目の席は青々とした袋で一杯に詰まっていて、座る場所がまったく残っていなかった。

「仕方ありません…ご容赦ください。今日はちょっと混んでいるからね」

どう聞いてもずんぐり男の口振りに命令の匂いを嗅ぐ。

「旅行会社がチャーターしてくれるじゃないか？どうしてこんなに人が乗っているのか？」と私は問い詰めた。

私は携帯電話を取り出して、遠く北京で今回の旅行を手配していた旅行会社の担当者に電話をかけた。旅行会社の担当者は私に、彼女たちはすでに今回のチベット旅行を現地の旅行会社に委託したと教えてくれた。具体的には現地に確認してもらうようにと、私に番号を教えてくれた。私はこの番号に電話をかけた。電話を受けた人は、目的地によっては次の旅行社にも下請けをしたので、詳しいことは、仕事を受けた運転手に聞くしかないと言った。

電話がまた大回りして戻ってきた。

「どう？選り好みはやめましょう。車に乗らなければ、私たちは先に行きますよ。他の人を手間取らないでください」

ずんぐり男が横で得意げに喋っていた。

時刻はすでに8時半を回り、旅行会社の連絡先が見つからず、しかもずんぐり男に催促された末、私はキャリーバッグを後部座席に載せたまま、車に乗り込んだ。そして、その短髪の女性がすぐ後を追って私の隣に座っていた。ずんぐり男には心の中でしっかりと罪状を付けていた。

オフロード車は駐車場を出て、道路に曲がり、「シガツェ」と書かれた方向にアクセルを大きく踏んで行った。

調べて見たところ、ラサからシガツェまでは３００キロくらい離れているようだ。そして、この区間はアスファルト道路なので、揺れも感じず、気持ちも少し落ち着いたので、何人かの車友と話をした。前の女性は寧という苗字で、運転手とよく知り合っており、途中で運転手にあれこれ聞いているだけで、あまり私たちとは話もしなかった。

左の唐さんは心配事が多いようで、いつも携帯電話を弄りながら、私たちの会話に無頓着に対応していた。

私の右手にいるこの羅という苗字の短い髪の女性は流石に明るい。

彼女は私に旅行が好き、冒険が好きだと言った。さらに、今回はエベレストキャンプに行くだけでなく、そこから出国してネパールに行きたいとも言った。

「そこに道はありますか?どうやって行けばいいですか?」

私はちょっと信じられなかった。

「大丈夫です。道をはっきり聞いて来ました。構いませんよ」と羅さんは自信を持って教えてくれた。

車は平らな舗装路を3、4時間ほど走り、シガツェ市街の駐車場に止まった。道路の状態が良かったので、時々女性たちと話しても疲れなかった。

「ここはザシュロンブー寺院です。自分で入ってみてください」と運転手兼ガイドさんのずんぐり男は、車の中でタバコを取り出して口に滑らせながら、何気なく私たちに言った。

この様子では、これからのところは彼が説明してくれるのを期待することが出来ない。やはり自力更生せざるを得ない。さきほど平穏だった私の気持ちが、またたく間に暗雲に覆われた。

私たちは別々にチケットを買って寺院に入った。

入り口で買ったガイドさんマップを開いて、観光地の案内を見た。

ザシュロンブー寺院（英語：TashihunpoMonastery）とは、「吉祥須弥寺」のことだ。シガツェ市南部の日山の下にあり、明正統12年（１４４７年）に建てられており、ブラダラ宮と名付けられた仏教建築であると言われている。ザシュロンブー寺は、敷地面積が15万㎡、隠居室が57部屋あり、全ての殿宇部屋は、合計３６００部屋がある。

寺院の建物は、チベット伝統的な建築の特徴と仏教の特徴を融合しており、厳粛で、どこかに神聖な不可侵の気勢を見せているが、国家の重点文化財保護部門に所轄している。

ポタラ宮がダライ・ラマの霊廟を祀っているのと同じように、ここにはパンティーエン・ランプンの合葬霊廟が祀られている。第十世パンティーエン・エルデニー・ギッセは１９８９年1月28日、ザシュロンブー寺院で逝去された。1月30日、国務院総理大臣が「カワ・ザシロン・寺に第十世パンティーエン・タウンを建設する決定」に署名し、１９９０年9月20日に破興工事を開始し、１９９３年8月15日に完成し、天堂、人間、地下三界聖者として、「釈頌南傑」と命名された。

第十世パンティーエン・霊塔徳殿を建設するために、国家は専門資金６，４０４万元、黄金６１４kg、白銀２７５．22kgおよびその他各種の材料を調達したと言われている。

チベット仏教に詳しくなかったので、金と銀で作られた仏教の聖地をざっと回るようにして、寺を出た。

お寺の傍にビニールシートで作ったコールドカフェのテントがあった。正午を過ぎた頃、気温は23、4度だったが、強い日差しに照らされて肌が焼けつくような感じがした。

このコールドカフェは観光客に人気があるようだ。席を探して、冷たい飲み物とコンポートを注文して飲んでから車に戻った。

このエベレストツアーは食事代が含まれていない。ずんぐり男は私たちを市内の小さなホテルまで送った。明日7時に出発すると言って、寧という女性を連れて行った。羅さんに聞いてみると、彼らはもともと親戚関係だったことが分かった。道理で彼女は平然と前に座って「老人」の私を見て見ぬふりをしているのだと私はハッとした。

少し閑散とした街をぶらつき、小さなホテルに戻ると、腹が減っていた。すぐ傍に「重慶魚府」という看板の料理屋があるのを見つけた。チベット人は魚を食べないそうだから、チベットには魚が多くて新鮮だ。すぐに中に入って、席を探して座り、魚の水煮と幾つかの野菜、ビールを注文して、大いに食べた。魚は黒魚で、白くて柔らかい魚肉は食感がいい。店長は何度も野生のものだと強調していたが、私はこれを信じて疑わなかった。養殖の池がどこにも見掛けられなかったからだ。チベット人は魚を食べなかったため、魚を飼うのは民族政策に反するとは初耳だった。

酒食満腹で一晩中無言だった。

7、2008年7月2日水曜日　晴れのち曇り24℃—4℃

翌日の朝、小さなホテルで軽く朝食を食べ、駐車場でみんなと集合して車に乗り、出発した。シガツェ市街を出ると、アスファルトの道路を少し走った後、車が揺れ始めた。前の窓から見ると、砕石でできた道が曲がりくねっていて、どこまで続くかも見渡すことができなくなり、典型的な洗濯板(凸凹)道のりになったのだ。

私は二人の女性の間に座り、車の動きに合わせて揺れ続いた。隣の女性に「迷惑」を掛けないように、私は手を前に出して座り、体のバランスを極力コントロールしながら、車のジャンプに伴って体が自分のものではなかったかのように、お尻がその太いキャンバスに包まれた座席を離れたり、またそれに向かって、強く叩いたりしていた。

「ゆっくり運転して…」

「ちょっと止めろ!座れないぞ」

私はずんぐり男に向かって叫んだ。

ずんぐり男は、脇目も振らずに洗濯板の上を跳び続けた。

「まだ400キロ以上あります。この道は遅れてはいけません。昼には定日県に間に合わないと夜にはエベレストキャンプ場に着くことができませんよ」

私がしきりに叫び声をあげるうちに、ずんぐり男がやっと声を出した。

おや、この道路で何百キロ続くのか?とちょっと戦慄した。このままではエベレストに行く必要はない、と私はまったくのお手上げになるほどだ。結局私は小便の名目で車を止めた。ずんぐり男に前の寧さんと席を変えてもらえないかと相談してみたが、きっぱりと拒否の返事が返ってきた。一歩引いて隣の女性たちに席替えを相談しても、無言で断られた。確かに、このような洗濯板の道では誰もが怖い思いをしてしまうのだ。

仕方がなく、私は後部座席に置いてあった荷物を上に積み上げ、コンパクトなスペースに押し出すようにして座った。左右を気にする必要はないが、弾力のない後部座席は洗濯板の凹凸を直接感じさせられた。私は歯を食いしばって堪えながら、心の中でずんぐり男のことを満遍なく呪えた。

車が定日県を迎えると、道端の小さい料理店でずんぐり男の催促の中、昼食を済ました。道を急いで行く間に車速が鈍っているのを感じた。窓の外を見ると、洗濯板の道は山に囲まれた未舗装の道に変わり、息もすこし苦しくなって来た。遠くの山あいに白い光が見えて、車の揺れに合わせて点滅していた。

「羊湖に到着した」とずんぐり男が珍しく言葉を漏らした。それからまた幾つかの道を回って、前方に「羊湖遊覧区」と表示された木製の門が見えた。

門の奥にはすでに何台かの車が停まっていた。門から少し離れた湖の畔では三、四人の人が水遊びをしていた。車を降りようとしたら、車は門を通り過ぎてまっすぐ前へ進んで行った。

「おいおい…、予定に入っていますよ！なんて入りませんか？」

前座の女性二人が口々に抗議した。

「まだもっと良い展望所があります」

ずんぐり男はそう言って、数十メートル進んでから角に出て立ち止まった。

私たちは車を降りて、麓の方を眺めた。羊湖を見ることはできるが、水に触れることはできない。旅行社から羊湖入場券を買う必要があり、私たちの料金には入場券の料金が含まれていると言われたことを覚えている。それなのに何故ずんぐり男は私たちを中に入れてくれないのだろう?私がずんぐり男に質問を投げかけると、二人の少女も悟ったかのようにずんぐり男を見ていた。

ずんぐり男は、旅行会社からチケットを受け取っていなかったと言い逃れをした。席替えのことで私はもう彼に対して非常に不満を持っていたが、これで私たちの観光地の一つを潰されてしまったので、また腹が立った。

エベレストキャンプ場までもう少し道があり、彼に頼らざるを得ない事情を考えたら、私はなんとか怒りを抑えたが、心の中で、彼の罪状簿にもう一筆追加した。

羊湖の門に表示されている標高は4500m前後で、微かに息苦しさを感じた。

定日県からエベレストキャンプ場までの距離は、地図では200キロほどあるが、羊湖からはもう一歩近づいたような気がした。気持ちが高まっていくと同時に、あまり大きな高山反応はなかった。

車が上に行けば行くほど、標高が高くなり、温度も低くなって来る。シガツェでは昼頃にはTシャツを着ていたが、今ではダウンジャケットを着ていることで、まさに二つの世界を跨ぐ瞬間だ。私は秘かに嘆息した。

車は続いて４９５０ｍのガンバラ山と５２４８ｍの嘉拉錯雪山を越えて、ついに５２００ｍのエベレスト大キャンプ場（大本営）に着いた。私は逸早く車から飛び降り、エベレストの石碑の前に駆け寄り、この人生で最も記念すべき写真を残した。大本営には軍用緑色のテントが二つ並んでいて、チベットローブに着た人がまばらに出たり入ったりしていたが、観光客の姿は現れなかった。不審そうにずんぐり男にどうしたのかと尋ねると、観光シーズンではないと言い淀んだ。すると、周りの環境をじっくり観察した。

ここはエベレストの大本営だが、一つの山あいにあり、両側の峰に遮られて、エベレストの影さえ見えないことが分かった。

「われわれは第二キャンプ場に行かなければなりません。そこにこそエベレストが見えます。私もそこからネパールに行きます」

羅さんが謎を解いた。

第二キャンプ場こそエベレストツアーの本当の目的地だと私は閃いた。この５２００ｍの大本営ではすでに呼吸が悪く、少し頭痛がしたが、エベレストを見ることができるこの大きな機会を前にして、そのような不快感は何にもならないのだ。

我たちはしっかりとずんぐり男に、「車に乗せて第二キャンプ場に向かってください。観光目的はエベレスト観賞だ」と主張した。

ずんぐり男は妥協したが、第二キャンプ場に着いたらすぐに降り、今日中に定日県に戻るという条件を口にした。これは絶対に受け入れられない。もともとずんぐり男の行動に腹を立てていた私は、彼の一連の「罪状」を挙げて威圧した。

群衆の怒りを見て、ずんぐり男はしぶしぶ頭を下げて、車を動かした。

車は大本営の端の土石道に沿って揺れながら上って行った。数十分後、車は僅かに平らな山あいに止った。山あいの先は真っ暗で何も見えない。窓からのかすかな明かりで、山あいの両側に二つの長方形のテントが置かれているのが見えた。その近くに牛の糞の匂いが漂っている。

テントの前ではチベット人らしき人たちが、何かの楽器を手に、ひいひいと弾き語りをしていた。彼らの傍には十数人の人が集まっていて、騒いだり、左右に揺れたりして、ここが５８００ｍの酸欠高原地帯であることを微塵も感じなかった。

ずんぐり男は私たちを左手のテントの傍に連れて行き、顔の黒い中年のチベット人に何か言ってから、「明日の朝8時に迎えに来ます」と私たちに言い残してどこかへ車を走らせた。

今先は大本営に居て、何も感じなかったが、待ちに待っていたエベレストの麓に来たら、頭痛がひび割れそうで、体がだるくて、急に酷い風邪を引いたかのように感じ始めた。一緒に来た何人かの女性は、羅さんを除いては顔色が黄色く、息が切れていて、まるで酷い高山反応を起こしたように見えた。

中年のチベット人は私たちをテントの中に案内し、「ここがあなた方の住まいです」と告げた。

私は辺りを見回した。テントには十数台のベッドと幾つかのテーブルがやたらに置かれていた。テントの中央には煙突の付いたストーブがあり、その上にはティーポットが載せられて、じわじわと湯気が立っていた。

その数人の女性のいぶかしげな目つきを見て、中年のチベット人がぶっきらぼうな標準語で言った。

「他にはありません。ここがあなた方の住まいです」

そう言ってから、「夕食はカップラーメンしかありません。一つで10元です。食べたいならお金をください」と促した。

来たからには安らかにしよう。まだ1晩残っているのに、食事をしないとエベレストを見る体力が付かないと私は考えながら、頭痛を我慢してカップラーメンを注文し、茶碗の半分量くらいをまた自分が持ってきたソーセージと一緒に無理矢理食べた。

その数人の女性はカップラーメンを食べず、おやつなどを取り出してゆっくり噛んでいて、とても苦しそうな顔をしていた。

「晩餐」を終えて、私はまた手元に持っている風邪薬「コンテック」を取り出して1錠飲んだ。風邪を引いたかどうかにかかわらず、この薬は頭痛に効くのだ。

一日中大分辛さが溜まってきていたので、私はストーブ近くのベッドを探し、上着を脱いで横になった。女性たちと一緒の部屋で寝るのは生まれて初めてだし、横になってからでないと彼女たちも恥ずかしいだろうと考えた。

頭が痛くて、誰が使ったか分からない布団の中で寝返りを打っていて、なかなか眠れない。

せっかく薬の役割が働き始め、うとうとした状態になると、それまであまり気にしていなかった弾き声がテントの外からヒューヒューと入ってきて、眠気を乱していた。チベット人たちの仕業だろう。彼らももうすぐ寝るかもしれないので、我慢しよう私は心の中で自分を慰めていた。

しばらくすると、テントの外で踊ったり弾き語りをしたりする人たちが増えたようで、声も「ひいひい」から「わあわあ」に変わった。私は何度かテントの外に出て、疲れを知らないチベット人たちを蹴散らそうと衝動的になったが、チベット人たちの刀着用のことを目に浮かべて来て、気持ちを抑えた。

テントの外では、読経のような「エイエイ」の枯ら声とオオカミのような「アオアオ」の叫び声が一晩中続いていて、私はイライラしたが、どうしようもなかった。あの数人の女性も楽なことはなかっただろう。

そのまま寝ようとして、寝ているようで寝ていないようで一夜を明かした。

8、2008年7月3日木曜日　曇りのち晴れ-4℃—10℃

この第二キャンプ場では、全く忘れられない一晩がようやく過ぎた。

時計を見ると5時過ぎだ。テントの外の騒々しさはいつの間にか収まり、狂人のような人々は消え去り、どこかへ行ってしまった。

昨夜飲んだコンタックが思わぬ役割を果たしてくれた。一晩中眠らなかったが、頭痛はかなり減った。水筒のわずかな水で歯を磨き、顔を拭いてテントから出た。

外はまだ薄暗い。

私はテントから山あいの東側を眺めた。

浮かぶ雲間に黒い影が見え隠れしていて、静けさの中に大きな神秘感が漂っている。

「あれはエベレストですよ！あなたたちは運が良いね…、今日はめったにない晴天です」

耳もとからずんぐり男の声が聞こえてきた。こいつが昨夜どこで夜を過ごしたのかは知らない。

晴れているうちに、このエベレストの正体がどんなものなのかよく見てみようと強い好奇心に駆られて、私は山あいの東へ歩いて行った。

その時、空の果てにはすでに微かな光線が現れていた。

私は何人もの人が百メートル先の小さな山を目指して行くのを見た。小山にはロープで引かれた色とりどりの旗がそよ風に揺らめき、荒涼とした谷間に少し生気をもたらしていた。

私はその人たちの後を追いかけて山を早く登ろうとしたが、体がふにゃふにゃして力が入らず、足もとが重たい思いがした。夜ぐっすり眠れなかったせいか、それともこの５８００ｍでの高山病が発作したのだろう…、と気が抜けそうになった。

だが、せっかくあの洗濯板の道を我慢し、苦労してきたこの瞬間を絶対に見逃してはならない。私はその執念に支えられながら歯を食いしばって頂上まで登った。実際は高さ数十メートルの丘に過ぎないのに、何十キロも歩いたような体力を使った。この高原は本当に甘いものではない。

空が徐々に明るくなってきた。

目の前のエベレストははっきりとした輪郭を現し始め、頂上の雪が微かに見え、山々の濃淡は謎に包まれていた。山頂は静寂に包まれ、小山に登って来た人たちはみな興奮した表情でその感動的な瞬間をじっと待っていた。

ちょっとの間に、この峰の左側には先ず幾つかの光彩が現れ、続いて複数の金色の光が強烈に天空を衝いており、眩いばかりに輝いた。この瞬間に、巨峰全体がまるで尊い栄光を放っている巨仏のように莫大な空間に聳え立っており、随分小さくなった自分は、思わず頭を下げたい気持ちになっていた。

金色の光輝はすぐに光り輝く太陽光になって、数片の白い雲を通してその高い峰に降り注いだ。エベレスト全体が突然私たちにその広い胸襟を開いてくれたのだ。こうして、私たちはその真の姿を身近に一目で見ることができた。

その雪に覆われた部分は、光に照らされて、ぴかぴかと明るく輝いている。その褐色の土層が白雪を背景に白黒をはっきりさせながら、ひときわ目立っている。

小さな山の上から眺めると、朝の燦々とした太陽を浴びた巨峰は、太陽と白い雲の間に堂々とその雄姿を呈している。巨峰の雪に覆われた部分は、白ガーゼを被った可憐な少女となって舞っているようで、そのたおやかな姿を私たちに見せてくれたが、露出した土の層が山間に横たわるユキヒョウのように警戒しながら前方を見詰め、えものへの攻撃を構えているように感じさせられた。

エベレストは、ダイバーシティな巨体を見せながら朝の私たちを迎えてくれている。

魔力に富むエベレスト、世界の頂点に聳え立つエベレスト、その雄壮たる姿には圧倒されてしまっている。

千百万年もの移り変わりの歴史を持つこのエベレストは目撃して、絶えず無数の勇敢な者を引き付け、親密に触れさせているのだ。

エベレストへの旅は、朝の太陽に恵まれ、まことに幸運の至りだった。

後記

エベレストから下りてきて、幾つかのことを始末し、今回のチベットツアーに終止符を打った。

第一に、地元の人に聞いたところ、エベレストに登頂したい場合は、専門のサービスチームに申し込むことができ、費用は60万元（約1200万円相当）掛かる。

第二に、帰りに羅さんがいなくなっていた。第二キャンプ場からネパールに入ったのかもしれない。その後は連絡が途絶えた。

第三に、私はラサに戻ってチベット観光局の幹部に会ってもらい、首都からの旅行者として、ずんぐりした男性運転手の数々の悪行をクレームし、エベレストツアー費用の返金と謝罪を受けた。運転手がどのような罰を受けたかは不明だった。

万難を乗り越えてやっと無事に終えたこのチベットツアーの一朝一夕は永遠に頭に刻んでいた。

四、麻将（麻雀）博物館

（2008年10月）

偶然の機会に、寧波にある国内唯一の麻雀博物館を見学することができた。日常のことであって、普段あまり気にしなかったことだが、ここでは案外たくさんのことを学び、見識も広めることができた。私は、麻雀に精通しているわけではない。少しは知っているものの、友達と偶にプレイする程度で、麻雀がどのように発展してきたのか、発明者が誰なのかについては考えたことがなかった。

この博物館は、麻雀発明者の陳政鍵先生（清・道光時代の三品官僚）の家族祠堂が利用され、「麻雀の歴史と文化」「麻雀と寧波」「世界各地の麻雀牌展示」の3つの部分に分けられて展示されている。また、中国式と西洋式の2つの碁盤室や、「三欠一」という4人プレイの塑像があり、観光客に麻雀の歴史と発展について語られ、麻雀の源流の脈絡が整理されている。

明朝末期から清朝初期（約370年前）には、「馬吊牌」という遊びが盛んになった。同時期に、馬吊牌から派生した「紙牌」という娯楽用具が生まれた。4人で打つパイは、長さ6㎝、幅3㎝程度になり、全部で60枚だが、文銭、索子、万貫の3種類の模様に分かれ、その3色はそれぞれ1から9までの2枚ずつあり、末尾の3色（麻雀牌の中で発と白に相当）の2枚ずつがある。プレイするときは、まず4人が10枚ずつ取り、それから順番にパイを取ってプレイを続ける。3枚の連番のパイを1組と呼び、3組＋1組のものが勝ちとなる。勝ち札の呼び名は「和」（アガリ）だ。一番手がアガリを宣言した場合、2番手や3番手が同時に「アガリ」と告知しても、順番通りに1番手の勝ちと決まる。これらのパイと遊び方は今日の麻雀によく似ている。このようなプレイはしている間にみんなは終始声を出してはならないため、また「黙和牌」(沈黙アガリパイ)と呼ばれる。

その後、パイの枚数が少な過ぎて楽しめないと感じた人々は、パイをダブルにして遊ぶようになり、パイ数は倍の120枚になった。プレイにおいては、3枚連続する数字のパイを1組にするほか、3枚同じ種類のパイも1組にすることが可能になった。つまり、前のプレイヤーが出したパイに対しては、後のプレイヤーが必要に応じて「チー」と「ポン」ができる。この時、パイの組み合わせは、「坎(カン)」(3枚連続する数字のパイの集合)、「碰(ポン)」(3枚同じ種類のパイの集合)、「開杠(カイガン)」(4枚同じ種類のパイの集合)などになる。この時のパイはまた「碰和牌」(タッチアガリパイ)と呼ばれた。

「紅楼夢」(中国古代名作)第四十七回の中で、賈母、薛さん、鳳姉さんらがプレイしたのはこのタッチアガリパイだった。

「鴛鴦さんは賈母のパイがほぼ成り立って、リャンビンを待つだけなのを見て、鳳姉さんに合図を送った。鳳姉さんは丁度パイを出そうとした時だったが、わざと暫く躊躇して笑いながら『私のこのパイは薛おばさんの手に掛っているんだ。このパイを出さないと、もう手に負えないよ』と言った」

この名作には、このような描写があったのだ。「リャンビン」とは、二文銭のことで、馬吊りの中に丸餅の形で描かれている。ここでは、鳳姉さんが賈母のアガリに出したのだ。

同時に、骨牌にも「碰和（ポンアガリ）」が現れました。21種類の牌色を5枚ずつ集め、ルールとして「カン」、「自摸（ツモ）」の倍増、そして「詐和」（アガリの偽り）の罰が設けられた。骨牌のこれらのプレイルールや用語は、紙牌に受け継がれ、引き継がれた。

清朝末期には、パイは四色の「東」「南」「西」「北」（1色あたり4枚）が加えられた。当時、人々が最もよく使うテーブルは四角いテーブルで、「八仙卓」とも呼ばれていた。八仙卓という名前は、食事のときに8人が座ることから由来しだが、マージャンをするときには常に片側に向かって座るため、片方に2人は座ることができなかった。そのため、4人で遊ぶ習慣が生まれ、4人は片側ずつ座るようになった。また、人々は四方からヒントを得て、「東」「南」「西」「北」のフォンパイをパイに加えることにした。

三元牌の「中」「発」「白」の増加は、人々が出世や金持ちになることへの憧れからかもしれない、「中」は中挙（科挙制度の入選）のこと、「発」は発財（家財を増やす）のことだと言われている。中挙に合格すれば、官職に着き、官職につけば、当然ながら家財が増えることになるのだ。「白」とは、空白、潔白という意味であるとされている。

それ以来、麻雀をしているときに三元牌を多く取っても、誰もアガリをしないことに気づき、興ざめになってしまったため、「聴用」（役）が増やされた。最初の「聴用」は2枚しかなかったが、次第により多くの枚数に増えてきて、絵のある麻雀牌にまで発展してきた。

しかし、三元牌の枚数が多くなると、取り出しや組み合わせが非常に不便になる。そこで、人々は骨牌からヒントを得て、三元牌を次第に骨製に変えて、テーブルの上で立てるように打ちやすくした。こうして、本格的な麻雀牌が生まれたのだ。その後、木や竹で作られた麻雀牌もあったようだが、現在では骨董品として扱われているようだ。

麻雀牌の名前の由来については、今のところ検証が進んでいない。発音が訛っていたのかもしれない。呉人（蘇州辺りの人）が「鳥」を発音すると、diaoに聞こえ、「馬吊牌」は「馬鳥牌」になり、「麻鳥牌」は「麻雀牌」になったともいわれている。また、「麻将牌」という呼び方もある。

麻雀牌が形成されて以来、朝廷から庶民まで、誰もが愛顧している。庶民も麻雀をすることで楽しみを見出しているのだ。

「今日は勝負に勝った。

好運のパイが次々とやってきた。

三元（中発白）も四喜（東西南北）も満貫で出会った。

花は髪から咲き乱れ、月は海底から引き揚げた。

その場が終わると、彼は遠くへ逃げた。

お金を奪い取られるのは嫌だ」

牌運のいい人がこのように詩を書いたが、このような好牌運があって、誰もが喜ばないことはないだろう。こうして、麻雀牌形成の軌跡を辿ってきたが、麻雀牌は強い面白さ、娯楽性と知性を持っているからこそ、人々に愛され、広く流行し、長い間衰えることはない。

20年代初め、麻雀牌はアジアだけでなく、欧米でも流行した。当時輸出されていた麻雀牌には、アラビア数字や英語の文字が描かれていた。海外には麻雀の打ち方が細かく書かれた書籍や麻雀の打ち方研究の雑誌が数多く現れた。

日本を含む一部の国では麻雀牌を専門に研究する団体があり、定期的に全国的な麻雀大会も開催されている。欧米には、麻雀牌を東方の情緒を表す骨董品として、精巧に彫られた箱に入れて大切に保管している人も少なくない。

科学の発展に伴い、コンピュータの触手は生活の各分野にまで伸びて来た。近年来、ネット上の「麻雀アプリ」によって、遠く離れた場所にいる友人たちも、一同に会して麻雀プレイを楽しむことができるようになった。

中国では、麻雀牌は一時期お蔵入りになったことがあったが、今では多くの人の娯楽となっている。離れ離れになった年配の人は暇な時にちょっとプレイすると元気が漲るし、家庭では、新年や節句を迎える日には、一家団らんで、マージャンをプレイすると、節句の喜びに満ちているのだ。

不幸なことに、麻雀は賭博の道具として社会の隅々にまで入り込んでいて、時に鶏鳴狗盗を起こしたり、不正、汚職したりするような茶番劇の発生も、麻雀の発明者は想像していなかったのではないだろうか？

五、里帰りの道

1、(2006年10月)

国慶節の大型連休を使って、久しぶりに故郷のハルビンに帰ってきた。肉親に会って、お別れの格別な思いがした。

暇があって街を歩いていると、あちこち見慣れない建物や看板の他に、今この「北国の氷之城」の風変わりな点を感じて、幾つかの例を拾って見た。

ア、嵌められた銀行ATM機

親類間の通常の付き合いに、すっかり財布が寂しくなった。幸いながら、革新通りに中国銀行があることを知り、ふらふらとそっちに向かったが、部屋に入って、あちこち探しても、ATM機が見つかっていなかった。

やむを得ず、窓口の係員に聞くと、直ぐ傍にあると教えてくれた。気を落ち着けて、周りをじっくり観察して見たら、つい分った。ATM機は外壁と同じ平面に嵌めてあるガラス製のカバーで隠されるようになっていたが、中にATM機があるとは思えなかった。

これは南方地域の雨除けテント下にATM機が設置してあるとは全く異なるものだった。ガラスカバーの下部には差し込み口があり、カードを差し込むと、ガラスカバーが自動的に持ち上げられて、奥のATMを操作できる。このATM機と南方のATM機とはどちらが優れているのか、よく分からないが、降雨量の少ないハルビンでは、むしろ機器の保護が最優先されているようだ。

イ、ヘアサロンのドライヤー使用は有料

朝シャワーを浴びた後、ドライヤーがないことに気付いた。午後から久しぶりに学友と会うので、頭がぼさぼさしていてはみっともないのだ。そこで思い立ったのが、一層簡単で効率的な方法なのだ。それはヘアサロンに行くことだった。

故郷とは言え、久しく帰って来なかったので、知らない土地とは変わらず、このヘアサロンもどこが良いか分からない。もし「サクラの罠」に嵌ったら、実家の前でスキャンダル事件になってしまう。そう思いながら実家近くの省タバコ会社の斜め向かいにある、立派な外観のヘアサロンを見付けて中に入った。どうしても裏通りの小さなヘアサロンよりは安心だろうと思った。

戸口でとても飾り気のない女性が私を迎え入れてくれた。私は周りを見回してみると、他の何人かの女性も大抵同じように、化粧をしておらず、男性を誘惑するような女性とは思えないのでやっと一安心した。値段を聞くと、シャンプーは30元だと答えた。価格もほぼ南方並みだが、全体的な消費レベルがやや低いハルピン市ではちょっと異様な感じがする。

女性に勧められたシャンプーを選び、前の壁に嵌め込まれたテレビを見ている間に、その値段に納得して来たが、髪を洗うのは、少し不器用だった。洗って流して、流して洗って、二回も繰り返

してから、女性は、「あなたは、髪の乾燥をさせるのか、或いは髪の型を作るのか？」と尋ねた。

「どうやって乾かすのか、髪の型を作るのとは違いますか？」

くだらないことを言われた。ここへ来てヘアスタイルやってもらうじゃないか？と私は変に思って聞き返した。

「ええ、髪の型を作ってあげるなら、もう10元追加になります」

女性は平気に言った。

「な…に、けしからん」

「これはゆすりだ！なんで最初から言わなかったのかい？」

私は一瞬腹が立って、思わず声を上げて言い出した。

「もしウェットシャンプーであれば、当然髪の型を作りますので、別途料金はいただきません。ドライシャンプーとマッサージをしているので、お金がかかります」

ざわめきを聞いて、ボスのような人が出て来て、親切に私に説明してくれた。

MyGod！こんな下手くそなマッサージでは…。

結局、私は大切なイメージを気にしているので、怒りを抑えながら、この不本意の現実を受け入れざるを得なかった。

このように、ヘアサロンでは「サクラの罠」は避けられたが、「ドライヤーの罠」に引っかかってしまった。

ウ、買えないカメラのSDカード

同窓会開催中、いつも何枚かの記念写真をネットに投稿して、みんなと共有するために、デジカメは必須のものになっている。

ハルビンに着いてから、自分がカメラだけを持っていて、SDカードが付いていないことに気付いた。電子製品は大分普及している現在では、直ぐに現地調達可能と思った。急いでタクシーを拾い、秋林デパート隣接の「電子世界」に向かった。しかし、求めるオリンパス用のSDカードは置いていないという大失望に陥った。

友達に電話相談をしてみたところ、軍工（現船舶工業学院）近くの「大電子世界」で探してみるよう勧められた。そこは品揃いがよいので、問題がないと思われた。そこで再びタクシーに乗って向かった。店に着くと、確かにすばらしい品揃えのようだが、欲しいSDカードはどこにも見つからなかった。店員からは、「このカードはもう生産されていない古い品番の製品で、恐らくハルビンのどこにもないだろう」と教えられた。

嗚呼！ここで私は子供の頃、「熊のトウモロコシ狩り」という話を思い出してしまった。熊がトウモロコシ畑に入り、トウモロコシを一つずつちぎって投げる。トウモロコシ畑全体は大きな被害を受けるが、熊の手に残るのはただトウモロコシ一つだけだった。今の状況は、その熊のトウモロコシの狩り方と似ているのかもしれない。

新しい製品が登場するのは社会発展の良いことだが、同時に伝統的なものを捨てるべきではない。

ましてや、私のデジタルカメラそのものは、品質もブランドもまだまだ優れている。

エ、コーヒー屋が見つからず

学友の数人は、部屋の中で長時間話したりして、もうちょっと新鮮な空気を吸い込み、優雅な環境に変えて雑談を続けようと決めたので、外に出た。みんなタクシーでまず一番近いゴーゴリ通りに行き、児童公園前にバーのような建物が見えたが、結局は下火になり、門は閉じられていた。道を北上して博物館の近くまで行っても、コーヒー屋のような看板がなかった。この町はコーヒー屋の経営には向いていないのかもしれないと学友達が不思議に思っていた。

中央大通りに行こう、そこはハルピンのもっとも賑やかなところで、きっとちゃんとした喫茶店などがあるはずだと私は独善的に提案した。みんなまたタクシーに乗って駆け付けたが、どこにも喫茶店らしいものが見当たらなかった。街頭の行商人に聞いても、吃茶店の意味さえもまだ完全に理解していなかった。みんなは泣き笑いしてしまった。

喫茶店を探すのにもう50分近くかかっていたため、喉が乾いてきて、どうしようもなくなった時に、「避風塘」という鮮明な三文字が目に入った。これは香港式レストランなのだ。事はここに至ってはもういろいろと考える余裕がなく、さっそく門を押して店に入った。飲みたいアイスコーヒーはミルクティーのようなものになり、ざわざわとした個室も、先払いになり、出し遅れたお酒も殺風景だった。恐らく私たちが求めていた優雅でシックな喫茶店は目の前にあっても、私達はまだその本当の姿を知らなかったかもしれない。とはいえ、私たちは南方地域のようなカフェ文化との違いを実感させられていた。

オ、インターネットを弄れるカラオケ

同級生たちは20年ぶりに会ったので、喋ったり飲んだり大騒ぎしたりしてから、高揚した気分に乗じて、みんなはまたカラオケに移って、それぞれの歌を披露しようとして、のど自慢大会を開いた。この東大通りのカラオケは地下の防空壕の改造で作られ、かなりの広さがある。外はディスコのフロアで、中には幾つかのボックス席があるが、意外にステレオ設備が良かった。それにこのカラオケにパソコンが置いてあり、インターネットにも接続できるので、非常に嬉しかった。ある学友がインターネットのサイトに「同窓会連絡帳」を作り、各地に散在している多くの学友を集め、毎日の出来事を喋ったりして来たが、今時の集まりは、みんなとコミュニケーションを図る良い機会であってこれを逃してはならない。

そこで今回の同窓会の盛況はこの目に見えないネットワークを通じて、速やかにリアルタイムに広い空間に送り込まれると同時に、遠く離れた学友たちのパソコンの中にも伝わり、永遠の思い出となった。あちこち行ったり来たりしたが、今夜のカラオケでインターネットを弄ったのは初めてのことだった。

（注：当初は今のようなWiFi環境はなかった）

2、(2007年9月)

人々は、小さい頃、大抵故郷を軸に動いている。故郷にいると、外の世界との距離はあまり感じられない。しかし、南方地域や海外にいると、ハルビンが遠くて手が届かないことを常に感じている。ハルビンまでの直行便さえも殆どない。今日の寧波発の便も瀋陽の乗り継ぎで、再び乗客を乗せてから、目的地のハルビンに飛んでいく…。やはり故郷はまだそんなに発達していないようだ。

寧波、上海の37、8度の高温と比べて、ここは朝晩涼しくて、昼も27、8度に過ぎない。8月のこの季節は観光客が多く、航空券も殆ど割引されていないことからも分かる。瀋陽の桃仙空港の中で20分ほどぶらぶらした後、また飛行機に戻った時、ふと私が荷物棚に置いた桃入りの袋がなくなっていることに気が付いた。乗継の時に荷物棚を片付けて持って行ったと乗務員から聞いたが、乗り継ぎの時に乗客の荷物を全部降ろさないといけないのか？他の乗客のカバンを見てもそのまま触っていないようで、誰か食いしん坊が盗んだに違いないが、価値のあるものではないので、なんとか気を落ち着かせた。

両親が引っ越したばかりの新居に着いて、彼らの健康で嬉しそうな様子を見ていると、飛行機の中の不快感はもう遠くへ飛ばしてしまった。次の日、兄弟たちは田舎料理を奢ってくれるとして、何を食べるか尋ねられた。そうだ、彼らも私が長年外にいても珍味を欠けていなく、あの豪華な宴会も私の口に合わないことを知っていた。

「豚料理だ」

私は、思わず言い出した。

第三高校向かいのレストランに連れて行ってもらった。豚の田舎料理が専門だそうだ。中に入ると、木のテーブルやベンチ一色で、いかにも東北の農家風が現れている。顧客がほぼ一杯になり、喋り方は南方地域の人が多く、恐らく「豚の田舎料理」の名を知って来たのだろう。この豚料理は、春節前後に東北農村部の農民たちは自家で一年間飼った豚を屠って、その新鮮な豚肉やホルモンなどで作った田舎料理のことだ。これは、一年間肉に触れなかった人々にとっては、当然ながら天下一品の美味しい料理になるが、今では自然やノスタルジーを求める人々が時折訪れて食べる格別な料理となっている。

ハルピンソーセージ（ロシア風）、豚肉酸菜粉（発酵白菜と豚肉の角煮）、地三鮮（ジャガイモ、ピーマン、茄子の炒め）などの典型的な農家料理を注文し、ハルピンの生ビールを一杯に注いだお碗を持って乾杯すると、まるで子供の頃に、あの貧しい時代に戻ったかのようだった。客の心を読み取ったかのように、料理店の店長は、二人のプロ文革当時の紅衛兵の衣装を着て紅衛兵の旗を持っている女の子を連れて来て、料理店一角の舞台に上がり、手に」紅宝書」（毛沢東語録）を振りながら、華々しく毛沢東思想宣伝団体の演目を始めた。「北京の金山で」「造反有理」（造反は正しい）「毛主席語録歌」などお馴染みのメロディーが流れ、また当時、あの激情と狂気に満ちた時代に身が置かれたようで、故郷のハルビンならではの文化なのだ。

この貴重な休暇を利用して、顧郷公園のダムに沿って洪水防止記念塔に向かって散策し、何年も見たことのない松花江の景色を眺めた。

「この野郎！お前、川に流して魚の餌にしてやろう」

突然一人の女性が声を上げながら泣き叫んでいる10代の子供を引きずらしてダムを下りて川辺の方へ行った。

一時、大騒ぎが起こり、人々が女性のところに殺到して、その行為を阻止しようとした。アイスクリーム売店のねえさんまで店をほったらかしにして、女性に「何故ですか、何故ですか」とぶつぶつ聞いていた。この故郷の人は相変わらず暖かい心の持ち主だ、と感嘆していた。たちまち、その子供は女性を振り払ってダムの反対側へ走って行った。

「帰って来て〜、お母さんはあなたを捨てないよ」

今度は女性が泣き叫ぶ番だった。一人親切な男が子供を追い掛けて母親のもとに戻し、みんながなだめていた。川辺はまた閑静に取り戻された。

川辺のダムに沿って暫く歩いていると、友誼宮（ホテル）の裏手辺りに来て、高揚した歌声が聞こえて来た。気になって歌声を辿っていくと、10数人のお年寄りがアコーディオンなどの楽器の伴奏に合わせて歌っていた。その態度と真剣さはプロの合唱団にも劣らない。

川辺のベンチや芝生の傍には、たくさんの高齢者が座っていて、自然、日差しと喧騒を楽しんでいるシーンに気がついた。いつから、美しい松花江のほとりが高齢者の楽園になったのだろうか？

今回の帰省は、「少小離家老大回」（小さい頃の家出、年寄時の里帰り）という感じだった。故郷も少しずつ変わって来ているし、私達も変わって来ていて、常に里帰りをするべきだと思った。

3、（2010年2月）

長い海外生活を過ごしてきたが、久しぶりに実家に帰って年越しの雰囲気を味わった。「浪人」と呼ばれがちの私は、出張中だったせいもあり、緊張感を感じながら家族と団らんすることが出来た。コップを交わしたり、花火を打ち上げたりして、とても賑やかな雰囲気に包まれた。しかし、家族情緒の深さを感じると同時に、多くの点で故郷がまだ足踏み状態にあるようで残念に思っていた。ここで特に一つ二つだけ例を挙げたい。

序盤、ワインをこぼす

大阪からハルビンまでは週に2便の直行便があるそうだが、あいにく私の出張日程と合わないので、北京経由で乗り継がないといけなくなった。師走の29日の大阪⇓北京のＪＡＬ便を取って、出張（帰省）の行程を始めた。

この便の乗客の半分以上がUターンの中国人観光客なので、自ずと国の発展の凄まじさに感嘆する。

ＪＡＬのワインはとても美味しいと覚えているので、いつものように一本注文して、ついでに一杯注いた。瓶をテーブルの上に置こうとしたが、その瓶が突然滑って転んでしまった。目の前で、濃い赤い液がテーブルの板を伝って、脚や席の上に流れ落ちて、一瞬にしてズボンの半分まで染み込んでしまった。ＪＡＬは費用削減のために新聞をなくしたのはまああ呑むが、ガラスの瓶もプラスチックに変えるなんて〜。この瓶の転倒に何も反応しなかった自分が憎かった。

今回の旅程はあまり長くないし、予備のズボンも持っていないし、頭がぶくぶくしている…、急いでナプキンで液を拭き取り、前のＪＡＬ雑志を抜いてお尻の下に敷いた。飛行機が北京に着くまで、中のパンツはまだ乾いていなかった。

出だしはなかなかの不本意だ。

その一、首都空港の辛い5時間

北京空港はオリンピックの恩恵を受けて、豪華で壮麗に建てられていて、三つのターミナルはまるで三つの空港に相当する。

しかし、三つのターミナルはバスで繋がっており、そのバスには専用の荷物トランクがまったく設置されていないので、乗換の旅客は荷物を持ち上げたり、持ち下ろしたりする必要があり、人と物が一体になってしまい、体力と時間が非常に掛る。

これまでの経験があったことから、今度は乗換3時間間隔のある国際航空を予約した。そうすれば同じT3ターミナルに着くことができ、たくさんの面倒を省けると思っている。こちらは旨く考えたが、また問題が起きた。ハルビン行きの機材はまだ到着しておらず、搭乗口もまだ確定されていないため、多くの乗客は私と同じように搭乗口を記さない搭乗券を持って、案内所で知らせを待っていた。

やっと2番の搭乗口が決まったのに、出発時間がまだ決まっておらず、結局離陸まで5時間も待たされたのだ。

その二、ハルピン空港の荷物混雑

事前に便が遅れることを家に連絡した。出迎えの妹らが空港で私と同じような目に遭わないように配慮した。

飛行機は着陸すると、直ぐに無事を一報してから、荷物コンベアーに直行した。長い時間待ってからコンベアーがやっと動き始めた。コンベアーの前には人だかりができて、荷物が見えない。表示板を見て初めて、４便分の荷物が一つのコンベアーにぎゅうぎゅう詰めになっていることが分かった！本当にお正月やねえ、誰も仕事をする気にはならないね、と嘆いている。

とうとう一枚目の荷物が回って来たが、二枚目の荷物は一向も見付らない。突然、一人の女性が私の荷物らしいダンボール箱を引っ張って、出口に向かっているのを見付けた。素早く駆け付けて、荷物の半券を見せ付け、箱をチェックして、まさに私のものだと分かった！あの女性は無表情で何も言わずに出口を去って行った。彼女の後ろ姿を見送りながら、ほんとに荷物を見間違えたのか？と自分が不審に呟いた。

その三、外貨両替の不便

毎晩５００元以上も掛かる所謂ホリデーホテルでは、外貨の両替ができないことに驚いた。南方の都市では本当に考えられないことだ。さらに酷かったのは、フロント係の指示で、ホテルの傍にある農業銀行に行ったが、外貨を両替できないと言われた。氷点下20度を超す厳しい寒さの中、私はもはや両替可能な銀行を探す気にはならず、ただため息しか付かなかったのだ。こんなに不便なことで、外国人はどうやってこの町へ興味を以て足を運んで来るのか？

両替は結局、町のど真ん中にある中国銀行本店で行われた。

その四、ホテル会計の水増し料金

ホテルの部屋は狭く、交通もあまり便利ではないので、家族の手配でホテルを変えようとした。午後3時にフロントにチェックアウトする時、フロントの女性は半日分の宿泊料金を請求して来た。それはそれで良いと思ったら、またも浄水料金の支払いを命じられた。私が浄水器の上に浄水の瓶を置いたのは請求の理由だった。部屋にこの浄水使用の説明書みたいなもの何も置かれず、ルーム料金込みだと思った。しかも、私はその水を飲まず、味すら知らなかったのに請求されてしまう。5元は大した額ではないが、かなり気持ちを悪くした。

その五、荷物の重量超過罰金は相談なし

いよいよ家族と別れる時間になった。当然ながら家族はお土産を用意してくれた。重さを意識せず、可能な限り、持って来たケースに一杯詰めた。空港でチェックインの時、荷物は12kg（27kg）

を超えたことが分かった。過去の経験から、なんとかなろうかと交渉したが、カウンターの女性はこれを無視し、パスポートをカウンターにキープし、「払いに行きなさい」とだけ言った。外の寒さよりも冷たい口調だった。

春節の里帰りで、多くのエピソードがあったりしてちょっと残念なことだったが、家族の愛情、友人たちの親切さで夏のような暖かさを感じさせられた。いずれにせよ、思う通りに里帰りの行程を終え、結果も悪くはなかった。

次回の中国お正月の里帰りにこういったエピソードが二度と起こらないよう祈りたい。

六、ボーカル授業体験談

２０１５年12月６日、この日曜日に、都は何日か心地良い晴天に恵まれたかと思うと、また気の遠くなるようなスモッグ曇天に変わった。

重たいスモッグだが、それは興味と趣味を縛るものではない。私は幸いにも音楽学校の曲先生に体験クラスの受講生として招かれた。昔の学友石さんを連れて10時に家から遠くない音楽学校に足を運んだ。

今回体験クラスに招待されたのは五人だったが、それぞれの友人が加わって、合計十人が参加した。10時を過ぎて、一人の受講生がまだ途中にいたので、楊先生は、私ともう一人の女性に、まず声を出して見ては如何かと提議した。私がまだ心の準備が整っていないうちに、あの女性は、さっさと楊先生の前に立ち、一言を言って四人を驚かせた。

「私は『私は中国を愛する』を歌いましょうか」

ボーカルミュージックを習ったことのある人なら分かるように、この歌は歌手にとって非常に高いハードルに引っ掛かるもので、基礎のない人には上手く歌えないかもしれない。しかし、その女性は気を落ち着けて歌い始めた。

楊先生の合図があって、全曲は歌えなかったが、確かな手応えを感じていた。楊先生は直ぐに評論を始めた。しかし、彼のコメントは意外なものだった

楊先生は純粋な専門の角度から指導するのではなく、むしろこの歌の表現から彼女の生活様態に存在するいくつかの問題を推察し、そしてこれらの問題が逆に彼女の歌唱状態に影響していると指摘した（高音の部分が少し弱いなど）。歌と人生を結び付けて、そこに内在しているものを見出すことは、不思議ではあるが、確かなことだ。一つの道理は深く考えさせられる。これが楊先生の教授法なのか？

次は私の番だ。KTVでずっと歌っていたので、スクリーン依存症になってしまい、本当に歌詞を全部覚えられる曲はあまりなかったので、最近口にするようになった「本音を言って」を歌うことに

した。余裕そうに歌っていたが、実際は緊張していた。

考え過ぎやろう?勢いが足りないし、リズムにも問題がある。楊先生はずばり問題の所在を突き止めた。あなたも生活の中で複雑なことに違いない。簡単なはずのことを考え過ぎる必要はない。突っ込むべき時は気合いを入れろ。得手不得手を気にせず、自信が必要な時は自信を見せて…など、先生の補足は簡潔で要を得ている。

「どうやって気合いを出して、複雑なことを単純化して歌を歌うのですか?」と楊先生に聞いてみようと思っていたところ、曲先生は、来ていない生徒を待たずにすぐに始めようと提案した。

楊先生からはまず前置きがあるかと思っていたが、楊先生はまず皆に起立して一列に並び、両手を伸ばし、拳を握って胸を広げる……などの一連の動作の繰り返しを指示した。簡単な動作のように見えるが、私たちは何度も一貫して行うことができない。

楊先生は一人ずつ動作を評した。

私の番になると、あなたは一貫性がなくて、いつも歪んでいて、考えが多いと指摘された。旨く行かないのは、やはり一心不乱になれなかったせいだったのだろうか。

続いてバランス力の練習をした。両手を前に伸ばし、片手で掌を握り、肘を肩甲部まで曲げ、片手で外転して膝部まで落とし、楊先生の合言葉に合わせて手を変えて繰り返した。今度はみんなさまざまな姿を見せて、それぞれ色とりどりになった。まっすぐ伸ばす人、片腕を前に出している人、拳を下に向けている人など様々だった…もちろん私もその一人だった。皆の「醜態」に時折笑い声が上がり、来たばかりの堅苦しい感じが次第に消えて行った。

ウォーミングアップが終わり、今度はお待ちかねの発声トレーニングが始まった。まず両腕を前に伸ばして、強く握り拳を引き戻して、肘部を背中に曲げて、同時に前胸を張って、かかとを上げて同時に大声で「大海…」を叫んだ。

本人の自然発声を最大限にするために、楊先生は生徒の伸ばした腕をランダムに叩いて、叩かれた受講生は楊先生の腕が触れた(またはよけた)瞬間に拳を握って引き戻し、前述の動作を繰り返し、本能的に「大海」と叫んだ。この練習の鍵は、自分の生涯最高音を無我夢中に叫ぶことができるかどうかにかかっている。

誰もが数回の打撃と叫び声を経験した。続いて、「海よ~海は、お母さんのように」と発声練習が行われた。楊先生は声を潤わすのではなく、できるだけ大きな声で歌うように注意した。

しかし、このシンプルな一文の歌詞が、みんなを困らせていた。なかなか歌えない人もいれば、歌えても自分の最高音ではない人もいる。さらに、ある受講生は歌っているのではなく叫んでいる。

「海だわ…海だ」と爆笑を誘っていた。

一時間の間に何時の間にか、笑い声の雰囲気の中を過ぎてしまった。楊先生は一人一人の人生の脈取りと結び付けてコメンとしている。

「歌を歌うことは簡単ではなく、往々にしてあなたの歌声を通じてあなたの人生の境遇を判断することができれば、あなたの性格を理解することができる。歌は気分を調節してくれるし、健康にもいいし、夫婦仲もよくしてくれる（笑）…」

楊先生の一通りの話で私は歌を歌うことに一層感銘を受けた。

「ベースをどう捉えるか？」

私たちに残された質問のコーナーで、私は待ちきれずに質問を投げかけた。

「…あなたは時に少し周りの人を気にせず、独立独歩でマイベースに慣れていることです」

楊先生は率直に彼の見方を述べた。私は歌を歌うことでそれを実感しないといけないだろう。

この一風変わったボーカルミュージック体験の授業は終わったが、楊先生の言葉が耳に残っている。

「楊先生の授業は純粋にボーカルミュージックの授業ではなく、たくさんの人生の哲理や悟りの心のケアー術が含まれている。人生の多くのものは歌で体得する必要がある。だから楊先生はきっと仏学や宗教についても一定の研究をしているに違いない」

学友の石さんは傍観者として結論を出した。彼の観念はともかくとして、このスモッグ天候の中、私の心は晴れた青空のようだった。

〈雑感篇〉

一、贈答の文化

(2007年12月)

「贈り物」は東アジア人の特許なのかもしれない。いずれにしてもこれらの国には昔から礼節往来の伝統がある。近年、中国では、このような「伝統」はさらに極限まで進化して、残念ながら一部の贈答品は既にそれの本来の意味をはるかに超えて、「賄賂」級に達している。

このような奇抜な贈答品はともかくとして、一般的な贈答品について言えば、中国の人達は近隣の日本人の理解とは大きく異なっている。

周知のように、経済発展の格差のため、外国の幾つかの日常生活用品と高級消費財はその精巧で美しい設計、良好な品質でずっと人の目を引き付けている。そのため、海外出張であろうと、海外から帰国して親戚を訪ねることであろうと、あるいはさまざまな交際であろうと、多くの人達はやむを得ず贈答品に苦労することになる。よく気を払えば、日本の大手百貨店のレジカウンターでこんな会話が耳に入るかもしれない。

店員さん：プレゼントですか？

お客様は：(真剣に) そうです。

店員さん：では、値段札を取ります。

お客さん：取らないでください！そのままでいいです。

店員さん：（不思議な表情）それは価格を明らかにすることにならないのかな？

お客さん：そうですね、値段を知ってほしいのです。

ほほほ、右で話していたお客さんはほとんどが中国のお客さんで、日本人は絶対にそんなことはしない。

彼らはお土産を買いに来たのだろう。問題は、購入した贈り物の価値がどれだけ人の心遣いに影響するか、あいまいにしてはいけないことだ。値段が表示されていない場合、価格を知ることができない。また、価格を知られたくない場合もあるが、「こいつ、安物でも買ってきたのか」と思われてしまって、逆効果になる可能性があるためだ。

右の会話は、贈答品を購入する際のこの複雑な心理状態を反映している。しかし、このようなことは日本人には理解し難いものだ。

もちろん、中国人がみなそうだというわけではないが、無関心な人もいる。この習慣は、北部地域の人たちの文化に由来するものだろう。私が知り合いにいた東北地方の人は、そのことに特に敏感だった。

実際には、この時に表示された贈り物の価格は、相手に「私はあなたのためにいくらのお金、または心遣いを使ったか」ということを示すため、この少しも目立たない小さな値段の札を見て欲しいものだ。この時は無言でも声が響く。

贈答品の種類を見てみると、高価なビデオカメラや高級化粧品なども「贈り物」として購入されるようになっている。

もう一例を挙げよう。

ある日本の大学の先生が、中国人留学生から里帰りのプレゼントをもらった。

留学生：先生、これは私が北京の街を回って、先生に買ってあげたものです。

先　生：あら、それは高いでしょう。

留学生：それはそうですね。

先生が開けてみると、「ホー！」逸品揃いで舌打ちするほどだ。何と鹿の角、朝鮮人参、先生の名前が刻まれた印鑑、高級月餅（中国のお菓子）、それに中国式の高級な茶器、精巧な彫刻で包装も華麗だった。留学生は、先生が満足しているのだろうと思ったに違いないが、先生は困惑しているかもしれない。

全体的に見て、中国人の贈り物は派手なものが好まれるようだ。何とか自分の気前を出して、気さくに振る舞い、それによって強固な人間関係を築こうとする一方、日本人の贈り物は簡素で実用的で、必ずしも何かを求めるものではない。

通常、日本で行われる冠婚葬祭では、お客様に美しいパッケージに包まれた品物が贈られる。新居に転居した場合、周囲の人々にプレゼントを配ることもよくある。これらのプレゼントは、ほとんどがタオル、石鹸、または日用品であり、その贈り物自体に意味があるのではなく、感謝や尊敬の気持ち、そして普段の人間関係を表しているのだ。

私たちの中には、日本の学生たちが中国へ「修学旅行」に行くことに触れて、学生たちが帰ってきた時に、家族や友人に持ってきたものはほとんど地元の特産品、たとえばチョコレートやお菓子などだ。同僚たちも出張から戻ってきた時に、お菓子を買って、机の上に置いて、みんなで食べることがよくある。長年にわたって、みんなもそれに慣れてきた。

日本では、学生が先生や部下が上司に何か高価な贈り物を突然贈ることは稀であり、それをすることはあなたの初心とかけ離れていると考えられる。

日中の贈答文化は共通点がある一方で、異なる点もあり、常に日中を行き来する人々を悩ませているのだ。

二、国際結婚

（2016年1月）

仕事の関係で日中間を往復することが多い。仕事や生活の上で両国の文化と絶えず衝突することはあるけれど、両国の同僚や友人たちの結婚事も目を引く。ある人は悲鳴を上げ、ある人はため息をつき、またある人は感嘆して、実にいろいろな姿を呈している。

1．独身四十年の嫁迎え

ある日本人同僚のことだ。彼は性格が内向的でおとなしく、身長は160cm、風采は上がらないが、収入はまずまずだった。彼は会社に入ってからまじめに働いており、仕事以外は何も交際がなかったこと、それに口下手で何年も女性から見向きもされなかったことから、結婚についてはもう夢を諦めていた。しかし、十数年前、彼は会社から中国駐在員として選ばれ、中国に行った。

不思議なことに、日本では女性の縁がなかった彼が、中国人の女性に好かれているとのことだった。接触のルートは様々だったが、彼は困惑していた。しかし、彼は異国の地に居ることを意識しながら真面目に仕事に取り組んでおり、数年が過ぎても静かに独身でいることになっていた。

ある日、彼に会ったら、顔に艶が出て元気そうだった。聞くと、もう嫁を迎えてきたそうで、女性は彼の中国語教師だった。経緯の説明はなかったが、現状はまだ満足しているようだ。彼の中国語もある程度のレベルに達しており、相手の日本語もかなり基礎があるため、コミュニケーションに問題はない。彼は長い間中国で生活しており、嫁にもらったのも中国人の女房で、二人は中国でのんびり過ごしているため、日本帰国を考えていないようだ。

とはいえ、彼にも事情がある。中国の婿になった以上、義理のお父さんに挨拶しなければならず、嫁の実家は都会から遠く離れた片田舎にあるにもかかわらず、嫁と一緒に途中で十数時間も苦労して実家に帰った。その実家は田舎の土屋で、風呂に入ることもできず、トイレも外にあるなど、つらい思いをした。幸いなことに彼は婿入りにはならなかったが、そうでなければ、結果がどうなるかは想像がつかない。

彼が家柄を気にしないということは、二人が意気投合している証拠であり、その情愛は尊いものである。最近また男の子が生まれたことが分かったが、きっとこの結婚関係にもう一つ強固な保障を掛けることになるに違いないだろう。

2. 長居するための嫁迎え

かつての隣人の男性は、早期日本渡航者の一人だった。早い者勝ちだが、彼は頭がよくて、勉強も勤勉で、日本語の基礎もよくて、羨ましいほどの公費留学生なのだ。公費とは、生活費、学費を稼ぐために、夜の皿洗いなどのアルバイトに行く必要がないことを意味し、彼はただ祖国のために学業の努力を尽くすだけで良い。勉強環境と頭脳の良さで、彼は数ある学生の中で群を抜いている。

時の流れは早いもので、あっという間に帰国の日が近付いて来た。二年間の留学生活は彼の賢い知性を最大限に広げ、外の世界に対する理解も深めてきた。彼は自分が帰って教師を続けるより、むしろ日本で発展していくほうが自分にとって得だと考えていた。そこで彼は日本に滞在することを決めた。

しかし、公費留学生は国と国の間で協議されたものであるため、パスポートは公用パスポートになり、日本の在留資格は公費留学だった。留学の期限を過ぎても帰らなければ、パスポートもビザもなくなるブラック戸籍に転落する運命にあるが、学業に成功している学生として、これは彼には絶対に受け入れられないものだ。

日にちが近づくにつれ、彼はいつも帰るかとどまるかの葛藤に苦しんでいた。その時、一人の女性が彼の人生に飛び込んできて、彼の人生を大きく変えた。その女性は彼の日本人の妻で、旅行中に偶然出会った年配の女性だった。

彼女はそれほど魅力的ではなかったし、両親が偏見を持っていたこともあった。しかし、彼女は単に彼に一目惚れしてしまい、彼に苦境の中で愛情を受けさせた。結婚は自然の成り行きだった。もちろん、彼の立場は、一時的に居候するしかなかったのだ。

このようにして、彼は日本人の配偶者になった。もちろん、彼にあった苦悩は消え去り、その後、彼は日本の会社員になった。

しかし、生まれ育ちもまったく異なる二人が一緒に暮らし、さらには妻の両親のもとで生活することになると、その抑圧され方は想像に難くない。妻もしょっちゅうひどい中華料理を作っていたが、彼はまず美味しい料理を食べることができなかった。もちろん、いつものように友人たちを家に招いて飲み会をするわけにも行かない。彼はまだ聞いたこともない規則を守るために、細心の注意を払わなければならなかったのだ。敏感な話題に触れないように気軽に話をすることができなかった。さらに重要なのは、彼は仕方なく従来の生活習慣を無くし、彼の給料はここから直接妻が管理する口座に振り込まれるため、日本人の生活の仲間入りをさせられ、時々自分の苦衷を理解してくれない親戚や友人に「けちん坊」と批判されていた。

その後、彼らは自分の家を持つようになり、かわいい子供を産んだ。だが、これらだけでは彼のストレスを和らげるわけにはいかなかったのだ。彼の日本人の妻は小さい時から両親に依存しており、家事が下手で、そこそこの収入をもらっている彼はなんといつも経済的に困り果てている。「日本人の妻は到底中国人の妻ほど暮らせないのだ」と彼はよく嘆いている。彼の子供も母方の姓になったので、中国語は当然話せない。

彼の一番の楽しみは中国の出張で、友人たちと気合を入れてわいわいすることだった。

3. 電撃結婚

ある女性は中国の沿海部観光都市の出稼ぎ者で、典型的な北方地域の女性の気質とすらりとした体のスタイルを持っている。彼女は夫と同じ町で働き、賢くて活発な男の子を持っている。短くない出稼ぎ生活は彼らに次第に足場を固めさせ、自分なりの世界を作り上げた。もし「彼」の侵入がなければ、彼女の生活はずっと続いくだろう。

彼は普通の日本人男性で、この町に旅行に来た。ふとしたことで彼女と出会った。未熟な言葉は彼らの交流を妨げてはいなかった。彼の気前の良さは彼女を感動させせただけでなく、彼女に自分の生活が貧しく、退屈だと感じさせたのだ。彼女はこの生活を変えようとした。自分の息子を将来人1枚上の人にしようしている。そこで、彼女はこの日本人独身男性に攻勢を掛け始め、ついに自分の願いは叶った。

間もないことに、彼女は日本人の嫁になった。夫や息子がいることは隠していたが、当然のことながら、すべての手続きは密かに行われていた。

しかし、彼女は想像していたほどうまくいかないことに気付いた。まずは、彼女の日本人の夫は自分の家を持つための十分なお金がなく、ただの低賃金の単純労働者だ。彼女は老いぼれた日本人のあら探し好きな義理の両親と暮らすしかなかった。彼女はもちろん日本料理ができないが、勉強するつもりはまったくなく、相変わらずマイペースで、饅頭を蒸して、餃子を作って、食事の上では少しも変わっていない。彼女の夫はなんとこの食事に慣れていた。

彼女は幸運にも家計をつかさどることができたが、求めていた家族の地位を得ることもできた。夫の収入はあまり高くなく、やっと生計を立てるだけで、期待する小遣いもなく、遠く離れている息子や離婚した夫の世話をすることもできなかった。

彼女はやむなく再びアルバイトの道に進んだが、アルバイトの内容は包装の生産ラインや製菓の生産ライン、さらには風俗店にも出向いていた。彼女は昼夜を分かたず働き、義理の両親の白い目を顧みず、夫の恨み言を顧みず、執拗に小金を少しずつ貯めていった。

ある日、彼女は夫に息子を呼んでくると言ったが、眠っていた火山が噴火し、義理の両親も倒れた。

危機が過ぎた後、夫は、到頭彼女の息子を受入れたのだ。穏やかに暮らしていたはずの彼女は、言葉の通じない日本人親父を息子が全然認めないとは思っていなかった。しぶしぶ受け入れた日本人の夫も、この行儀の悪い中国の男の子にも見向きはしなかった。2年間に存続してきたこの国際家族は既に名ばかりが残り、実に消滅していくのだ。

夫の失業が家族解体の引き金となった。自分の夢が破れてしまい、直ぐにまた新たな負担を被らせて来ようとする厳しい現実の中、目の前のこの日本の夫は却って酒を飲んだり、パチンコをしたりする状況に転落していた。彼女はもう我慢できず、息子を連れてこの家を出た。もちろん彼女が収穫したのは数年間の苦労だけだった。

故郷と海を隔てたこの国で、彼女は再び生き返るのだろうか？

4．以心伝心の結婚になれ

彼女は何らかの理由で夫と離婚し、娘一人を連れて一人暮らしをしていた。年は30を過ぎているけれども、まだ色気を失っていない。親切な人もいて、結婚相手を紹介しに来たが、彼女に断られた。彼女は他人がうらやむような幸せを求め、自分と娘に悔しい思いをしたくないと志した。

ついに彼女は海の向こう側に目を向けた。彼女は、いろいろと曲がりくねった後で、背の低い40代の日本人公務員を見つけた。彼女は彼の外見にあまり好感を持っていなかったが、現状を変えないといけない彼女はこの時点ではもう条件を下げるしかなかった。幸いなことに、中国国内で生活するつもりはないので、周りの親戚や友人たちの嘲笑を心配する必要はなかった。

結局、彼女は結婚証明書をもらって、日本に来た。彼女はこれから新しい役を演じて新しい生活環境に直面する必要がある。生活や言葉の関門を突破しなければならず、彼女は懸命に適応しようとしていた。しかし、彼女にはやはり想像のつかない事情があった。

彼女の日本人の夫は未婚者であったが、女性との接触を妨げることはなかった。長い間の実践のおかげで、彼は女性を遊ばせる方法を身に付け、または、幾つかの根強い癖も生み出した。これらのポルノ映画にしか見られないような行為は、中国の伝統的な女性である彼女を納得させなかった。しかし、「自分のためにも娘のためにも、ひとまず我慢して、お金を稼いでからにしよう」と彼女の目的も明確だった。この時、彼女はこの結婚に希望や長期的な計画を抱いていたわけではなく、ただ芝居を演じていたに過ぎなかった。

彼の収入は安定しているし、かなりのものだが、遺伝子が悪いからずっと結婚できなかった。今では体つきがよく、色気のある女性を見付けて、彼自身も少し驚いているほどだ。彼は彼女におべんちゃらを尽くして、なんとか彼女の歓心を買おうとした。

しかし同時に、公務員の抜け目のなさに、彼の頭は常に冷静だった。彼はまだ警戒している。彼は家の食材費やその他の雑費使いを毎月彼女に任せ、それに小遣いも少し渡している。それ以外にも、彼の給料やボーナス、貯金などは厳正に守っているので、彼女は手を出すことはできない。

このようにして、二人の異心を持った異国の男女の結婚生活は、日本のある公務員のアパートで幕を開けた。

暫くの間、彼女は悪い習慣以外にも多くの利点があると感じた。特に彼女たちとうまく交流するために、彼は中国語の勉強に励み、驚くほど上達したし、普段から母娘を大切にしていた。経済的にも多少留保するが、当初ほど厳しくはなかった。次第に彼と心を打ち解けて和やかに付き合うようにな

り、娘の口にも「お父さん」と呼ばれるようにもなった。彼も次第にこの利口な非実の娘を好きにな
り、彼女の料理の腕前を絶賛し、三人家族の家庭生活も和気あいあいとしたものになった。
最近、彼が経済権限の大半を彼女に委ねたと聞いた。彼女も心を落ち着かせ、新しい環境に順応することができた。彼女が当初の考えを捨てたかどうかは分からないが、彼女が中国人女性独特の賢さを存分に発揮しながら自分の新生活を整然と計画しているのは確かだ。

……

私の身の回りの国際結婚は、個人差があるが、この国際結婚にはやはり慎重さは欠かせない。

結びの言葉

「中国放浪記」がついに脱稿しました。

20年以上前に始まったドキュメンタリーの本を、辛抱強く読んでいただいた皆様に感謝申し上げます。

私が、または周囲の人々が日中の仕事や生活を綴った拙作は、それらを貫く浮き沈みの味わいは計り知れませんが、皆様にはご参考になる部分があるかもしれません。皆様におかれましては、必要な部分のみ読んでいただいても構いませんし、実際の環境の中で身を投じて、肌で感じ取っていただければ幸いに思います。

【著者略歴】

●一 川 冬 青 （いちかわ とうせい）

1956年中国ハルピン市生まれ。

1982年中国大連外国語大学日本語科卒業。以来、中国黒龍江省輸出入管理委員会や黒龍江国際合作集団にて国際貿易、国際協力業務等を経験。

1995年日本に渡航。食品会社の営業業務を経て、ダイキン工業に入社し、中国現地法人の立ち上げ、中国産官学連携の業務を担いながら、現在に至る。

2009年に日本に帰化。現在兵庫県尼崎市に在住。

趣味は、旅行、歌唱、スポーツ鑑賞、スイミング、囲碁など。

中国放浪記

発 行 日　2023年10月23日

著　　者　一 川 冬 青

発 行 所　一 粒 書 房

〒475-0837 愛知県半田市有楽町7-148-1

TEL(0569)21-2130

URL:www.syobou.com　mail:book@ichiryusha.com

編集・印刷・製本　有限会社一粒社

ISBN978-4-86743-219-8 C0095